20 世纪中国图书馆学文库·90

西文文献编目

王作梅 严一桥 孙更新 编著

圙 國家圖書館出版社

本书据武汉大学出版社 1997 年 8 月第 1 版排印

序

　　王作梅、严一桥、孙更新同志所编著的《西文文献编目》出版了。这是他们长期以来从事西文文献编目教学的总结。

　　西文文献编目是图书馆学院、系的传统课程。经几十年的发展，随着编目实践的变化，教学内容也在不断丰富。在西方，主要是美国，西文文献编目并不作为单独的课程在图书馆学院、系讲授，而是将其归入"图书馆资料的技术加工"这一必修课中，作为技术服务的一个分支进行教学；有的学校充其量另开一门选修课："高级编目"，其内容不外乎讲解非书资料的编目方法。总之，是把编目作为一门技术方法讲授，很少涉及编目理论的探讨。课程之所以这样设计，其指导思想源于美国图书馆学家 C．A．卡特的论点："编目不是科学，而是一门技术"（Cataloging is not a science，but an art）。

　　60 年代以来，随着其他学科技术的进步，图书馆编目方法也起了某些质的变化。一些图书馆从业人员开始探讨编目方法的基本原则和理论，其论点基本集中反映在《巴黎国际编目原则会议论文集》中。自此以后，编目工作出现了一个新的局面。

　　这部《西文文献编目》的主要特点，是将编目原则的阐述和编目的具体方法融会贯通于一体，便于学生在了解编目方法的历史演变和编目理论的形成和发展的基础上，掌握现代文献的编目方法。因此，也可以说，它是一部理论与实际相结合的入门教科书。

时代在前进,编目方法在不断发展。目前,许多图书馆工作人员在探讨如何使目录真正起到全面揭示馆藏的作用,即"文献不分文种、类型、级次,都在一个统一的目录中反映",以及如何更好地应用通讯和电子计算机为编目所提供的技术手段。因此,在传统的编目条例基础上,人们又在讨论编目数据手册的编制。对这些发展,编目工作是应该考虑的。希望本书日后再版时,能有更新的概括和论述。

阎立中
1993 年元月
中国科学院图书馆

前　　言

　　"西文文献编目"是高等院校图书馆学专业基础课之一。这部《西文文献编目》教材,是国家教委主持制定的"高等学校文科教材选编计划"(1985～1990年)中的一种,主要供高校图书情报专业本科生使用,也可供各类型图书馆、情报机构、资料室、档案部门的工作人员学习参考。

　　该书以王作梅、严一桥1985年编著的《西文图书编目》(湖北省高等学校图书馆工作委员会、武汉大学图书情报学院印行)一书为基础,根据近年来国内外西文文献编目的发展情况,参考引用了许多有关文献编目的重要文献,对原作进行了大量的修改和增补而成。

　　较之原作,该书有很大的提高和更新。在内容上,该书力求全面反映近年来西文文献编目理论与实践的新成果、新经验以及发展的新动向,如对于编目原则、编目管理、编目发展趋势、分析著录法、非书资料著录法、目录组织法、计算机编目、规范系统等方面的论述,都有所创新。在编制体例上,该书力求符合编目发展的一般规律,并且便于循序渐进地开展编目教学活动。全书17章,大体分为概论、发展述略、条例简介、各类型文献著录法、目录组织法、计算机编目和规范工作几大部分。其结构安排基本上是从理论到实践,从一般到特殊,从传统编目方式到现代化编目手段,从单纯的目录系统到目录文档与规范文档有机结合的规范系统。该书还力求从当前实际情况出发,将编目理论与编目的具体操作方法有机地结合在一起。在按编目工作的发展来论述编目基本概念、原理和方法论的同时,也注重按编目工作的流程来论述各项编目业务工作的操作方法,以便于人们系统地学习和掌握西文文献编目的基本理论、基本方法和基本技能。由于该书编写曾因故搁延,加之编著者水平有限,该书还存在不少疏漏、不足,甚至错误,敬请专家、同行和广大读者批评指正。

该书由王作梅、严一桥和孙更新合作完成。具体分工为:第一、二、三、四、十、十一、十三、十四章由严一桥编写;第五、六、七章,第八章第二至四节,第九、十二章,第十七章第二节由王作梅编写;第八章第一节,第十五、十六章,第十七章第一、三节由孙更新编写。此外,由孙更新负责全书统稿、撰写前言、拟定其中 15 章的思考题、整理主要参考文献目录等工作。

在该书编撰过程中,得到了中国科学院图书馆的阎立中研究员、华东师范大学的孙云畴教授、北京大学图书馆的韩荣宇研究员、南京大学出版社的徐雁副编审、武汉大学图书情报学院的黄宗忠教授、王秀兰教授、王余光教授和武汉大学出版社的严红编辑等人的热情帮助和悉心指数,得到了本院、系领导及同志们的大力支持和帮助,在此,我们表示衷心的感谢。本书在编著过程中,引用和参考了一些学者的论著和文章,对这些文献的作者,我们也深表谢意。

编著者

1996 年 11 月

目　　录

第一章 绪 论

西文文献编目是图书情报部门在处理外国文献过程中的一项关键业务工作,也是我国图书馆学教育体系中的一门主要课程。本课程是在中文文献编目、图书分类学、情报检索语言等课程的基础上,以介绍编制、组织、管理图书馆西文文献目录的实用方法与技术,研究西方文献编目的理论及其发展作为主要内容。

第一节 西文文献编目的内容与特点

一、现代文献

文献编目描述与揭示的对象是"文献"。

西文文献编目在我国的前称是西文图书编目,这是因为在过去,图书馆将所有的馆藏一般都统称为图书,编目的对象自然也就是"图书"了。但是,进入 20 世纪以后,随着现代科学技术的迅速发展和文献数量的急剧增加,人类用以记录和贮存信息、知识的方式、物质载体及其制作方法都大大突破了传统的用文字进行描述的印刷型出版物的范围,由此产生的知识载体的形态也变得庞杂繁多。传统"图书"的概念已经不能容纳现代所有类型的知识载体,从图书馆的收藏角度来看,过去是以印刷型出版物,即传统图书,作为主要收藏对象,图书馆也因此而得名;现代图书馆则兼收印刷型出版物和非印刷型资料,明显地体现出现代图书馆馆藏类型多样化的特征。所以,图书馆界,特别是编目界试图用"图书"、"地图"、"乐谱"、"非书资料"、"连续出版物"等术语来专指不同形式的知识载体,而将"文献"一词作为统揽各种知识载体的总称,并按这种划分方法来分别制订相应的编目规则。

在英语中,"文献"一词有多种表达法。Material,原意为"物质"、"材料",西方编目界常以此表示印刷型出版物以外的"资料",如 Audiovisual materials,但我国编目界常用此作为文献总称,如 Descriptive Cataloguing Rules for Western Languag Materials;Item,原指"条款"或某一文献的个体计量单位,《国际标准书目著录》(ISBD)又将其定义为以任何形式出现的知识载体,但这一新的总称使用还不太广泛,在编目界现多用此表示可以作为独立的著录对象的任何一种文献;较传统的是 Document,编目界之外它常用来表示政府文件 Government documents。另外,特定专业或主题范围的文献可以用 Literature 表示,如 The Literature of education。

作为西文文献编目描述(或曰记录)对象的"西文文献"(Western language materials),原是我国图书馆界对西方出版物的称谓,其现代意义是指采用以拉丁字母为基础拼写构成的所有语言文字出版或制作的一切知识载体。西文文献中的语种主要有日耳曼语族(包括英、德、荷、丹麦、瑞典、挪威等语)和罗马语族(包括法、意、葡、罗、西班牙等语),以及希腊、匈、芬、波、捷、越南、世界语等。事实上,我国每年也在出版发行一定数量的西文文献。可见,"西文文献"的现代含义已经超出了依地域限定的范围。

二、目录与书目

文献编目的直接工作成果是图书馆目录。

"目录"一词,英文为 Catalogue 或 Catalog,法文为 Catalogue,德文为 Katalog,西班牙文为 Catalogo,都是由希腊文 Katalogos 一词演变而来。Kata 意思是"根据"(by…)或"按照"(according to…);

logos 有"顺序"、"因素"、"语、字"等意义。由此看来，Katalogos 的原意可以理解为其内容依据某种顺序的方法编排或组织起来的一批著作或一组事物的一览表。图书馆界在这个意义的基础上，经过发展和引申，"目录"一词的现代含义是按照一定的次序编排而成的馆藏文献的记录，用以向读者报道、揭示，并提供识别和选择借阅各类文献的检索工具。当然，"目录"不仅用于图书情报部门，也广泛地用在社会其他领域，如商业部门的商品目录、展览目录、价格目录；生产部门的产品目录；教育单位的课程目录等等。无论何种目录，大都是以本部门的拥有情况为主要揭示内容。

"书目"也是文献信息控制工作的专用术语之一，英文为 Bibliography，由希腊文 Biblion（书）和 Graphein（抄写）两词组合而成。由于书目不再只限于揭示图书，现在西方又出现了试图取代 Bibliogrephy 的新词 Materiography（资料目录）。现代"书目"的含义与 Catalogue 基本一致，只是其间少了"揭示馆藏"的概念要素。换言之，书目揭示的范围更为广泛，不是局限于记载一馆或数馆所藏文献。正因为书目的"泛载"特征与人类的全部文献不可能靠一部书目收全的现实矛盾不易解决，所以，就个体书目而言，其编纂又往往受到时代、地域、主题或语言的限制，它所能揭示与报道的是一定历史时期文献的出版状况，并由此反映出相应时期科学文化发展的概貌。当然，从整体书目类工具来看，它们提供的文献信息是不受时空限制的。

目录与书目的亲缘关系如同两者的共性一样，是显而易见的。这不仅表现为 Catalogue 和 Bibliography 两个术语在文献工作中具有某种交替使用的特点，而且同为文献信息控制的手段和方法，两者的编制原则，特别是著录方法（除提供文献收藏处所以外）也是大致相同的。因此，"书目编纂者需借助目录开展研究，编目人员则需利用书目核实著录信息。"（见 E. J. Hunter 和 K. G. B. Bakewell 合著 Cataloguing 第 2 版，P. 1）随着现代计算机编目网络的广泛建立和超大型联合目录的问世,目录的书目功能已见端倪。目录与书目的差异将日趋缩小(见表1-1)。

表1-1　图书馆目录与书目之比较

	图书馆目录(Catalogues)	书目(Bibliographies)
编制目的	有清单和检索作用,为满足图书馆的法定需要:反映馆藏,提供文献处所、多检索方式	有清单作用,目的视书目的种类而定,强调通报性和学术性
收录范围	一个或一批图书馆的馆藏文献,一般不受专题、文献类型、语文、地域、出版地和时间的限制	并不要求综合性的,通常限于某一专题或文献类型、语文、地域、出版地、时间、读者对象,但往往不限于某一特定图书馆
著录准则	基于标准著录条例和工作细则	除馆员编制的外,大多还没有完全依据标准著录条例,但现有ISBD作为参考准则
款目编制	编目员依据文献本身著录款目,以描述文献的形态特征,如责任者、出版事宜、题名、检索点等信息,同时揭示主题范畴的内容特征	高质量的书目款目往往建立在验审文献本身的基础上,书目员着眼于对文献内外部特征的检验,其结论基本上靠他们自己的认定或评估。如出版商声称某书属新版,书目员或许会得出相反的结论
款目信息量	各馆目录信息量不一,现在才开始注意价格、装帧、获取渠道等信息,少有提要	可以包括很多信息,一般都提供注释,以帮助读者确定某文献的使用价值
款目类型	所有款目均提供许多适合的检索途径(辅助款目)	基本同左,数量与参照相对少一些
类型	主要是一馆目录,还有联合目录、馆藏专题目录等	种类繁多,主要有国家书目、营销目录、地方文献书目、专题书目、个人书目,或现行书目、回溯性书目、预告书目,以及书目之书目等

	图书馆目录（Catalogues）	书目（Bibliographies）
载体形式	多为卡片式，现有机读型和缩微型，少有书本式	多为书本式，现有机读型和缩微型
使用对象	拥有大量读者，其中包括学者和馆员	主要是学者和馆员
使用效果	力求简明、规范和易于使用，普通读者对目录的褒贬取决于目录的编排，但学者可能对目录的有限网罗范围提出意见	书目编制是一项学术性工作，往往由学者编纂，尽管使用者较少，但对其释注、收全、评价要求很高

三、编目工作

图书情报部门把对入藏文献的内容特征和物质特征进行分析、选择和描述记录，并将这些记录组织成能够系统揭示、识别、宣传所藏文献的目录的活动，称为编目工作（Cataloguing 或 Cataloguing service）。

实际的编目工作主要分为文献著录和目录组织与管理两大工作程序。文献著录，就是依据一定的规则，对文献的外表特征进行识别、选择、描述和对内容特征进行分析、概括、标引的过程，它又可以分为描述性著录（Description）和选定检索点（Accesspoints，提供责任者、题名、主题等标目，也称标目著录）两个工作环节。文献著录的著录对象是图书馆所入藏的原始文献，其工作成果是制成各具特色的个体文献记录单位，每一个单位便是一条"款目"（Entry）。目录组织（Filing），就是按照既定的组织原则和排序方法，将不同特征的零散款目分门别类，组成符合读者检索和业务工作需要的目录，并形成完整的目录体系，以报道、揭示和宣传馆藏文献，为读者查找、识别、选择所需资料提供检索工具的活动。自然，目录组织的工作对象就是著录款目及由此构成的目录体系了。

作为一项任何图书情报部门都不可缺少的工作内容，文献著录和目录组织具有相辅相成的密切关系。从工作程序上看,文献著录是第一步,目录组织为第二步。文献著录所得到的款目是个体的、零散的,必须通过科学的、严格的目录组织来使它们相互联系起来,形成系统的具有特殊功能的有机整体。款目的使用价值只有通过目录组织得以实现。没有完善的目录体系,或者没有严格的、合理的目录组织原则与方法,都会使文献著录的成果失去意义,或者达不到揭示、识别、选择所藏文献的目的。款目与目录的这种联系,决定了文献著录必须为目录组织做好前期工作,既应正确、全面地描述文献的所有特征,也应综合考虑后继工作的要求,为目录体系中的各套目录源源不断地提供新的符合要求的款目,使之得以及时补充、不断更新,适应发展着的读者检索需要。目录组织和管理的工作目的就是以最优方式对零散的款目进行科学的组织,全面提供文献著录时为文献确定的各种检索途径,充分发挥每一款目识别、推荐馆藏的作用,以此完成字顺目录的职能:集中揭示同一著作者的所有著作,和同一著作的各种版本,以及同一主题的全部相关著作。显而易见,没有文献著录这项前期工作,也就谈不上后继的目录组织,目录管理便会失去其管理的对象。

四、西文文献编目及其特点

综上所述,"西文文献编目"就是图书情报部门依据通用的原则、条例或规则,对所收藏的用文字、声频、视频、代码、图像及实物标本出版和制作的各类西文文献进行特征描述,组织能揭示馆藏、提供检索的西文文献目录的工作。

我国的西文文献编目工作具有以下特点:

文献语种众多的特点。不局限于对一种或少数几种语言文字的文献处理,是西文文献编目工作在内容上的显著特点。多达数十种的国外语文,在拼写、表述、语法,特别是人名的结构等方面存在着较大的差异。如何标准化地著录众多语种的文献,并将它们统一在同一字顺的目录之中,这对任何一级的西编机构来说都是一项十分复杂的工作。

编目法国际通用的特点。不再局限于固守一国或一地区的狭隘编目法,而是引进国际公认的通用规则,使编目成果得以国际互换和共享,是现代西文文献编目工作在方法上的又一超越地域观念的特色。在西文文献编目过程中,不仅要照顾我国读者的检索习惯和图书情报部门的现有条件,还要着眼于国际书目交换,特别是为未来的编目网络的形成和合作,书目数据库的建立打好基础。正是这一特点,诱发了我国对中西文编目法如何统一,怎样采用ISBD$_s$,和《英美编目条例(第2版修订本)》(AACR$_{2R}$)等一系列现实问题的研究,因此也就决定了我国的文献编目向着国际标准化方向发展的趋势。

创造性与规范化相结合的特点。尽管开展这项工作必须受到特定的编目条例和排检规则的约束,但它决不是照搬条例的"机械性工作"。从对文献的鉴别、分析、描述到著录款目的产生,从杂乱无章的款目到有条不紊的目录体系的形成,从传统编目的方式方法到现代编目的自动化,都需要有科学的规则和编目人员的创造力作为基础。编目条例是固定的和有限的,它仅仅提供对已经分析出来的文献特征进行描述的规范,但没有告诉编目人员如何分析众多且复杂多变的文献特征,只规定对制作后的款目如何依字顺排列,而没有告诉目录人员如何建立目录体系。诸如怎样确定何为正题名,何为丛编题名,何为机构会议名称,何为正式会议名称,哪是责任者的身份说明性文字而不是其姓名的前缀或复姓,以及应该设立哪几套目录和由此而决定的一部文献应编制多少张款目等问题,不仅要依据各编目单位的补充性工作细则,更重要的是必须依赖于编目人员所具有的识别判断力和将特殊现象与条例融会贯通的能力。因此,有些西方编目理论认为,编目(Cataloguing)是一项带创造性质的艺术(Art)工作。

具有一定思想性的特点。这项工作不是对西文文献的简单描述，除了对文献的物质形态特征进行客观的描述外，还要对反映西方社会制度、意识形态的各种思想，以及资产阶级立场、观点、方法的文献内容加以概括分析、记录，进行有区别和有层次的揭示，以分清良莠。因此，我国的西文文献编目也是一项具有隐含的政治性的工作。例如，将要讨论的分析著录法和参照法都是一定程度上起着突出揭示文献内容，宣传、推荐馆藏文献和有目的地指导读者选择文献的作用；图书馆设立不同种类的目录（如公共目录和内部目录、读者目录和公务目录等），其意义之一就是对不同政治思想水平的读者区别服务。历史表明，不同制度的社会，不同历史时期决定着图书馆性质、方针、任务在西文文献编目中必然会得到较为鲜明的体现，同时也规定了进行西文文献编目时所依据的政治标准。

第二节　西文文献编目的意义和原则

一、目的

现代社会的图书馆是人类共同财富的贮存、加工和提供利用的部门，其馆藏应为整个社会所共享。因此，现代图书馆在不违背办馆方针的前提下，提出并贯彻了"服务至上"、"一切为了读者"的原则。在文献编目方面，已经明确"广大的目录使用者在检索时的方便大大高于编目人员工作上的方便"，这种思想在现代的编目条例、文献著录、目录组织中得到了充分的体现。西文文献编目的目的可以概括为：编制体系完整，报道、揭示、识别馆藏文献，最大程度地满足读者各种检索要求的图书馆西文文献目录，这种目录采用一种通用的国际文献识别和检索语言进行信息记录，不仅能使本馆读者所接受,而且还应得到国际编目网络和文献检索网络的认可和并网使用。

尽管从整体上看,我国近、现代图书情报事业发展比较缓慢,然而在新中国建立后,特别是近十几年来还是出现了飞速的发展,我国西文文献编目正在逐步接近现代国际编目的水平。目前,我国西文文献编目与西方国家的文献编目在目的上是基本一致的。

二、意义

围绕上述目的而开展的各项业务活动形成了图书情报部门西文文献编目的工作体系,作为联系图书情报部门与读者的中介性工作,西文文献编目的意义自然就超出了单项业务工作的本身意义,其功能性意义主要表现为:

1. 记录和安置作为馆藏财产文献

在实现"四化"的建设中,外文文献资料是作为先进技术和智力资源被引进我国的,它们不仅价格高,而且参考价值大,利用率高,备受社会重视,是图书情报部门的重点开发对象。西文文献编目的第一步工作就是准确、简明、一致、系统地记录这些数量庞大、种类繁多,且杂乱无章的外文文献资料。这一记录和加工工作既是对文献财产登录工作的进一步补充,又能使内容复杂的文献变得主题鲜明,每种文献的特征突出,易于识别,从而明确了每一文献在整个馆藏中应处的位置,为全面和有序地组织、揭示和利用外文文献资料创造了先始条件。

2. 编制检索馆藏文献的目录工具

文献编目不仅记录和描述文献,为保存众多的文献提供条件,而且在完成图书馆的主要职能——充分揭示馆藏以满足读者对文献的一切检索要求,发挥情报传递和社会教育的作用等方面,具有极其重要的意义。具体地讲,就是根据文献著录所得到的各种款目,组成各种文献特征(如著者、题名、主题、分类号、报告号等)和各种文献类型(如图书、连续出版物、标准、专利、非书资料等)的目录体系。为适合不同的检索方式的要求,还要按目录的物质形态建立卡片式目录、机读目录、书本式目录和缩微目录,以各种方式和形式充分而全面地报道和揭示所收藏的文献,让读者最便捷地获取所需文献信息。现代编目网络的形成(更大范围和更有检索效率的联合目录),进一步发展了编制检索工具的意义,这一方面表现在图书馆"馆藏"的外延无限扩大,网络内各成员馆的馆藏组合成一个更大的文献信息体系,各馆的检索工具所涉及的范围因而也随之"无限"扩大了;另一方面,各馆编制的检索工具不再限于本馆使用,而是成为成员馆共同的工具,可以相互享用,从而使检索工具的使用范围也无限扩大了。编制馆藏检索工具是文献编目工作的职能范围,是西文文献编目的宗旨,也是这一工作最有意义之所在。

　　3. 联系图书情报单位各项工作的纽带

　　图书馆各项业务工作的共同目的归结到一点,就是为读者提供文献服务,而高质量的读者服务必须要有与之相适应的文献编目工作为基础,图书馆目录是图书馆开展各项业务活动的重要依据。文献的采购、补充和剔旧,得依靠目录来了解馆藏情况,挑选精良,避免重复购进和馆藏陈旧过时;文献流通和参考咨询的查寻、选择和推荐工作离不开目录这一工具;各种参考书目和专题书目的编制更视其为主要信息来源;甚至编目工作自身也得重视其前期成果,借助目录进行查重和统一著录等工作。所以,通过文献编目,使图书馆各项工作得以展开,并以此产生相互间的紧密联系。图书馆目录质量的高低直接影响着图书馆其他各项工作的成败。

　　4. 开展图书情报自动化研究的试验基地

　　既然文献编目是联系图书馆各项工作的关键环节,那么没有这项工作的现代化作为基础,其他工作的现代化就更加难以实现。

以西文文献编目为试点对图书情报现代化进行先期研究有两个重要的有利条件。第一，由于是对西文文献的加工、整理，所以能够直接借鉴西方图书情报界在文献编目方面的成果和经验，研制出来的成果也可以与西方的书目成果相匹配，如 MARC、COM、CD –COM 等；第二，由于现代计算机在汉字处理方面的一些技术问题还有待解决，所以相比之下，进行西文文献编目的自动化试验不仅成本低，消耗人力、财力少，而且也易于成功。把西文文献编目的自动化作为准备阶段来逐步实现我国图书情报工作的现代化，既有必要性，又具有相当的可能性。

5. 促进国际科技文化的交流

西方文化源远流长，自成体系和特色，现代科学技术也较为发达，其中有大量的经验、理论、技术和方法值得我国借鉴。及时、准确、全面地反映西方文献信息，帮助读者了解、学习并掌握西方先进的科学技术，是我国西文文献编目工作所承担的特殊任务。西文文献首先必须通过系统加工、整理和组织的文献信息处理工作，才能介绍给读者，提供使用。从这层意义上讲，西文文献编目实际上是为西方科技文化与我国读者见面创造条件的媒介活动，它所进行的文献分析和描述、建立信息报道与检索的工具体系等工作，在传递西方科技信息，促进国际间的科技文化信息交流，实现文献资源共享等方面，都具有很重要的作用。

三、西文文献编目的原则

西文文献编目既有自身的理论性，又有较强的实践性，在其漫长的发展进程中，它的理论和技术方法都得到了不断的完善，尤其是指导思想在变化中更加趋于全面和合理。现代国际书目编制的指导思想就是通过"世界书目控制"（UBC）计划中的文献著录标准化达到国际间的书目信息交流与文献资源共享。用国际图联编目委员会的精神作具体解释，那就是采用一定的国际规范使各国的文献著录成果易于识别和理解,易于互换并合成,易于各种传统的目录形式向机读目录转换。这一指导思想是对古今编目理论与实践的科学总结和提高,对今后的文献编目发展具有长远的引导意义。

由于编目原则须以编目的目的和职能为基础,而一旦确立,又将对编目实际产生指导作用,并有可能由此产生一定的变革因素。所以,在确定具体的原则方面,国内外编目界的态度是慎重的,至今的认识和归纳尚未完全统一,有的甚至还在争论之中,因而使编目原则成为当今编目界的主要研究课题之一。综合起来,主要有以下几种"原则"提法:

1. 从目录职能引申出的编目原则

系由英美著名编目学家潘尼兹(A. Panizzi)、卡特(C. A. Cutter)和柳别斯基(S. Lubetzky)等人连续提出,并在1961年的国际编目原则会议上获得通过的一项原则。该会议发表的"原则声明"中,将这一原则规定为:

目录必须有效地确定:

2.1　图书馆是否藏有具有以下特点的特定图书

　　　(a)图书的著者或书名,或

　　　(b)书上没有标明著者,仅有书名,或

　　　(c)著者或书名都不合适或不足以说明该书著者、书名事项时,用适当的名称代替书名。

2.2　(a)图书馆藏有某一特定著者的哪些著作,以及

　　　(b)某一特定著作的哪些版本。

围绕上述职能,"原则声明"又分别对目录的结构,款目的种类、使用、职能,以及标目的选择和著录形式作了若干原则性规定,从而形成一个"编目原则体系"。

这一原则对西方编目界在认识上的统一和编目方法上的折衷起到了至关重要的协调作用,同样也对包括我国在内的国际编目

工作朝着统一化方向发展产生了积极的推动和指导作用。时至今日,有影响的 AACR$_2$ 仍然明确规定,"继续保持同'原则声明'精神总体上的一致"。

2. 从实际工作的要求引申而出的编目原则

我国编目学家金敏甫先生认为,编目工作既要揭示馆藏文献的内容与特征,又要方便目录使用者的检索,为此就必须依据一定的编目原则。他在《图书编目学》一书中按照编目实际的特点和要求,提出了一套实用的编目原则:

客观　即编目人员应时刻为方便目录使用者的检索着想,切忌凭个人主观臆想进行著录;

实用　编目中以目录实用与否为首,是否合理在次,不能脱离本馆实际去一味地崇拜条例;

直接　即提供著者、题名或主题让目录使用者一索即得,而不要令他们在目录中三转四折地去寻找;

详细　馆藏少时应详细反映,甚至一章一节都可分析出来;而馆藏多时则可相对简略一些,但著录时,对所需事项应详录;

简明　即著录用语应以简括明显为原则,"只求阅者领悟即可";

定规　指编目事项,如标点、符号、空格、起回行等,特别是标目,应有系统方法,以期前后一致,同者相聚一处;

判断　金先生强调编目人员的判断,一旦遇特殊、疑难、繁琐等情况,"当用精密之理解,科学之方法,以为判断";

守常　即方法的稳定性,即"有定规,即当永久遵守";

改进　在稳定原则的前提下,编目方法应根据科技发展而变化的目录使用者检索要求来加以改进;

正确　金先生尤其强调著录的准确性,他认为目录供公众使用,若有一字之误,将"致引人歧途,或贻误光阴";

整洁　即要求在著录、打字或刻写、印片时重视清晰、整齐和片面洁净美观,避免目录使用者产生见之生烦的感觉。

尽管这套原则的提出早在本世纪 30 年代,但其中已有现代文献编目的标准、经济、准确、实用等原则的雏形。它既尊重了文献编目的特殊性(如客观、详细、定规、判断、守常等),又考虑了图书馆与读者检索要求的普遍性(如实用、直接、简明、改进、整洁等),为当时我国文献编目的实践提供了原则上的指导,并且也为当今的编目研究提出了一个重要的理论课题。

3. 从标准化引申而出的编目原则

1980 年 7 月,在镇江召开的“全国文献目录标准化学术讨论会”上,图书情报界的与会专家提出了实现文献编目标准化的四项原则,引起了我国编目界的广泛关注与讨论。

(1)统一各种文字著录的原则

各种文字著录统一,是指在文献著录中使用各国共同一致的工作语言,包括著录规则、著录内容、标识符号、款目格式的标准化、国际化,使各国编制的目录成果之间易于识别理解和综合互换。

这项原则体现了现代文献编目向标准化发展的必然趋势。对编目中的实用性和标准化这一矛盾提供一条符合发展的解决方法。在我国实行各种文字著录的统一,可以排除中外文目录上长期存在的分歧,有利于加强综合管理和控制,建立健全统一的文献报道和检索体系;也利于合作编目和国际书目交流的展开,实现资源共享。

实行各种文字著录统一的原则,关键要处理好 ISBD、$AACR_{2R}$ 与我国传统习惯的关系。国际通用标准是对因各国编目历史与检索习惯不同而产生的不同方法的协调和改进,它要求各国放弃狭隘的民族偏见,允许大同小异,共同发展统一的国际编目事业。所以,我国应从长计议,坚定向国际标准靠拢的立场,同时,也要防止生搬硬套,不顾国情的教条主义。在国际标准的基础上合理融入具有我国特色的方法,以适应我国文献检索的需要。

（2）统一各类型文献著录的原则

是指在普通图书与特种资料的著录之间,达到工作方法和著录成果上的一致,保证各类文献的目录可合可分,易于组织、管理和使用。

这项原则体现了现代文献编目广泛兼容性的特征,也反映了标准化的要求,由此可以克服只重普通图书,忽视其他类型文献编目的历史遗留现象,使编目工作适应不断变化的现代文献发展的形势。

由于我国图书馆目前对特种资料的收藏还有限,忽视相应的编目工作的问题显得尤为突出。从现在起,认真贯彻统一各类型文献著录的原则,研究和制订相应的政策,以防患于未然是十分必要的。

（3）统一各种目录载体的原则

目录载体,即容载书目信息的物质形式,大体可分为卡片式、书本式、缩微品、机读型,使这些不同形式的目录在著录内容、事项顺序、标识符号,以及目录检索方法和呈现在读者面前的款目信息含量达到一致,作用相同,这就是本原则的主要内容。

这项原则体现了文献编目向现代化、自动化发展的特征,反映了各种形式的目录能够相互转换,特别是向机读目录转换的编目指导思想。

实现这种统一,必须要有建立在通用性和标准化基础之上的编目规则作为保证。尽管在目前,传统目录与机读目录在内容详简程度和著录格式（即段落的划分）方面还有差异,但这种差异将会趋于缩小,或者说只是暂时的,向自动化编目和检索发展才是现代编目进化的必然路向。

（4）统一图书情报单位著录法的原则

是指社会各个文献情报编目系统,如图书馆、情报所、出版部门、发行部门,以及其他各行业内的编目系统所编制的书目成果规范化、统一化,除了可在各自的服务范围内使用外,还要能够相互兼容,相互补充,并能互换交流,促进全社会所有文献情报报道与检索的网络化。

在现阶段,各编目系统在服务范围、深度和广度上尚有差异,因而对检索工具的要求也不一样,导致在著录方法上不应有的差别。尽管如此,统一各编目系统的著录法还是有客观基础的,因为任何一个系统里的编目实际上无本质区别,都必须通过一致的工作方法和程序对文献进行识别、选择、描述、分析、标引,达到揭示文献,集中组织和管理,提供检索的目的。目前,西方国家图书情报编目系统的统一趋势为我国提供了值得借鉴的经验,展示了可观的前景。

实现这种统一,必须首先统一各编目系统的认识,要有组织、有制度地领导和协调,特别要制订符合各编目系统要求的标准著录规则。

上述四项原则是在标准化指导思想之下建立起来的一套完整的编目工作准则,既有国际意义,又具有我国特色。它们各述一面,自成特色,又相互联系,构成体系。其中,占主导地位的是各种文字统一著录的原则,它代表了文献编目标准化,实现国际资源共享这一根本要求,并寓意于其他原则之中。各类型文献统一和各种目录载体统一的原则是标准化的具体要求,是不同的环节,是保证主导原则得以贯彻执行的不同手段。图书情报单位的统一主要是从认识上和组织上达到标准化的要求,是实现标准化的一种社会保证。

从国际编目发展的标准化趋势来看,这是一套符合我国文献编目实际发展需要的指导原则。目前,它还有待于我国编目界的共同认可和遵循。

另外,还有将思想性、实用性、科学性、计划性等作为编目原则的观点,等等。

上述观点都从不同侧面提出了指导文献编目的发展的原则,对于各自侧重的实践活动方面均有积极的指导作用,并且也由此产生了良好的效果。我们认为,文献编目是整个文献情报工作的一个关键的中介环节,其原则的建立,必须符合文献情报工作整体发展的普遍性;文献编目又具有较强个性的理论和技术特色,其原则的确立,又必须有科学理论的抽象概括性和用于直接指导实践的技术关联性。建立我国合理的编目原则,应该在考虑国际编目发展趋势的前提下,兼顾各语种、各类型的文献在著录、目录组织、编目管理等方面的现实状况,而不应只侧重于某一方面,或者使原则失之于过于抽象和笼统。因此,我们认为,我国编目原则可以概括为以下几项:

揭示文献的原则

文献情报工作的基础是文献,揭示文献的内容、形态、语种、数量、出处或收藏处所等特征构成编目工作的主要内容体系。没有全面的揭示,就达不到有效的检索。文献编目应在充分认识和研究文献的基础上,确定文献的各种规律性特征及识别这些特征的有效方法,制订描述文献特征并将描述结果序列化、系统化的技术性规则,使编目的理论、方法、技术、管理适应文献情报的变化和发展。

满足目录用户的原则

揭示文献特征的目的在于最大程度地方便目录用户利用这些特征去检索和选择所需文献。图书馆目录用户由包括编目人员在内的图书馆员和读者两大部分组成,由于图书馆员是围绕为读者服务而开展工作的,所以目录用户的主体是广大的读者。文献编目应以实际的社会思维方式和读者检索习惯为准则,在文献特征的确定、项目及标识符号的选择、目录体系的建立和具体的排检方式等方面,尽可能地满足读者的习惯性检索需求,在这一前提下,再来兼顾编目方法的系统性及操作的方便性。事实上,这一原则已经在当代众多的编目条例中得到充分的体现。

技术标准化的原则

现代文献编目的成果不再仅仅局限于一馆一所的读者使用,而是作为一地区、一系统、一国或多国,乃至国际文献信息交流系统的组成部分,成为编目向网络化发展的物质基础。作为个体的文献编目部门,应以文献信息交流的标准化规则为工作依据,积极参与各种形式的协作编目系统,主动采用集中编目、合作编目、在版编目的著录款目,确保编目成果的通用性,为即将到来的编目网络化创造良好的条件。不遵循这一原则,我们必将为图一时的省事或自由付出沉重的代价。

经济效益的原则

文献编目不仅受有限经费的制约,更重要的是还要接受效益的衡量和评估。寻求以最小的投入取得最大的效益的经济方法是文献编目的基本原则,它决定了编目研究的方向、编目方法的确立和技术的应用,以致影响读者检索行为的效果。这一原则的内涵主要有:以最简明有效、最快捷方便、既标准又灵活的技术方法,准确地识别文献并完成目录款目;以最少的人力、财力和空间,建立一劳永逸的和兼容程度最大的目录体系;让目录用户以最习惯的检索方式、最少的检索步骤,直接获得最全面的或最理想的文献信息,并使他们的每一次检索行为在目录体系最经济的范围内完成。由此可以理解,编目领域进行的集中编目、合作编目、在版编目,以及推行的标准化、自动化、网络化,都是为落实这一原则作的种种努力。

科学管理的原则

这是一项为使上述四项原则有机结合并得以贯彻执行的配套原则。它的另一层意义是,在图书馆的个体性条件与文献编目大范围要求之间,在馆藏、设施与检索工具体系之间,在编目部门与其他业务部门之间,以科学的管理作为协调机制,保证它们之间的良好联系。

第三节　西文文献编目的管理

图书馆是一个由许多相互联系、相互影响和作用的工作部门构成的文献保存并提供社会服务的系统,西文文献编目作为其中一个重要的中介环节,有着特殊的组织结构、工作任务、对象、设备和人员。因此,这一环节实际上是一个从属于上述系统的子系统。图书馆对西文文献的收集、整理、利用能否达到或超过预期的效果,组织管理西编子系统的质量高低起着决定性的作用。高质量管理的要旨在于遵循科学的编目原则,采用先进合理的管理技术,使西编作业处于最佳运行状态,并由此放大西编工作的效率和优化其质量,保证西文文献目录具有尽可能多的性能和保持拥有最全面、最新近的文献信息,最有效地满足图书馆读者和各项业务活动的特定需求。

一、组织管理的内容

西编管理的对象是这一工作的全过程和与之密切联系着的人、财、物、方法与技术。具体地讲,其组织与管理的主要内容有:

1. 机构设置与调整

虽然各图书馆西编工作的对象和任务基本相同,但是相应的机构组织形式及各工作环节的职能划分却因馆而异。例如,根据各馆的实际条件,有的小型馆(室)各语种类型文献采编合一;有的中型馆独设编目部,再分中、外文分编组;有的大型馆按大语系分设外编部或西编部,再依语种设组;另一些馆则按文献类型(如书、报刊、非书资料等)或按文献的学科范畴,甚至作业工序(如分类、主题、著录、制片、排片等)分设西编机构;还有的馆同时采用上述几种方法设置编目机构。要建立一个符合图书馆现实环境的西编部门,应该考虑以下诸方面的因素:该馆读者成分及其检索要求;西文文献的类型、规模、特色和分布;人员编制及其素质;是否加入编目网络或使用馆外编目成果;馆舍与设备条件;目录体系,以及本部门与其他业务部门分工协作的关系等。西编机构的建立模式不能一成不变,随着各馆西编工作条件的不断变化和提高,其组织形式也必须作相应的调整和完善。

2. 人员配备

西编人员的数量、质量和分工协调是西编管理的重要内容。人员的数量可依岗位的设置而定(也可按既定的人员编制确定职能岗位),而质量则是通过不同层次的人员组合与协调形成的,较理想的结构是既有学识较宽深并精通西编工作的专家,指导、审核把关兼制作草片,又有一定外语基础的技术作业人员,制作草片或填写工作单,还应有进行一般性工作的辅助人员,进行制片、加工、录入数据、排片等工作。三个层次不但有明确分工,更重要的是还应有紧密联系的互补和协调,以利于人尽其才。

3. 编目方法和工作细则

西编工作的技术关键在于编目方法的选定和应用,各馆工作细则的拟订及其应用就是这一特点的突出反映。拟订工作细则包括两个步骤,首先要立足长远发展,选定合乎本馆需要的有一定通用程度的先进编目方法,即著录条例、排片规则及主题表,目前较先进的选择对象有《西文文献著录条例》、ISBD、AACR$_{2R}$、ALA、LC或北京图书馆的排片规则、LCSH 或各专业主题词表等;下一步就是在选定的蓝本基础上,根据本馆的实际情况,特别是读者使用目录的习惯,对具体规定条款作不违背标准原则的取舍,并辅以相当数量的实例说明,如统一识别文献的方法、规定著录信息来源、选定著录详简级次、标目的数量和形式的规定、参照和分析的使用与限制,以及确定目录制度、排检方法等,最终形成一套作为本馆编目人员工作依据的规范系统。

多数编目细则还有统一工作程序的作用,所以细则多以作业流程的次序编排。这种程序模式一般为:签收文献、处理预定卡、查重、描述、标引(含分类)、审核、制片、文献加工、排片、移交文献、目录维护。统一的工作程序不仅有利于各项管理活动,而且能使编目工作达到标准化要求。

4. 确立目录体系

目录体系大体由著者目录、题名目录、主题目录、分类目录构成(其间有公务与读者使用之分,也有文献类型之分)。西方图书馆一般将前三种目录合并为字典式目录,较少的馆再设分类目录,我国图书馆则多采取分设目录。目录体系决定文献著录款目的种类和数量,有几套目录,就必须编制与之相符合的几类著录款目,否则目录质量将会受到影响,而文献著录就可能成为盲目的,有些甚至是无价值的工作。目录体系的确定不能随心所欲,应根据各馆的具体需要和客观能力、文献排架方法,特别是读者的检索要求与习惯而定。

5. 建立规范系统

建立规范系统,可以保证标目形式的一致性和稳定性,为文献著录标准化和统一检索创造必要的条件。尽管作为质量管理内容之一的规范系统在我国尚有待建立,但它的不可被任何条例或工具所取代的作用则已经得到公认。建立规范系统首先要求有认真细致的态度和持之以恒的精神,根据实际的著录工作,及时地增删规范档的记录内容,以保证其准确、全面和及时。

6. 配备参考工具书

西文文献编目是一项多语种、多学科,强调信息准确和项目完备,力求标准化的技术性工作,较之中文文献编目更为复杂的是,经常出现需要核实、考证、分析、确定文献的内容和名称、术语、人名、地名、机构名称及各种书目数据等一系列疑难问题,这些仅凭编目人员个人的学识或记忆,而不利用参考工具是难以解决的。所以,要高质量地做好西文文献编目工作,配备齐全的参考工具资料和边缘工具书是最基本的条件之一。

7. 采用现代科学技术

文献编目在整个图书馆工作流程中起着承前启后的纽带作用,尽快实现西文文献编目的自动化,不仅有利于提高工作效率和质量,促进编目网络的形成,而且也为图书馆其他各项工作的自动化奠定基础。显而易见,自动化是西文文献编目发展的必然方向。积极引进并利用计算机编目技术、自动打字机、照相复制、光学复印、缩微、胶版誊印及先进的通讯技术,是西编管理工作中新的重要内容。

8. 发展与馆内外的协调协作关系

现代各馆西文文献编目的意义已经远远超出了馆内业务活动的范围,纳入全国甚至国际文献交流的书目信息体系之中。因此,在西编的协调关系管理方面,就是要正确处理部门内部、部门与全馆、部门与外部社会之间的三大关系。必须坚持依据已定的标准、原则、制度对西编部门内各环节及其人员进行指导、监督和衡量,对于出现的偏差要及时分析、修正和协调,使各个环节在任务和方法、分工和协作上步调一致,最大限度地发挥各自的作用,并综合反映在编目的效率、质量和效果上。

同样原理,西编与中编,与采访,与流通和读者服务,特别是与参考咨询和情报检索,以及目录组织与目录使用等多种关系也应协调同步,使各部门之间的联系进入到一种相互衔接、相互协作、相互促进的理想状态。

图书馆应将积极参与和建设西编网络,建立广泛的馆际协作关系,纳入西文文献编目的管理范畴。利用网络成员的书目成果和技术来提高本馆西编的质量和效率,并通过网络将自己的编目成果推向更宽广的使用领域,使其发挥更大的社会效果。各西编部门还应主动和图书馆服务公司、国家图书馆、编目学术组织、专业教学单位、计算机中心或网络建立起良好的合作关系。

二、主要的管理措施

现代管理是一个融计划、组织、监督、控制、修正(协调)为一体的科学方法体系,所有这些,虽不等于具体的西编作业,但却是做好西编工作的责任技术保障。它以科学地确定西编的总目标、合理的机构和完整的作业程序为基础,运用先进的组织措施和技术措施,使西编部门人尽其才、物尽其用,力求把西编工作提高到一个更为科学、更为经济的水平。目前,各西编部门采取的管理措施主要有:

1. 规范化管理

各项工作的规范化是现代管理的技术标志。西编工作的规范化,重点包括设计和依循统一合理的作业程序,保证各道工序有分工有协调,环环相扣,有条不紊;选定和执行标准化的业务细则,始终如一地保证编目成果的统一和优化,并能得到馆内、国内和国际书目交流系统的标准认可;制订并严守规章制度,明确岗位责任、奖惩条件、评价标准、统计和总结的要求、节约原则、技术改进措施等,保证各项措施的落实和信息反馈渠道的通畅

2. 计量化管理

对于西编工作计量管理的意义是,通过设计的数量指标与实际反映的工作数据对应比较,科学地分析管理目标订得是否合理、人员的创造力是否充分发挥、各环节是否出现偏差及其该如何修正管理方案。定额管理是其中一种常见措施,它包括工种定额指标的确定(大型馆多为分编草片 18 ~ 25 种/天)、配合与执行、监督分析与修订等技术过程。从管理角度来看,定额管理是必需的,而且运用后的一些西编部门的分编量较之运用前提高了 5% ~

10%。这一措施的主要作用在于激励编目人员的进取精神,提高编目效率,为修正管理目标提供依据。但是,不合理的定额指标或不配套的执行措施,将会严重影响编目人员的积极性,甚至有可能导致西文目录质量的降低。

另一计量管理措施是制订严格的西编统计制度,它包括确定统计目的与任务,设计统计表格,明确统计要求,规定表格发放与回收方式,数据处理、分析、提供,以及修正等技术过程,通过持续不断地对工作量、成本、目录使用率、工作误差率、考勤、参考工具与设备使用率,以及协作编目效益等的统计分析,客观地反映西编工作中的成绩和缺陷,有针对性的提出修正方案,同时也由此建立稳定的信息反馈渠道。

3. 成本与效益分析法(Cost and cost – benefit analysis)

这是一种被认为是行之有效的经济与质量评估管理技术,具有较强的研究性。它把编目活动所付出的费用同由此所获得的效益进行对比衡量。“费用”核算的项目主要是:人员劳务费、材料消耗费、设备与配备工具(书目、索引等)购置费、目录与设备保养与折旧费、在岗培训费,以及提供工作条件的水电费等。“效益”则包括新文献的从编目到上架的时距、各项工序的效率与质量、年编书量和制片量、人员能力的发挥程度,特别是目录使用者的检准率、检全率和方便程度等。

这一技术比较适用于对具体编目过程或环节的分析。例如,现代越来越详细的标准化著录,自然会增加编目费用,但读者是否对所有著录项目都感兴趣或都需要查阅呢?分析的结果可能会引起中小型图书馆对采用详细著录的花费是否有必要作出重新考虑。对于分析著录和附注的范围也可采用同一技术进行分析,另一些适用范围包括工作细则、目录制度、定额指标的确定、作业方法、人员配备与使用、目录与其他书目工具的协调、自动化编目等。

4. 有限编目(Limited cataloguing)

这是一种旨在节约编目成本的权宜性（Expedient）措施。它通过实行选择编目或简化编目，来取消不必要的款目或减少某些著录项目，以加快编目速度、降低新书积压期和缩小目录体积。选择编目（Selective cataloguing）主要是将被编文献的形式加以简化或概括编目，如多卷集、丛编、连续出版物和标准、科技报告、政府出版物等已有检索工具的文献，并对附加款目进行取舍，以减少款目的数量。简化编目（Simplified cataloguing）是一种通过减少著录项目和简化项目著录形式，提高编目效率的方法。但有限编目在西方图书馆是受到严格限制的，它必须以符合标准化原则和尽可能方便读者使用为前提。

5. 在岗教育管理法

西文文献的知识更新迅速，西编方法也正处在新旧交替的时期，西编人员要适应这样的变化形势，没有相应的知识更新步伐是不可能的。这就需要西编管理者制订出切实可行的人员培训措施，既不影响工作效率和馆纪馆规，又能帮助西编人员不断地摄取新知识。在岗教育措施多是鼓励自学和组织业务交流活动，并将脱产学习与奖励制度相结合，这样，一方面给予他们渴望学习的机会，鼓励了先进，一方面也弥补了在缺少经费的形势下奖励制度较弱的不足。

西方图书馆的编目管理技术还有馆际比较法（Inter – library comparison）、网络管理技术（Network，computr and cataloguing management）、用户调查管理法（Catalogues' user surveys）、人员管理法（Staff management）等。国内外编目管理技术虽然多得不胜枚举，但它们不过是达到同一目的的手段，西编部门在应用时不能脱离本馆编目的实际环境而陷入机械的管理技术当中。管理目标的确定，应该事先考虑编目人员的水平、读者的要求与习惯、著录的详简程度、标引深度、设备条件和利用馆外书目成果的程度等影响因素。因此，即使是运用同一管理方法，在不同的西编部门实施，其指标参数或评估标准也会有差异。

第四节　西文文献编目人员应具备的条件

编目人员是进行西文文献编目工作的主体,他们应具备良好的思想素质,具有强烈的责任心和进取精神,尽可能利用客观条件,充分发挥自己的主观能动性,并善于协调与周围同事们的关系,与他们一道努力工作,满足各方面对文献编目的要求。

西文文献编目因工作对象的特殊性和复杂性,对编目人员的要求也就相应地高一些,合格的西编人员应具备的条件主要还有:

1. 知识面广

文献编目是对人类知识的记录和组织,从事这一工作的人员不可能对全部知识面面精通,但应尽可能多地了解和熟悉各学科门类的基本知识和体系。在工作中扩大和丰富自己的知识面,特别是对西方最新的科学技术和文化潮流动态、文献出版或制作、文献形态、图书版本学应有一定的了解和研究,以此保持和提高对西文文献的内容及其形态的鉴别能力。对于初入专业图书馆的西编人员,则还应熟悉并加深所在专业的知识,加强自学,虚心向专业人员请教,在有条件的情况下,最好能有一段时期的脱产或间断的专业学习,使已有的图书馆学知识与专业知识能有机地融合在一起。非图书情报学的专业人员,则应加强西文文献编目知识的学习。

2. 熟练掌握一门外语

西方语言支派繁多,西文文献编目人员要熟练地掌握和运用其中一门使用范围较广的语言,并逐步达到触类旁通,掌握与之相近的另一门或几门语言的效果。要求不懂得任何一门外语的人员准确无误地描述西文文献的内容特征和形体特征是难以办到的。

3.熟悉编目规则

编目规则是文献编目的依据,失去这个依据,整个编目工作就会发生混乱,无法控制。所以,熟悉编目规则是对编目人员的基本要求。这一要求包括两层意思。一方面要熟悉国际上文献编目的标准化工作及其方法,保持对国际编目最新动态的了解,其中还包括熟悉西方及我国的编目理论与实践;另一方面要熟练地使用本馆采用某一条例的工作细则,并负有根据实际情况,对国际条例和工作细则进行选择、变通和扩充的责任。只有这样,才能满足国内外对西文文献编目不断发展的要求,达到适时和标准化,才能发展和完善国际著录标准和本馆的工作细则,在编目中遇到特殊情况时,才能有作出特殊处理的依据与方法。

4.了解图书馆各项工作

西文文献编目不是一个孤立的工作部门,它与图书馆其它工作部门有着相互影响、相互促进的关系。编目人员工作时必须考虑其它部门的要求,如保持与中文文献编目的基本一致,根据读者服务部门的要求编制附加、分析、参照,组织目录体系,与参考部门协作编制参考书目、专题书目,与自动化部门协作,开展图书馆自动化普及工作,等等。所以,只有熟悉图书馆其他工作,西编人员才能有效地开展工作和有针对性地改进工作。

5.熟练地利用参考工具资料

西文文献编目在对文献的信息进行查重、核实、勘误、补充、标引、描述时,经常会遇到各种疑难问题,解决这些问题必须利用各类工具书和参考资料,如图书馆目录、图书在版编目、主题表,还有词典、百科全书、传记、指南等。因此,西编人员应该具有熟练使用各类参考工具书的能力。

6.掌握文献编目的现代化技术

开展图书馆自动化工作,西文文献编目部门是最优先的和最有条件的试验和应用领域。倘若编目人员没有掌握基本的计算机知识和技术,不能熟练地录入机读目录信息,不了解缩微目录的制作和使用方法,以及合作编目的工作原理和程序等等,即便是有先进的技术设备,西文文献编目的现代化也是难以实现的。

思 考 题

1. 我国西文文献编目工作具有哪些特点?

2. 我国文献编目应遵循哪几项原则?

3. 西文文献编目的组织管理主要包括哪些内容?

4. 目前,西编部门采取的管理措施主要有哪些?

5. 西编工作人员应具备的条件主要是什么?

6. 谈谈对提高我国西编工作水平和质量的看法。

第二章　西方文献编目发展概述

　　作为图书馆业务不可缺少的工作内容之一,文献编目工作是伴随着图书馆的出现而产生的。其发展过程经历了从任意的记录、各馆自行为主的不规范记录到根据一定规范著录文献,逐渐发展到现代文献著录的规范化、标准化、国际化等若干历史阶段。导致一次次编目史上革命的历史原因,可以概括为社会文化水平的提高、图书馆性质的变化及读者对图书馆目录的要求的变化;科学技术的发展,纸张、打字机、计算机等一系列信息载体和技术工具的出现;文献出版量的急剧增加;图书馆活动由一地、一国发展到国际范围;等等(当然,其中也有某些个人对于文献编目工作所作的突出贡献因素)。

　　在为保存和利用人类文化遗产的长期实践中,中外图书馆学家、目录学家和其他领域的学者共同努力,不断创造出令后人珍惜的记录文献的有效方法,积累了大量值得借鉴,甚至至今仍在沿用的宝贵经验。正是由于各国文献编目方法及其成果的有机交融,使得文献编目成为一项具有国际科技文化交流意义的活动。了解国内外文献编目工作的发展过程及其内涵,分析研究影响和推动这项工作进步、发展的各方面因素,不仅仅是每个编目人员应该掌握的专业基础知识,更重要的是只有这样,才能辩证地看待文献编目工作一次次的变革,慎重地、历史地制订现阶段编目工作的发展策略,保持各项编目规则具有一定的适时性、统一性和稳定性,才能对未来的编目工作作出客观的展望,根据现状并结合历史上的经验教训,有目的地建立最优化的组织、管理和发展体制,以保证西文文献编目朝着正确的方向发展。因此,研究中外编目历史,仍是当今文献编目领域中的一项重要课题。

第一节 早期西方文献编目的产生与发展

一、形成

据记载,和原始图书一样,国外最原始的"目录"是古代东方以泥版(Tablets)形式出现的。典型的例证是在伊拉克境内尼普尔(Nippur)发现的成形于约公元前2000年(有的学者认为是公元前4000多年)的苏美尔人(Sumerian)泥版文献记录单,上面用楔形文字记载有62种书名,其制作目的现在还不可知,但从其通过书名记录一批文献这一方法来看,不能不说它已类似后来的目录著录方法。这类记录在著名的古埃及阿玛尔那(Amarna)泥版(公元前1400年)和亚述王国尼尼微(Nineveh)泥版(公元前650年)中也可见到。

随着马其顿人(Macedonia)的征服战争,古代文化的繁荣中心在公元前3世纪前后从中东移至希腊,逐步形成了以希腊文化与东方文化交融为特色的"希腊化文明"。西方的文献编目方法主要是在这样的希腊文明环境中初露端倪,并渐渐发育成形的。这一点可以从古希腊文化与近现代西方编目的历史渊源和方法上的继承关系中得到证实。

古希腊的文献中有较多关于藏书的记录。约在公元前250年,文学家伽利玛库斯(Callimachus,公元前305~前240)在当时希腊文明的中心——亚历山大城,为当时规模最大的亚历山大图书馆编制了一套名为《在全部学术领域里指引人们写作之表记》（Pinakes）的馆藏目录。其记录事项仅有著者和书名，整套目录共120 纸草（Papyrus）纸卷，先分类，再按细目或年代顺序排列，注明卷首词和正文行数，还有著者生平的某些文字。据此，有少数现代学者认为这一目录是伽利玛库斯在该馆编成的一部书目作品，似乎并非馆藏目录。无论该目录属于何种类型，它创造的以著者作为主要款目和分类字顺目录的雏形，确有奠基性的影响。

从公元前 4 世纪起，西方图书馆目录以注册登记藏书为主，这种记录是随意的，毫无模式可循，著录中重视的仍然只是著者姓名、书名或卷首词（Opening words of a book）、正文行数等事项。在排列方面，以带主观性的分类字顺目录为主，偶尔也采取编年排列和字顺排列，著者——书名目录处于不常用的次要地位。在西方编目学中，称此种目录为"财产目录"（Inventy catalogue）。这一阶段一直延续到公元 14 世纪结束之前。

"财产目录"在进入中世纪（约公元 5～15 世纪）后，发展极其缓慢。这是由于古代文化随着古罗马帝国的灭亡而衰落，处于封建宗教统治下的西方国家，实行禁止异教的文化专制主义，使得因战乱所剩无几的图书馆又遭厄运，非基督教图书馆尽数封闭，这种愚民政策的实施，极大地束缚了西方图书馆事业，乃至整个人类文明的进展。当时有限的图书馆全被基督教会所垄断，藏书停止向社会开放。因此，此时的图书馆目录仍不过是清单式的财产目录，除了目录载体由纸草纸变为羊皮纸（Pergament），在著录方法上没有任何突破。例外的只是在 1250～1296 年间，由几名修道士合作编制了一套名为《英国图书记录》（Registrum Librorum Angliae）的反映 183 所修道院馆藏的近百名作家作品的财产目录。尽管该目录并未按计划出完（约在 1410 年由 John Boston 主编的联合目录《教会抄本目录》——Catalogus scriptorum ecclesiae，可视为其后继本），但其编制特色却是明显的，为每一图书馆配一代号，对作者不明的著作采用类似主题或形式标目的著录方法,这在西方目录史上首开了原始联合目录的先河。

二、发展

发展到中世纪晚期,随着西方古典文化的复苏,寺院藏书大多数转为学院图书馆,私人藏书进一步丰富,并开始出现早期的公共图书馆。读者范围扩大,图书馆目录使用者从少数达官显贵、教士和藏书家发展到学生及社会上的一部分人。由于财产目录不仅著录不规范,同时也不便查检,所以,在这一时期里,图书馆和读者对目录的著录与组织提出了一定的要求。在文艺复兴的社会背景中,西方文献编目进入对古代希腊和罗马时期编目法的改良阶段。

1389 年,英国多佛的圣·马丁修道院图书馆编出了一部较有意义的馆藏目录,第一部分是按索书号排列的目录,其款目提供有简要书名、索书号在书中的位置及该页的起首词、页数和卷册数等;第二部分介绍各卷册内容和卷首词;第三部分为按字顺排列的分析款目,这些款目多数以作者为款目,有的则在书名之后著录作者姓名。现代学者认为,可以将该目录看作是编目史上第一部真正按"图书馆目录"要求编制的目录。

16 世纪,编目学的理论和实践都得到了一定的发展。1545 年,瑞士生物学者、书目学家格斯纳尔(Konrad Gesner, 1510 ~ 1565)在苏黎世编出著名的《世界总书目》(Bibliotheca Universalis),继承了传统的名姓不倒置的著者款目、著者字顺排列方法和主题索引,创造了用"Vide"(即 see)作中介词的参照法,建议图书馆按书型大小编目排架并将索书号印在各款目上。

12 年后,德国修道士特里费利勒斯(Florianus Treflerus)在其著述中认为,图书馆没有目录就会一事无成,应通过增设目录来扩大获取图书的途径。他主张图书馆目录体系应由著者字顺目录、分类排架目录、分析款目主题索引、分类字顺索引、保存本目录

（类似内部目录）等五大部分构成。

1595 年，书商蒙歇尔（Andrew Maunshall）在其《英国印本图书目录》（Catalogue of English Printed Books）的序言中，制订了款目的一些主要著录方法，一改传统的标目方法，以人名的姓氏部分（Surname）作款目词，而不是取教名或名字（Christian name 或 Forename）；对匿名著作取其书名，或其突出的易于识别的事项作标目；对不同书名的圣经作品一律取"Bible"作统一标目，这便是最原始的统一题名的使用；在款目中增设译者、印刷者、制作时间及卷册数等事项。

上述主张，尽管有的来自图书馆界之外，而且是缓慢而断断续续的，但却深深地孕育着近代编目的大论战，在西方新旧两个时代的交接期起到了承上启下的重要作用。

三、时代特点

"财产目录"时期的文献编目呈现出多元发展，新生事物虽层出不穷却不成型的特点，其突出点可以归纳为：①目录的职能只重登记，不重利用，很多情况下无法分辨是目录还是书目；②目录载体经历了从泥版、纸草纸、墙壁，到羊皮纸和初用纸张的变化时期；③著者款目的概念已经巩固；④款目事项粗略且著录方法极不统一；⑤以分类目录为主要目录；⑥开始了联合目录和统一题名的初期探索；⑦书目方法对编目实践作了一定的系统提炼，并指导和促进它的发展。

第二节　近代西方文献编目的发展
（公元 17～20 世纪初）

宗教统治衰亡，资产阶级成为主导力量，从 17 世纪开始，西方社会进步加速，科学文化事业也出现了飞跃的发展。学院图书馆蓬勃发展,私人藏书大多合并后转为国家图书馆、公共图书馆或学院图书馆,接待全社会的读者的做法一时风靡各国图书馆。另一方面,随着造纸术和活字印刷在中世纪末期传人欧洲,导致图书生产作为出版行业从图书馆分离出去,社会上涌现出大量的廉价印刷书籍,不仅使各类型图书馆纷纷成立,也使得图书馆的藏书以空前的速度增加,以至于接近膨胀。在负责收集保存出版量愈来愈大的图书文献,进行社会教育、普及文化知识的过程中,此时的西方图书馆的性质发生了根本性的变化,这种性质变革和图书馆面临的馆藏膨胀问题,也决定了图书馆目录由单一的"财产目录"时代朝着具有多功能的"查检目录"(Finding catalogue)时代的转变。

一、包德利的贡献

两个时代相交的阶段,牛津大学毕业生、外交家包德利(Thomas Bodley, 1545 ~ 1613),于 1602 年独自重建了几近被毁的母校图书馆——在英国乃至欧洲规模都堪称第一的包德利图书馆(Bodleian Libaray),他与馆长詹姆斯(Thomas James, 1573 ~ 1629)在 1605 年主持编出了颇具馆藏特色的英国第一套印刷目录。包德利以图书馆主持人、读者和采购计划的制订者的特殊身份,在目录中提出并采用了如下编目方法:(1)以著者款目为主,将其名姓倒置著录;(2)贵族著者取其家族姓氏为款目词;(3)希腊或拉丁语人名,取其变格形式,而不是以书名页所反映的主格形式著录;(4)匿名著作或只知著者名不知其姓的著作,取书名作标目;(5)应编制分析款目;(6)应编制参照款目,并注以"Q";(7)设立分类目录并附带按姓氏排列的著者字顺索引,但詹姆斯更倾向使用著者字顺目录和主题目录,这一点在 1620 年的该馆第二套印刷目录和他的手写目录中有充分体现。上述两人的主张是对西方古代图书编目方法的总结和创新,也由此开启了西方近代目录的史页。包氏被认为是"西方编目界的杰出人物",现代编目权威柳别斯基则认定是他们对财产目录作了质的突破。

二、编目条例的初创

18世纪之前,西方尚无一部成型的编目条例,编目长期处于各馆我行我素的混乱状态。包德利图书馆目录的问世,不仅提出了一些先进主张,更重要的是向编目界展现了许多亟待解决的类似著录规范的问题。1697年,该馆向全体馆员们征求改革建议,大量馆内外人员参加了这一活动。其中,温利(Humphrey Wanley)提出,在编制目录之前先要解决以下问题:目录是以分类还是字顺为主;著录文字是否用原书上的文种;书型记录与否;分析著录时是否要编制著者款目和篇名款目;出版者是否要著录;书中谬误之处是否要反映;一书的首版、最佳版本、珍本、孤本是否著录,等等。这些涉及编目规则的建议,开始引起西方编目界的普遍关注。

次年,罗斯格德(Frederic Rostgaatd)在巴黎发表了他的编目"新方法",提议按著者组织目录,用以集中同一主题的图书和同一著作的全部版本;主题目录中按编年和书型顺序细分;译著按编年排列,先排原著,再排对照本,后排译著,著录顺序也大致如此;人名名姓倒置著录;按书名页上的形式著录书名;已知著者的匿名著作应著录著者姓名;编目规定可以灵活使用。罗斯格德的主张尽管未被广泛采纳,但在英国的部分图书馆目录中却有所体现。

德国著名学者莱布尼茨(Gottfried Wilhelm Leibniz, 1646 ~ 1716)在此期间认为,图书馆头等重要的义务是建立方便读者的目录体系。他强调著者和主题等字顺目录的重要性,也要求设立分类目录,并极力推荐编制主题索引。

至18世纪,西方编目界完成了从财产目录向查检目录的转变,但仍缺乏系统的编目原则。各馆时而用分类目录,时而用字顺目录,少数的还将著者目录按编年体排列,甚至按书型排列目录;

人名标目著录已经定型;书名页被认作是著录的可靠信息来源;出版事项、附注、参照和分析被普遍采用。此时,目录方法的系统归纳——编目条例,便呼之欲出了。

法国捷足先登。大革命后的第二年,即1791年,法国督政府即颁布了《图书馆目录和书目编制条例》(Instruction pour proc-eder à la confection dû catalogue de chacune des bibliothèques sur-lesquelles les Directoires ont dû ou doivent incessamment opposer les scelles),成为西方第一部国家编目条例。条例规定图书馆须用卡片式目录,从此开始了卡片目录的历史;著者款目为主要款目;著录以书名页上的信息为主;在标目中第一词的姓氏之下划线,供排片之用;无著者的著作,在其书名的关键词下划线;载体形态项包括卷册数或页数、书型、插图、制作材料、文献类型、缺页、优良的装帧等说明;以及入藏登记和目录使用说明的有关规定。现代编目学家斯特罗特(Ruth French Strout)评价这部条例是"十九世纪编目突飞猛进的开山之石"。

三、第一部系统的编目条例——潘尼兹的《九十一条》

17世纪到19世纪的西方世界,资本主义蓬勃发展。英国在19世纪成为当时最强大的资本主义国家,其经济、科学、军事条件远远优于美、德、法等国,加之对其他国家的军事殖民主义扩张,经济和文化浸透,不仅提高了本国的综合国力,其中包括出版业的迅猛发展,而且,通过对外巧取豪夺,对内接受捐赠、购买、合并,以及享受呈缴本特权等手段,获得了世界上大量的文化典籍,从而大大地丰富了1753年成立的作为国家图书馆的不列颠博物院图书馆的收藏。该馆初由乔治二世皇家图书馆(Royal Library of George Ⅱ)和三家私人藏书(Cottonian Collection, Hariorian Collection, Sloanian Collection)合并而成,之后又购入英王乔治三世的藏书,藏书体系和目录头绪纷乱复杂,而新的收藏又在急剧涌入,在这样的历史背景下,客观上要求该馆制定出一套旨在使目录统一的且系统的图书编目规则。

在制订编目规则的过程中,就设立怎样的目录体系,该院馆内开展了影响近代编目历史的激烈争论。一派主张沿袭传统,以分类目录为主;另一派则力主创新,主张创立以著者目录为主导的类似后来的字典式目录的字顺目录体系。后一派的代表人物是1823年流亡英国并在1832年加入英国籍的意大利人安东尼奥·潘尼兹(Antonio Panizzi,1797~1879),他1831年进不列颠馆,1837年任印本图书部主任,1856~1866年出任该馆馆长。潘尼兹坚持建立字顺目录为主的论据主要有三点,第一是图书馆接待的大多是具有一定专业水平的读者,他们既熟悉本专业的著者,也习惯于按著者检索图书;第二是他们大都要求按主题直接提供所需图书的信息,而分类目录的间接性难于满足这一要求;第三是分类目录在使用上存在着较明显的局限性,不仅读者难于使用,连编目人员也不易掌握。争论结果,革新派获得了博物院理事会的肯定与支持。不久,该馆编出了一份与争论结果相应的17条暂行规则(Report from the Select Committee on British Museum,1836)。在此基础上,由潘尼兹领导的印本图书部经过了几年的修订和实践,于1841年正式出版了内含91条规则的《不列颠博物馆印本图书目录编制条例》(Rules for Compiling the Catalogue in the Department of Printed Books in the British Museum),后人简称为《九十一条》(Ninety-one Rules)。这部条例对后世有影响的条款主要有:(1)明确提出和坚持使用了著者主要款目的原则,并统一了人名先取姓氏后录名字的标目著录法;(2)进一步巩固了书名页作为主要著录信息来源的权威地位,例如它规定,如遇著者仅以其名字署名,著录时即使知道该著者的全名,也只按其署名的形式著录;(3)匿名著作取书名关键词或相关的人名、地名作主标目,其著者姓名(如果知道的话)只是接着书名之后著录即可;(4)以笔名或假名等形式署名的著作,取其虚构名称而不是真实姓名作为主标目;(5)贵族著者的著作则取其家族姓氏作款目标目,而不用考虑该著者的署名形式;(6)在标目类型中增加了团体标目;(7)采用"形式标目"(Form heading)作主要款目标目,例如,大学和学术机构一律取"Academies"作标目,报、刊、年鉴一律取"Periodical Publications"作标目,此类形式标目还有 Liturgies, Ephemerides, Dictionaries, Encyclopedias, Catalogues, 等等,必要时,在形式标目之后加著地名或团体名称,以示区别;(8)对书名项、出版项、稽核项等作了具体规定;(9)将著者款目、形式款目、书名款目合排成字顺目录。在执行《九十一条》的过程中,不列颠博物馆对其进行不断的使用效果调查及相应的修订工作,1900 年再版时,规则减为30 条。之后又出了 1920 年版,1927 年版和 1939 年版,最后一版包括 41 条规则,并增加了著录地图和乐谱的规定。

尽管《九十一条》存在着含糊和处理不当之处,但它是西方编目历史上第一部经过实际调查、理论研讨、全面总结和跟踪修订的最完整、最系统的编目条例,为未来的编目工作科学化和规范化,特别是英美编目方法体系的形成,奠定了坚实的基础。值得一提的是,19 世纪末期的英国,作为世界上最大的殖民帝国,侵占着大于本土近二百倍的殖民地,《九十一条》的编目方法伴随殖民文化漫延到许多国家和地区,为后来英美编目法占据国际编目领域中的主导地位创造了重要的历史条件。可以这样归纳,《九十一条》产生前所未有的影响的主要原因,首先是在特定的需求背景下出现了"编目巨擘"潘尼兹,其次是《九十一条》本身的科学性和系统性,第三是得助于英帝国军事扩张带来的文化浸透。

四、美国第一部编目条例——朱伊特规则

长期以来,美国只是充当欧洲编目法的追随角色,但是到了19 世纪中叶,美国社会开始普遍重视发展图书馆事业,并逐渐形成自己的方法和技术风格。肯定是受《九十一条》的影响,美国才在 1851 年出现了最早的编目规则——简称《朱伊特规则》(Jewett's code),它是作为史密森研究所图书馆一份关于目录建设的报告的一部分出版的(Charles Coffin Jewett: Smithsonian Report on the Construction of Catalogues of Libraries, and of a General Catalogue and Their Publication by Means of Separate, Stereotyped Titles, with Rules and Examples),规则共有 39 条。

朱伊特是美国图书馆事业奠基人之一,早期任史密森图书馆馆长,后继任波士顿公共图书馆馆长,也是美国图书馆协会的少数发起人之一。他在规则中指出,他不想违背《九十一条》,只是根据美国习惯对其中少数条款作了部分修改,这些改动包括:(1)团体出版物取机构团体名称作标目,而不是集中在某一个"形式标目"之下;(2)取书名作标目时,从书名的第一个词开始著录,而不是仅取其书名关键词;(3)著者姓名标目,取真名而不用假名或笔名;(4)细则中辅以实例图解。

朱伊特有一套系统的编目理论,他第一次提出实行集中编目,以减少图书馆人力、物力浪费的先进主张。认为应该严肃科学地统一编目方法,制订的编目规则应尽可能满足各类图书馆编目实际的需要,解决所有疑难问题,这样就必须为编目人员留有伸缩的余地,力求照顾和配合他们的鉴别力和判断力。他认定图书馆目录是揭示馆藏和检索文献的情报源,主张目录体系中设立字顺目录与分类目录。指出编目人员必须具备专科知识和实际操作能力,同时,各部门要配备参考工具书。朱伊特的最大贡献在于促成了美国图书馆编目工作的独特风格,其先进主张一直被采用至今。

五、卡特对近代编目法的集大成——字典式目录规则

19 世纪末叶的美国,资本主义发展迅速,文化事业在许多方面也走在包括英国在内的老牌资本主义国家前面。这个国家讲求

实用又富于幻想的民族精神和较先进的科学技术被深深地注入到图书馆事业的发展之中。处在这一时期的美国编目界出现了两位成绩卓著的杰出人物——卡特和杜威。在他们倡议和领导下所开展的一系列创造性的编目研究和实践活动，及由此获得的丰硕成果极大地推动了美、英图书馆目录工作的向前发展。

卡特（Charles Ammi Cutter, 1837～1903）出生在波士顿，早年毕业于哈佛神学院。1860年受雇于哈佛大学图书馆，负责建立该馆图书目录并于1861年完成——即美国最早的卡片目录。尔后，又转赴波士顿公共图书馆，负责建立该馆印刷目录。在大量的实践工作中，他除创立并完善了新的著录方法和目录组织体系之外，还坚持把目录作为向公众揭示图书馆藏书，服务于读者的指导思想摆在编目活动的首要位置。编制卡片目录的经验，加上对《九十一条》和《朱伊特规则》的长期使用分析与研究，很大程度上帮助了卡特《印刷本字典式目录规则》（Rules for a Printed Dictionary Catalogue）于1876年的诞生。该规则初版包括205条，1904年第4版时扩充到369条。

卡特第一次系统地提出了至今仍然适用的图书馆字顺目录的三大职能，他的编目思想在其规则中得到了充分体现：（1）字顺目录款目不单是仅反映某一著者的特定图书，而且还应将同一著者、同一著作、同一主题的全部著作或所有版本集中在一起，供读者从三个不同途径检索和选择自己所需要的文献；（2）取消主要款目中的"形式标目"，改用团体名称或主题标目；（3）匿名传记取主题而不是书名关键词作标目；（4）提出主题款目的概念并规定了部分编制方法；（5）图书馆可视实际需要编制不同详细程度的短（多为参照片）、中（多为附加款目）、长（多为主要款目）款目，以加强编目条例更大范围的适应性和编目的经济性。在规则的执行方面，卡特认为，要首先考虑和照顾读者的检索习惯，在发现规则的规定与读者认识事物的习惯相矛盾时，不应机械地坚持条例性，置读者检索习惯于不顾。

卡特再次更加明确地提出了"读者至上"的编目原则,认为图书馆目录主要是为读者服务,它应起到按著者、书名、主题揭示馆藏,并便于目录用户从这三条途径中的任何一条去准确地检索全部所需图书的作用,和通过对图书的形态与内容的描述来帮助读者鉴别和选择图书的作用。因此,他主张并实施款目完备的图书馆目录,其中包括著者款目、书名款目、主题款目、(文献的)类型款目、分析款目和参照系统,同时,将这些款目按统一的字顺混合排列,从而创造性地建立了三合一(即著者、书名、主题合一)的字典式目录的理论体系。

西方图书馆活动随着西方社会制度和科学文化的进步,经历了论战,发生过革命,发展到 20 世纪即将到来的阶段,便日臻完善,形成了较为统一的方法和理论体系。在此历史背景下,卡特在理论和实践上对此作了系统性的总结和整理。《印刷本字典式目录规则》的问世,就是这一时期的显著标志。无论是卡特的编目思想,还是他的编目规则,从它们的出现到现代,一直左右着西方世界的编目活动,他也因此成为英美现代文献编目理论与实践最主要奠基人之一。

六、时代特点

近代西方文献编目活动的发展过程具有的特点主要表现在:(1)目录的作用由单一的"财产登记"发展到"登记、检索、研究"多功能但侧重于"读者查检"的阶段;(2)目录的使用者由少数达官显贵和私藏家发展到全社会;(3)最突出的特点是编目条例不断涌现,使编目工作向条例化、系统化方面发展;(4)编目专家的个人作用和影响突出;(5)著者款目作为主要款目已成主流;(6)对团体出版物、匿名著作、贵族作者的著作的处理越来越受到重视;(7)卡片式目录开始在少数馆使用;(8)出现由分立式目录向字典式目录转变的趋势;(9)首次从理论上提出"集中编目"的主张。

第三节　现代西方文献编目的发展
（20 世纪初～）

进入 20 世纪,尽管连年的摧毁性战争,破坏了各国的经济、摧残了文化事业,但在大战前后时期和非战争地区,图书馆编目活动仍发展得十分迅速,上个世纪的编目理论与方法在实践中得以巩固和完善。特别是随着战后世界经济的恢复,科学技术出现了突飞猛进的发展。连绵不断的技术革命,使文献生产的方式和用料出现了翻天覆地的变化,文献类型与数量急剧增加,再加上先进的通讯技术,促进了国际间的信息交流,改变了人们受时空限制的狭隘观念,各类型图书馆联合体和编目网络应运而生。由于大量且持续地采用先进的科学技术,图书馆编目的理论方法和技术手段突破了数千年以来编目工作的传统,也随之发生了重大的革命。现代文献编目的发展可分为三个阶段:

1. 西方两大编目体系的形成阶段(1900～1961 年)
2. 两大体系折衷与 AACR 产生和应用阶段(1961～1974 年)
3. ISBD 和 AACR$_2$ 的产生及发展阶段(1974～)

一、西方两大编目体系的形成（1901～1961 年）

从 1841 年到 1900 年的 59 年间,不仅美、英两国不断修订、公布较有影响的编目条例,形成了一定的体系,而且,其他国家的编目条例也层出不穷,德、法、意、荷、比、西班牙、瑞士,以及东欧等国都出现有本国的条例,不计其数的图书馆还各有自编条例。可以说,这一时期是"产生条例的时期"。

在这一历史背景下,美国开始创造性地尝试两项革新:第一是

1900 年由美国图书馆协会组织讨论协作问题,并决定实行集中编目;第二是 1901 年美国国会图书馆开始向全国各图书馆发行标准的印刷目录卡片(规格为 12.5×7.5cm)。这两项措施有着必然的内在联系,同样起着普及推广卡片目录,避免各馆的人力和财力的重复浪费,促进目录统一化的作用,同时也对当时的编目条例提出了更系统和更高的要求。从另一方面讲,更重要的是,国会图书馆依据卡特、杜威等人编制的《著者、书名目录简明规则》(1901年)及次年的《美国图书馆协会著者、书名编目规则(试用版)》(1902 年),编制、印刷和向全国发行目录卡片,并积极主动地与外国图书馆进行交换,从而极广地传播了上述编目规则的影响,很大程度地波及了其它国家,特别是英语国家的编目工作。

杜威(Melvil Dewey, 1851～1931)注意到此时英、美两大有影响的英语国家的编目条例间存在着较大的差异,著录款目不一致,难于组织目录,而且国内也没有构成一定规范的统一条例,国会图书馆印发的目录卡片与各馆的目录不能吻合。因此,他提议由两国的图书馆协会(ALA 和 LA)共同商讨,制订具有一定标准的字典式目录编目条例,并早在 1870 年左右就创议开展类似"在版编目"的活动。1904 年,英、美两国成立专门委员会,合作制订统一的编目条例,经过几年的讨论和协商,解决分歧,确定了共同的著录规则,在很大程度上达到了两国的统一,然而,在对匿名著作和连续出版物等方面的处理方面,双方意见不能统一。结果,于1908 年合出的《英美条例》(Cataloguing Rules: Author and Title Entries)是以各自保留意见的美国版(American ed.)和英国版(English ed.)两种版本出版的。

《英美条例》(简称 AA)共 88 页,174 条,基本上沿袭了传统的英、美编目方法。其中有 135 条是关于著录标目的选择及其著录形式的,其他的是关于书名项、著者项、出版项、稽核项、附注项、分析款目、参照片、大写、标点符号等规则;另附有三个附录。它明确规定:(1)以著作的著者(个人或团体)作主标目;(2)将机关团体划分为政府机构、协会、学术团体和其它团体等四种类型,其出版物也按此区分,用不同的标目方法著录;(3)匿名著作取书名第一个字(冠词不计)作标目。AA 出版的意义在于,历史上第一次编出跨国的统一条例,为文献编目国际化提供了经验;统一了编目规则,为集中编目和提高目录质量创造了更优越的条件;进一步扩大了英、美编目体系在国际上的影响。因此,它是西方编目史上的又一座里程碑。

AA 也还存在着不少有待解决的问题,两个版本中有一些具体的规定不一致,其中主要反映在两个方面:(1)对更名期刊的著录,英方以最早的刊名作标目,美方则取最近的刊名作标目;(2)对贵族作者(Noblemen)的著作,英方取贵族的姓氏作标目,美方则采用著作书名作标目。另外,条例没有论及关于主题款目的编制,而且,有些细则显得模棱两可,不易掌握。

在美、英编目体系形成的过程中,德国编目体系也在逐步形成,并在欧洲部分国家产生愈来愈大的影响。

德国编目界的杰出人物是德柴茨科(Karl Dziatzko, 1842～1913)。他在 1872～1886 年出任布雷斯劳大学图书馆馆长,1886年转任格廷根大学图书馆馆长。在任期间,他编制完成字顺卡片目录。在 1886 年发表了《布雷斯劳大学皇家图书馆兼大学图书馆字顺卡片目录编目条例》(Instruktion für die Ordnung der Titel im Alphabetischen Iettelkatalog der kgl. and Universitätsbibliothek Breslau,简称《德柴茨科规则》),成为该国最有影响的条例,得到了德国各图书馆的采用,特别是几所著名大学的图书馆和州立图书馆都依据这个规则组织字顺目录。除此之外,规则出版的次年,又出了意大利文译本,甚至美国也受其影响,作为另一个著录准则出版了以此为基础并综合各家之所长的《卡片目录综合规则》(K. A. Linderfelt: Eclectic Card Catalog Rules, Author and Title Entries

Based on Dziatzko's "Instruction", Cutter, Dewey, Perkin's and other authorities, Boston 1890）。由此可见,德国编目法在 19 世纪末就遍及德国全国,在国外也有一定的影响,随着当时《普鲁士联合目录》(Prussischen Gesamtkatalog)采用这一规则的出版和发行,进一步扩大了它的传播范围。

1890 年,作为全德中心图书馆的皇家图书馆依据《德柴茨柯规则》制订并公布《字顺卡片目录著录规则》(Instruktion für die Herstellung der Zettel des Alphabetisehen Katalogs),作为德意志帝国通用的著录规则。1896 年,为更适合联合目录的编制,避免破坏早已形成系统的柏林皇家图书馆目录,德国决定仍以《德柴茨柯规则》为基准,重新编制一个通用的编目条例。于是,在 1899 年 5 月和 1905 年分别公布了《普鲁士图书馆字顺目录和联合目录适用规则》(Instruktion für die Alphabetischen Kataloge der Preussisthen Bibliotheken and für den Preussischen Gesamtkatalog,以下称《普鲁士规则》)和著录实例本、注释本。后经九年的讨论和汇集,于 1908 年出版了《普鲁士规则》的正式修订本。至此,普鲁士传统的编目方法便得到了全面的总结、归纳和继承,1908 年《普鲁士规则》的出版,标志着普鲁士编目体系的正式形成及其影响的进一步扩大。

《普鲁士规则》共包括 241 条款,分属字顺卡片目录中书名款目的处理和书本式字顺目录中书名款目的处理两大部分。其中对标目的选取,特别对书名款目的编制、各类型出版物的著录、款目中各著录事项、参照片、分析款目的编制和组织等都作了全面的规定。另外还有图解、音译规则等 6 个附录。

从下面的对照表 2 - 1 中可以看出《普鲁士规则》和《英美条例》的主要异同点。

上述两大体系的形成,促进了双方为维护其影响所进行的不断修改和完善的工作。同时,其他受影响的国家,不仅仅是竞相采纳,而且对双方的缺陷提出了批评,不少国家,如法国、西班牙、苏联等国,还采取融双方之优,取长补短的措施,更为突出的是,印度图书馆学名家阮冈纳赞于1934年编出了创新的《分类目录规则》(Classifed Catalog Code),这些对两大体系的演变产生了一定的积极作用。

表 2-1　《英美条例》与《普鲁士规则》对照表

AA	Prussian Instructions
①采用著者款目为主要款目的原则;	①同左;
②适用于字顺目录和字典式目录;	②同左;
③团体出版物取团体名称作标目;	③与左相反,无机关团体著者标目这一概念;
④取书名作标目的情况较少;	④与左相反;
⑤编者、译者可作为标目;	⑤与左相反;
⑥取完整的会议名称作标目;	⑥取会议录书名中的第一个主格名词作标目;
⑦采用单元卡片制;	⑦主要款目和参照(即附加)分别制片;
⑧英、美、亚、北欧及英联邦等国家和地区受其影响。	⑧东欧、中欧等地区受其影响。

AA 出版以后,美国国会图书馆又接连编出了如《期刊著录指南》(M. W. MacNair：Guide to the Cataloguing of Periodicals, 1918)、《机关团体连续出版物著录指南》(H. W. Pierson：Guide to the Cataloguing of the Serial Publications of Societies and Institutions, 1919)等专门类型出版物的编目规则,以弥补 AA 的不足。到30年代,面临出版物数量的增多和类型的变化,编目界对上述条例由讨论转向批评,再次提出修订的要求。英国图书馆协会这时组织了专门力量进行修订工作,于1933年4月出版了《英美条

例(新版)》(The Anglo - American Catalogue Rules;a new edition),对前版作了修正与补充,然而,更深入的修订工作因二战的爆发被迫终止。但处于非战地区的美国,修订工作从 30 年代起一直没有停止,1941 年出版了《著者、书名款目规则试用版》(Catalog Rules: Author and Title Entries;Prelimiary edition),条例的第一部分是款目和标目,第二部分是描述。共有 327 条款,增设了乐谱、地图等出版物著录的规则。但是,试用版仍只限于经验的累积和条款的机械性罗列。

事与愿违,各国持续不断的规则修订工作,换来的却是编目人员的一片贬议。新出的许多条例内容是增加了,但规定更加严格、繁琐,特殊细则的增设导致多处自相矛盾,这正与从 30 年代以来编目界愈来愈强烈的"简化编目"的呼声相背离。1941 年,奥斯本(Andrew Osborn)发表了编目史上的著名文章《编目危机》(The Crisis in Cataloguing)。文中指出,很多条例,特别是 1941 年的试用本,过于庞杂琐碎,术语艰涩,而且实用得缺乏逻辑,呼吁简化规则,充分尊重编目人员的判断和处理问题的能力,并再次建议采用详、简、基本三级著录的方法。奥斯本有代表性的猛烈抨击,又迫使许多条例作再次的修订。

美国图书馆协会单方面组织力量,对原有条例作了大幅度的增删改动,融进了国会图书馆出的其他几个条例的内容,于 1949 年出版了《美国图协著者、书名款目著录规则》(ALA Cataloging Rules for Author and Title Entries, 2nd ed.)。重点是著录标目的选择及其形式的这一规则,分主要款目的选择;个人著者;机关团体著者;地理名称标目和附加、参照等五个部分,共 158 条 265 页,并在序言中对主要款目和附加款目的作用作了理论上的阐述。同年,由国会图书馆编出的作为上述规则第二部分的《描述著录规则》(Rules for Descriptive Cataloguing in the Library of Congress),规定了标目项以下各描述事项的著录方法,从而完成了对原有条例进行全面修订的工作（以下称这两部规则为 ALA1949 规则）。ALA 规则具有条理分明，逻辑性较强，内容较广，适用范围较宽，例外规则大大减少等特色。其不足的是，主题款目规定太少，没有专门章节讨论；出版物类型仍然反映不全；有些规定依然存在着自相矛盾之处，对机关与团体间所作的区别很含糊，反而增加了实际使用上的困难。虽然如此，两部规则的产生仍具有划时代的影响，战后不仅在美国得到绝大部分图书馆的采纳，在世界其他国家，特别是英语国家和亚洲各国也广泛地采用了这一规则。

二、AACR 产生和应用阶段（1961～1971 年）

在战后的西方图书馆，面对文献数量、类型，特别是作用骤变的形势，ALA1949 规则显然较之以前更不适应，由此而产生了图书馆编目工作的新要求。编目界一致认为，编制更系统，容纳性强，规定明确统一的著录条例此刻已势在必行，但在如何编制，是修订还是新编的问题上还没有得到统一。

美国在编目条例换代方面从事的有益活动引人注目，其中最为突出、最具有影响的人物是柳别斯基（Seymour Lubetzky，1898～ ）。这位美籍波兰人，在国会图书馆编目部门工作多年，实践经验丰富，并发表了一系列编目论文和参与了 LC 规则的编制活动。1951 年，他受邀进行系统分析和修订 ALA1949 规则的工作。1953 年，便提出了一份名为《编目规则和原则》（Cataloging Rules and Principles）的报告，这是有史以来最重要的一部西方编目理论之作。

柳别斯基明确指出，编目工作首先应有明确的理论原则，概括地讲，就是要明确并符合检索实际的目录职能、任务和指导思想，那些具体规则完全建立在理论原则的基础上，否则，就会出现任意的，甚至于自相矛盾的规定。而在此之前的所有规则或条例，无一确立有理论原则，因而往往难于接受。按上述理论，柳别斯基对

48

ALA1949 规则作了系统的分析和批评,批评的重点是,整个规则的目的、同一文献集中的任务都不明确;各条款之间仍缺乏紧密的逻辑联系,而且重复现象严重;机关团体著者规定不仅繁琐,而且含糊不清,难于掌握;参照片的作用没有充分发挥。由此得出进一步的分析结论是,现存大量的这种条例是毫无必要的,至少是不适用的。他最后提出了更新规则和设计条例的方案。ALA 和 LC 完全接受并采纳柳别斯基按著者原则和目录职能等理论编制条例的变革方法,着手编制新的条例,而不是像以往一样,在原有规则的基础上进行修订。

美国图书馆协会的编目条例修订委员会于 1958 年和 1960 年召开了两次较大规模的讨论会,研究、讨论这一更新方案,结果在 1960 年出了由柳别斯基主编的《编目条例(未定稿)》(Code of Cataloging Rules:author and title entries;an unfinished draft. Chicago:ALA,1960)。该条例明确了基本原则,那就是目录的任务:(1)反映馆藏;(2)将同一著者的所有著作和同一著作的各种版本在目录中予以集中(必须注意,柳别斯基的基本原则在很大程度上,是受早期卡特思想的影响,并在此基础上明确和发展的)。它的最大特点是用通用性的附录,减少了很多条款,将条例篇幅控制到既能使广大编目人员承受,又不影响目录质量的程度。其中除书名款目、译本、团体款目等外,较多地采用了 ALA1949 的规定,但出版物类型反映不全,有些条款没作最后决定,所以,从修订程度和系统上看,这个条例是一个不完整的规则。1959 年,国会图书馆出版有《ALA 和 LC 规则(补充与更改本)》(Cataloging Rules of the ALA and the LC:Additions and Changes)。该规则和柳别斯基主编的条例是在 ALA1949 不适之时,而新条例尚未出现时期内采取的过渡性措施,也是大型图书馆的目录体系必须进行适应需要的修改,但又不宜作太大变化的补救手段。

60 年代前夕,西方各国都在修改编目条例,变化最多、分歧较大的内容逐步归结为匿名著作和机关团体出版物两方面。在这种亟待统一的形势下,国际图联(IFLA)在联合国教科文组织(Unesco)的支持下,于1954年9月建立"编目原则协调小组",重点对西方24种规则进行比较分析研究,在1956年从上述两方面提出了一个两条十七款的建议性报告(Report on Anonyms and Works of Corporate Authorship),明确提出通过协调英美和普鲁士体系,以达到国际统一编目。之后Unesco和IFLA又组织了对另外一些内容的讨论。在此基础上,国际图联1959年在伦敦召开了国际编目原则预备会议,作为正式会议的讨论基础,指定柳别斯基和维若娜(Eva Verona)等人就各个专题撰写工作报告。国际编目原则正式会议(International Conference on Cataloguing Principles)于1961年10月9日至18日在巴黎召开,有53个国家和12个国际组织的代表参加了会议。

这是编目史上一次具有深远意义的盛会,对全世界的文献编目工作、条例的制定,以及编目研究产生了巨大的影响。

会议的中心议题是商讨和协调各种编目规则,达成广泛通用的编目原则,使编目活动步入国际一致的轨道。与会者认为,统一的编目原则是各国制订统一的著录规则的前提条件,只有这样,才能有效地沟通各国的规则和由此而产生的各种形式的书目(国家书目、书商书目、统编卡、图书馆目录等)的联系和一致;编目人员易于理解和掌握;减少目录中的混乱现象,方便读者。柳别斯基的建议与观点在会上得到普遍的重视和赞赏。会议提出了17篇工作报告,制订并通过了包括12条55款的"原则声明",其中明确了字顺目录的任务:(1)揭示图书馆藏有特定著者或特定书名的著作;(2)集中反映图书馆所藏特定著者的全部著作和同一著作的各种版本。此外,还对目录结构、款目种类和字顺目录标目的选取及其形式作有统一规定。这次会议虽没有正式提出制订国际标准著录条例,但为开展这一工作进行了一次十分成功的尝试,并且也为此创造了一定条件。会议的另一项有意义的成绩是,对英美体系与普鲁士体系进行了尽量的折衷,使双方的编目原则得以向同一方向发展,从而缩小了两大体系间的差距。这方面突出的例证是,著者—书名主要款目的原则得到广泛认可,包括东欧、中欧在内的各国都接受了团体责任者的概念。

根据巴黎原则声明的精神,美、英、加拿大三国四个成员单位(ALA,LA,LC,Canadian Library Association)经过反复讨论、协商,在 1967 年出版了《英美编目条例》第一版(Anglo – American Cataloguing Rules,以下简称 AACR)。由于对"原则声明"的解释不一,加之美英两国编目规则在某些细节上(主要在著作责任的认识、团体标目和少数著录的处理)的传统分歧没有解决,所以,AACR 仍然分北美版和英国版两个版本出版。不过,基本原则和实际操作方法是一致的,不同之处也采用了交替规则加以对照。

AACR 由三部分构成,第一部分:款目和标目;第二部分:描述;第三部分:非书资料。每一部分又分为总则和专门规则,但总则最为重要。它的指导思想是:(1)遵循"原则声明"的精神;(2)适用范围主要在大型研究图书馆和大学图书馆,为适用于一般公共图书馆,条例在两国图书馆某些要求不能统一的地方,提供了交替规则;(3)适用于多款目、多文种组成的目录和各类型出版物的著录。

与以前的编目规则,特别是与 ALA1949 规则相比,AACR 具有如下几点主要特色:(1)历史上首次在条例中确定了"编目原则"。(2)适用于大型图书馆可能得到的所有文献载体,第一次将非书资料的著录规定独立突出列出。(3)规定著录依据主要是书名页,但著作中的任何一部分都可作为书名页的补充。(4)为方便和更清楚地指导读者正确检索目录,采用"直接标目"(Directed heading)的形式,个人著者姓名不一定严格地采用其真名,用一个让读者普遍能识别的姓名就可以了。直接使用具体的团体名称,一般不著录其上级机关的名称,除非下级机关不能独立。这些是对传统方法的改进。(5)重视创造书目条件,而不是只注意各类出版物的著录,即注重著作责任者,所以对会议录、文集等均未作特殊的处理。这样,原则未变,减少了篇幅。(6)条例认为,标目的选择属著作责任的问题,标目的形式则属姓名、名称问题,混在一起不仅造成紊乱,而且会增大篇幅,因此,作了分别列举。(7)减少了学术机构与团体间的含糊分界。(8)标目中减去了用"and others"字样代表其他合著者的规定,使建立规范档更容易一些。

AACR 是国际化编目的典范,特别是对 AA 和 ALA1949 规则作了重大的发展,但并非最理想的编目条例。其主要缺陷在于不适应正在兴起的机器编目的要求;仍然过于繁琐和条理不清晰;使用的术语缺乏代表性;英、美两国的编目法尚未得到彻底的统一;图例不足和缺乏较详细的索引。

由于最有影响力的美国国会图书馆考虑到原有的庞大目录难以变动,采取了"并存政策"(Superimposition,即老的款目原封不动,新的才按 AACR 著录),这样就大大妨碍了 AACR 的传播,降低了它的影响力,并造成了目录中新旧款目不一致的混乱。

三、ISBD 和 AACR₂ 的产生及其发展(1974~　年)

60 年代,文献编目领域发生了一些具有改变历史的大事,主要有:

(1) 1963~1966 年 11 月间,美国国会图书馆在世界上第一次研究成功机读目录(MACR),1968 年 6 月研制成功图书馆适用的机读目录二型(MACR_Ⅱ),将计算机技术出色地应用到编目领域。其间发现的问题是,如何在款目中设定机器能够识别的内容,因此引发了统一标识符号的研究。

(2) 1966 年,为执行新的美国高教法,大量购入国外文献并及时编目,美国国会图书馆实施了"全国采购和编目规划"(Na－tional

Program for Acquisitions and Cataloging, NPAC），更加促使文献编目国际化。由于发现各国的编目款目事项不一致，难以组成方法一致的目录，因而对著录规则的统一提出了更高的标准化要求。

（3）经过多年试验，1968 年，美国、澳大利亚出版界和编目界再次提出"图书在版编目"（Cataloguing in Publication，简称 CIP），得到社会各方支持，于 1971 年 6 月正式开展这一业务。继后，西方各国出版界竞相仿效。

（4）1967 年，IFLA 与 Unesco 签署一项"目录款目中书目数据的比较研究"及"建立一套国际系统的建议"合约（A Compara - tive Study of Bibliographic Data in Catalogue Entries and a Pro - posed for an International System），指定由英国著名编目专家戈尔曼（Michael Gorman）主持。此项研究的成果报告指出，许多国家的书目除了某些传统方式之外，基本上是相同的，继而建议制订一套用于目录款目著录内容的国际标准。这一建议立即引起有关国际组织和编目界的强烈反响，成为一系列国际编目准则的出台前奏曲。

在这样的历史背景下，AACR 刚一出版便显得难以适时。制定国际著录标准的要求不可避免地随之强烈。经过两年多的筹备，1969 年 8 月，国际图联编目委员会在哥本哈根举行了被称为现代编目又一转折点的"国际编目专家会议"（International Meeting of Cata-loguing Experts），会上集中讨论了"巴黎原则"注释本、国际著录标准、合作编目、MARC，以及 ISBD 和亚非国家编目问题等项内容，特别是在"世界书目控制"的观念和方法上取得了突出成效。会议明确指出："必须致力于建立一个国际情报交流体系，为通过这个体系，由各国的全国性机构为本国出版物编制和发行标准书目著录达成一致意见。"会议决定成立一个由英、美、法、匈、荷、西德等国七位专家组成的专门工作小组，负责《国际标准书目著录（专著）》——（International Standard Bibliographic Description：for single volume and multi - volume monographic publications——简称 ISBD$_{(M)}$）的草拟工作。1971 年 12 月发表了 ISBD$_{(M)}$初稿。经七十多个书目和目录编制部门的研究、讨论,1973 年 8 月召开了一次归纳意见的修订性会议,与会者增加了比、日、澳、瑞士、马来西亚、南非、南斯拉夫、加拿大、新西兰、瑞典、波兰、巴西、西班牙等国的专家,以及国际标准化组织、世界科技情报系统和联合国教科文组织的代表。ISBD$_{(M)}$的第一标准版最后于 1974 年 3 月在伦敦出版。

ISBD$_{(M)}$的编制原则(经 ISBD$_{(G)}$改进后)有三:第一,应适用于各国可供交换的全部文献的著录,易使一国的书目记录能被他国的目录和书目接受;第二,应超越语言障碍,使一种语言的书目记录易于被其他语种的使用者理解和识别;第三,应能使传统的书目记录转换为机读形式。为符合上述原则,ISBD$_{(M)}$的编制者着重注意了著录事项的确定、位置顺序和标识符号三个方面,他们认为,这是构成国际标准书目著录的三大前提条件。他们的创新获得了成功,著录事项共分八大项,并明确规定了它们的顺序,对达到上述第一、第二原则的要求作用最大;标识符号更加引人注目,具有一定的科学性,各大项间的分段符号、小项间识别符号简单、明了,即使是不懂款目文字的读者,也能根据标识符号来判定著录项目的性质,从而使 ISBD$_{(M)}$较顺利的满足了上述第二、第三原则的要求。此外,ISBD$_{(M)}$在使用范围、名词、著录根据、大写、缩写等方面作有明确的规定。

接着,各个专门小组又陆续编制、修订、出版了多个以 IS-BD$_{(M)}$为蓝本(后改为以 ISBD$_{(M)}$为基础),又不尽相同的、适合于各种文献载体的 ISBD 分册。见下面表 2 - 2。

其中,ISBD$_{(G)}$是作为统一各个专门 ISBD,配合 AACR 联合修订指导委员会的要求编制的,而不是为著录某一类出版物而制订,在用语和范围上基本概括了各类文献的书目著录要求。因此,成为各种编目条例的编制依据。到 1984 年,ISBD 的编制计划基本完成。ISBD$_{(F)}$是作为补充件出版的。

表2-2 ISBD 各分册一览表

原文原称	简称	新版出版年	分册中译名	原计划分册名
General International Standard Bibliongraphic Description：Annotated Text	ISDB(G)	rev. ed 1992	总则	
International Standard Bibliongraphic Description for Serials	ISDB(S)	rev. ed 1988	连续出版物	
International Standard Bibliongraphic Description for Cartographic Materials	ISDB(CM)	rev. ed 1987	地图资料	Maps
International Standard Bibliongraphic Description for Non–Book Materials	ISDB(NBM)	rev. ed 1987	非书资料	有争议
International Standard Bibliongraphic Description for Monographic Publications	ISDB(M)	rev. ed 1987	图书	Single–Multi Volume
International Standard Bibliongraphic Description for Printed Music	ISDB(PM)	2nd rev. ed 1987	乐谱	
International Standard Bibliongraphic Description for Antiquarian Books	ISDB(A)	2nd rev. ed 1987	古籍	Old Books
International Standard Bibliongraphic Description for Component Parts	ISDB(CP)	1984	部分分析	Analytics
International Standard Bibliongraphic Description for Computer Files	ISDB(CF)	1990	计算机文档	

因为既适用于国家书目(包括书商目录),也适用于图书馆目录的编制,所以,ISBD 一经出现,便首先得到亚、非、欧、美各国的国家书目采用,并被译成法、德、葡等各种文字的文体。继后,不少国家的图书馆也据此修改编目条例。如 AACR 根据 ISBD$_{(M)}$ 在 1974 年出版了第六章的修改本,原联邦德国和民主德国依此共同订出新的《德文编目规则》。由于 ISBD 将编目的重点由传统的标目转移到对文献的描述,其最终文本(至 1988 年的各分册)中全无有关标目的规定,因此,ISBD 只是描述文献的标准,而不是全面指导文献编目工作的具体条例。于是,编制、出版与 ISBD 相配的标准编目条例便显得刻不容缓,AACR$_2$ 应运而生。

1978 年底,AACR$_2$(Anlgo - American Cataloguing Rules,Second edition)分别在美国、英国和加拿大正式出版。编制成员有美国图书馆协会、英国图书馆协会、国会图书馆、英国图书馆和加拿大编目委员会,后者代表加拿大图书馆协会、国家图书馆和加拿大文献科学与技术发展协会。主编是曾参加过 ISBD 制定工作的戈尔曼和温克勒(Paul Winkler)。

新版条例所要达到的目的是,使原 AACR 的两个版本协调一致,合一出版;适应机读目录的发展;融进编制部门和使用单位的意见;扩大 AACR$_2$ 的影响和使用范围,达到一定的国际通用性。

由此产生的指导思想:

1. 像 AACR 那样,继续保持同"原则声明"精神在总体上一致;

2. 重视机读目录的发展,特别考虑条例对机器编目的适应性;

3. 保持同 ISBD 的一致,力求各类型文献著录的统一标准化;

4. 尊重来自各方面的意见,对非书资料的处理则主要考虑加拿大图协、英国图协、教育通讯与技术协会(AECT)已出的编目条例,以及 AACR 修订第六章的方法。

AACR$_2$ 的修订,依据了 ISBD 和国际图联编目委员会主席维若娜 1971 年主编的《国际编目原则会议"原则声明"注释本》（Statement of Principles Adopted at the International Conference on Cataloguing Principles, annotated edition），与她 1975 年出版的《团体标目》（Corporate Headings：Their Use in Library Catalogues and National Bibliographies：A Comparative and Critical Study），因而具有了许多新的特色。

随着编目活动的不断发展，$AACR_2$ 的缺点也显得越来越突出。因此，在它出版十年后，就由该书修订指导委员会又出版了 $AACR_2$ 的修订本（$AACR_{2R}$）。修订本对 $AACR_2$ 作了进一步修改，更加适应于新时期编目工作的需要。

由于 $AACR_2$ 的许多巨大变化，导致了各国在使用上引起的目录紊乱，主要表现在采用新条例后的款目不便与过去的目录有效结合，且使机读目录中头绪更多。因此，美、英等国提出了五种处理方法：(1)修改旧的标目；(2)将旧款目移至新款目之下；(3)新、旧规则并存；(4)新、旧标目同存目录中，用参照片联系；(5)按新条例另建一套目录。但问题都因不允许在目录中出现多头现象或工作量太大而得不到根本解决。人们的另一希望是通过联机目录去解决新、旧目录款目的关系。

编制出版 $AACR_2$ 的历史意义，是改革了传统的手工编目方法，使之适应了编目工作的标准化、网络化和自动化的时代要求。从 1978 年至 80 年代中期，$AACR_2$ 已有十几种文字的译本，它在 1981 年被四个编制国采用后，至今已被包括中国、日本、新西兰在内的数十个国家在编目条例中采用或较大程度地借鉴，这也显示了 $AACR_2$ 具有的巨大的实用性魅力。

20 世纪是西方文献编目发展的黄金时期，其编目活动表现的特点主要有：(1)明确树立了"编目原则"，从只顾技术实用，发展到理论与实践并重；(2)强调目录的多种功能，特别是将检索目录发展到国际间书目信息交换工具阶段；(3)文献编目向国际化、标准化、社会化、网络化方向发展,其中因现代科技的介入,使得条例标准化和编目手段自动化最为突出;(4)实现了"在版编目";(5)在编目方法的革命中,个人意志与作用逐渐降低,国家图书馆和国际组织发挥着决定作用。

思 考 题

1. "财产目录"时期,西方文献编目具有哪些特点?

2. 在西方文献编目史上,有哪些著名的编目理论或实践工作者?

3. 在西方文献编目史上,有哪些著名的编目条例?

4. 现代西方编目体系是如何形成的?

5. 简述 $AACR_2$ 的产生及发展过程。

第三章　我国西文文献编目发展简况

我国图书馆采用西方的编目原理与著录方法,对馆藏西文文献进行加工、整理、组织和提供服务,始于20世纪初。短短八九十年的引进史,在世界几千年的编目历史长河中虽然只是弹指一挥间,然而因引进给我国传统编目法带来的猛烈冲击,以及由此发生的巨大变革,却为中国文献编目的发展谱写了一页又一页的不可磨灭的历史新篇章。近代学者对目录与书目相互混淆的状况进行了检讨、分析、研究和区别分离,将文献编目的理论与方法作为一门相对独立的分支学科加以建设。许多新观念的研究成果很快应用到图书馆的编目实际,例如,试行编目管理法、制订编目规则、建立卡片目录、形成目录体系、发行印刷卡片,等等。1949年社会主义中国的建立,为图书馆文献编目创造了更理想的社会制度与发展环境,西文编目的组织化、规范化、技术化和学术性有了显著的进步。尤其是在对外开放,引进技术的方针政策下,西文文献编目工作又朝着国际标准化、自动化、网络化的更高的目标迈进。

英美编目方法体系在我国西文文献编目法中占主导地位,有其政治关系、书籍文化关联的决定因素,以及一定的机遇性,但应用过程也并非一帆风顺。由于中美社会制度、经济水平、文化传统、技术装备等编目条件的不同,以及我国的一些政策变化,使中国的文献编目呈波浪形发展,有些时期出现了跟不上国际编目进展步伐的现象,也曾一度出现抵触做法,更明显的是因经济和技术条件的限制,有些西方先进的编目技术或组织形式在我国的西编工作中得不到实用或实现,影响了西编工作总体水平的提高。这就促使我国西编界对过去进行回顾与反思,从中寻求加快中国西文文献编目理论与实践发展的经验,并据此研究和制订对策。

第一节　西方文献编目方法的引进时期
（20世纪30年代前后）

20世纪之前的我国图书馆采用的是书本式目录,著录项目不统一且无标点符号（空格法）。进入20世纪后,图书馆目录似乎一下子跨进一个新的发展天地,人们不满足于用"辨章学术,考镜源流"的古典目录学原理代替文献编目的原则,开始对我国数千年的传统编目法进行改良和变革。1908年,上海亚洲文会图书馆首次采用卡片目录。随着不少留学英美的学者的归国,大量西方编目条例和著述译进,介绍内容遍及编目管理、著录方法、标目法、主题法、分类法、卡片目录种类和组织体系、集中编目等文献编目的各个环节。选介品种也相当权威,有 ALA 和 LC 的条例及主题表、阿克斯（Akers）的简明编目法、卡特和杜威的目录规则与著者号码表,以及众多的操作手册、图解、学术专著和参考工具。在理解和接受的基础上,国立图书馆和许多大学馆、公共馆相继制订或颁布了各种图书编目条例,使著录项目趋于一致,并于30年代渐渐形成了以杜定友、沈祖荣、金敏甫、桂质柏为代表的著者标目著录流派,与之相对的是中西结合,但以中国目录学传统的书名标目为原则的著录流派。两大标目流派原本成形,对于中文书籍采取了不同的著录方法。而当时的西文图书编目多是在订购 LC 的印刷片基础上加工形成目录,所以它们自然采用了著者标目的原则。但是,由于后来中文文献著录逐步统一在书名标目的原则之下,两大标目流派逐渐转变为中西文文献著录法的对立。这种标目流派的影响至今犹存,甚至对国际编目还存在着显著的影响。

在卡片目录与书本式目录并存的时期,编目界重视的是卡片目录体系的组建和排列的方法。不少图书馆在原有分类目录和书名目录的基础上,新建著者目录和主题目录,再设公务目录、排架目录,使中西编目法结合的目录体系日渐完善。此时,字典式目录已被接受,有些图书馆将著者、书名、主题等三套目录按统一的字顺合并成字典式目录,或者新建字典式目录。

1929 年,商务印书馆试行随书附印刷卡的业务,这已具备现代集中编目和"在版编目"的某些意义,即使在当时的英美等国也算是相当先进的编目协调方法,可谓青出于蓝而胜于蓝。1936年,北平图书馆和中央图书馆借鉴 LC 的经验,开办向全国发行印刷卡片的业务,成为我国集中编目之最。尽管上述两项活动因各种原因而中辍,但却都反映了西方编目法对我国传统编目的影响和中国编目界的开拓进取精神。

二三十年代的图书馆学家大都在编目方面颇有建树,其中很多人曾留学英美或接受武昌文华图专的西式教育,他们深谙英美编目法,又体察中国编目实情,在引进、改良、创新时期,他们作出了杰出的贡献,而且著述甚丰。1923 年,查修发表最早的编目论文;1926 年,杜定友出版《图书目录学》,"为我国图书编目法专书之始",并于 1936 年把沈祖荣十年前提出的"书本式抑式卡片",改造为"明见式编目法",将书本式目录的明了性和卡片目录的便查性合二为一,他的观点之新颖是前所未有的;1930 年,沈祖荣系统介绍和分析了西方编目的参考工具资料;1933 年,桂质柏编出《西文图书编目法》,较早提出了著录西文文献的专门规则。至1946 年,编目法著述极多的金敏甫于 1936 年完稿的力作——《图书编目学》出版,较成熟的提出了作为一门分支学科的文献编目的理论体系框架,这一著作现今仍有较大的参考价值。学者们尊重中国目录学传统,为建立中西结合的我国编目理论与方法体系所作的艰苦努力,终于打破了文献编目学术研究长期沉寂的局面,形成了我国编目研究的第一次高潮。

西方编目法引入我国的初期成效,主要是使我国编目界明晰了图书馆目录与古代书目的区别,开始逐步形成现代编目的观念;确定了采用英美编目体系编制馆藏西文文献目录的方法模式;首先在西文编目工作中全部建立卡片目录,并就字典式目录作了大量的尝试;从照搬西方编目条例发展到研制本国的中文文献编目条例,结束了我国长期以来没有编目专门法则的局面,金敏甫评价此"实为最大之贡献"。

但从整体上看,我国解放前西文文献编目工作还是很落后的,这主要表现在以下三个方面:首先,是全国各图书馆的外文藏书,无论在种类上还是在数量上都极其有限,因此导致图书馆对外文藏书在编目、组织和利用等方面的忽视。编目对象的规模没有形成,影响了西文文献编目各项工作的发展。其次,缺少权威性的编目条例。这一时期编目界最关心的是如何借鉴西方编目法来建立中文文献编目体系。但在西文编目方面却是各馆工作依据不一,大多是局部的套用西方国家,主要是英、美两国的编目条例,由于对条款的理解有异,各馆的操作方法也有较大出入;订购 LC 印刷卡片的图书馆,也因费用昂贵(每张卡约 7~9.5 美分)、到馆迟、常缺卡,特别是仅限于美国拥有的英文出版物有卡,使得这些馆依赖印刷卡片难以维系正常的西编工作;有些大型馆虽订有西编细则,但仍属早期的相互不太统一的 AC1908 体系,且有片面和不系统之嫌。这一混乱局面,大大地妨碍了全国各馆,甚至一馆在西文文献编目上的一致性。第三,没有全国性的编目指导或协调组织,这样,就使得统一编目的工作无法展开,这一状况从根本上影响了西文文献编目工作向纵深发展的可能性。1929 年 1 月,在中华图书馆协会第一次年会上,虽组建了编目委员会,并确定了发展编目的目标与步骤,但其计划过于忽视西编,不能作为发展西文编目的指导。由于时局动乱和经费匮乏,图协的所有编目计划均未实施,更因它的中后期的许多活动流于形式,所以并没有起到对中西文献编目的指导或协调作用。

第二节　西文文献编目方法的定型时期
（20 世纪 60 年代）

　　文献编目的协调机构、全国统一的编目条例、国家图书馆的以身示范、集中编目,是现代任何一个国家的图书馆文献编目整体发展的标志。60 年代以前,我国西文文献编目领域尚不具备这些现代编目要素。

　　解放以后,我国图书馆有了长足的发展。在完成社会主义基本改造后的 1956 年,党和国家向全国发出了"向科学进军"的号召,次年,国务院科学规划小组决定在国家科委下设图书小组,负责组织全国性和地区性的中心图书馆委员会,以网络形式协调图书采购、编辑联合目录和进行各种文字图书的统一编目、培训干部。1958 年 8 月,在全国第一中心图书馆委员会领导下,由中国图书进出口公司、北京图书馆、科学院图书馆等单位协作参加的"西文图书卡片联合编辑组"(简称西文统一编目组)在北京成立,开始对我国通过订购方式进口和自己出版的全部西文图书进行统一编目,初期是编制油印卡片后随书送交北京地区各订购单位,后发展到铅印目录卡片,向全国发售,这项活动的开展,标志着我国西文图书集中编目业务正式进入有统一组织的运营,显示了我国文献编目向统一节约、社会协作方向的重大进展。

　　为进一步统一西文文献著录方法,提高集中编目卡在各馆的适用度,西文统一编目组又很快制订出供全国使用的《西文普通图书著录条例》。这是中国编目史上第一部全国性的西编条例,它基于 50 年代英美编目体系,对一般图书的描述,特别是款目标目的选择和著录作了系统的规定。该条例编制方法合理,对著录图书的规定全面,各款明确易懂且有适量的实例,就特殊人名、会议名称、团体名称所作的详细规定,比较符合我国西编人员的实际需要。因此,《西文普通图书著录条例》一经面世,便得到我国西编界的普遍采用,并一直沿用至80年代。从规范我国西文图书编目方法的意义上分析,它所发挥的统一作用要大于当时的集中编目,作用之一就是由此改变了各馆采用不同的编目方法的状况,使我国西文著录法在统一的英美著者主要款目原则体系基础上得以定型,同时也消除了图书馆自编款目与集中编目款目在目录中的不吻合现象。

目录组织模式的定型与英美流行方法略有不同。虽然在逐词字顺排列法方面有了统一,但在目录设置方面则采取分立式目录而不是字典式目录,以著者目录为主要的读者目录(另有书名、分类等目录),以书名目录为主要的公务目录(另有排架目录),有的图书馆还根据标目特点或使用特点另辟会议录目录、国际机构出版物目录等专门目录。定型于分立式目录,一方面是受50年代引进苏联编目法的影响,另一方面是没有主题表,西编中不制主题款目。此外,中文目录组织的传统也或多或少地发生着影响。

这一时期的西编研究给予实际工作的定型与发展以推波助澜的作用。研究仍基于引进外国编目法,但不再局限于英美两国,前苏联、前联邦德国、日本等国的编目法及动态也被受到重视。研究的主要内容侧重于具体工作,如集中编目的组织、著录项目的著录、标目法、目录排列等等,并且发现了至今仍为我国西编界所重视的会议录与机关团体标目的疑难问题。研究成果以论文形式居多,译著多于专著。其中较有影响的是由西文统一编目组及时译出的《1961年国际编目原则会议选译》一书,将"原则声明"和会议工作报告几近尽数翻译(只有两份报告未译),为当时正在蓬勃发展的我国西编工作提供了国际公认的理论指导性文件,也引发了国内编目界关于目录职能和标目规则的理论探讨。这份译本同其内容一样重要,迄今仍作为经典的原始资料被我国编目界致力研究。遗憾的是,它的原则精神没有反映在前期制订的《西文普通图书著录条例》里。

60 年代是我国西文文献编目发展的关键性高潮时期,其成就是对引进时期所取得的成果进行总结,将西文编目的组织与方法体系定型于社会主义制度和以中文文献为主导地位的环境之中,为未来的发展奠定了理论与实践的基础。然而,这一阶段的西编发展又出现了新的问题:

1. 西文统一编目组是一个承担具体业务任务的编目中心,而不是职能机构,加之人员有限,研究和指导力量单薄,不能全面地领导和协调全国各图书馆西文文献编目的实际工作和研究活动,使得编目的规范化处于一种自发的、无控制的状态。因此,亟需成立既具有指导实际工作能力,又具有进行深入研究的能力,并拥有制订和修改西编条例职能、权力的更高层次的全国性机构。

2. 虽然《西文普通图书著录条例》的问世具有划时代的意义,但它明显地存在两大不足:只限于对书的处理,缺少对连续出版物和特种资料的规定;起点过低,编制依据的是 ALA1949 年规则,没能及时反映"巴黎原则"精神,尤其是与后来的 AACR 有部分冲突。这部条例被实际使用到 80 年代,使得我国西编方法与英美编目法的标准化发展差距越拉越大。所以,当时的情况是,补充和修订条例已势在必行。

3. 各国开展集中编目都会遇到的根本问题:文献与集中编目卡片不能同时到馆,我国也未能有效解决。据统计,各馆订购的集中编目卡片中平均有 30% 以上不能使用,而有更大数量的文献未进行集中编目,使得许多馆有时有卡无书,有时又有书无卡,因此难于及时组织和利用新书,也浪费了有限的经费和人力。所以,集中编目的优势当时还没有充分发挥,不少人士为此寻找各种解决措施,其中就包括随书配卡。

4.编目的技术手段落后。60年代,西方编目界已经开始标准化和机器化作业,并有了一些成果,而我国仍处于长期的手工操作状态,甚至在这一时期的研究成果中都找不到一篇介绍国外自动化进展的论文。当时我国西编界尚未意识到可以利用当代机器设备来改造或创造传统的编目技术。

正当我国编目界着手解决已发现的若干问题时,十年"文革"开始了。封闭中的内乱,不仅切断了引进外国先进编目法的渠道,连一些正常的编目活动也陷于瘫痪。集中编目被迫停顿。第二次西文文献编目发展高潮跌至低谷。

第三节　西文文献编目的标准化时期
(70年代末期~)

"文革"结束以后,党和国家实行改革开放,引进科学技术,发展经济的新政策,也为我国图书馆事业重新面向世界,寻求发展提供了良好的契机。西文文献编目的第三次发展高潮也正是在这一背景下开始形成的。

1979年12月,"全国文献工作标准化技术委员会"成立,从组织上标志着我国文献编目起步进入现代标准化时期。该委员会进行了一系列的标准化规划和起草工作,并就增强全国的文献工作标准化意识、统一认识和行动作了大量有益的工作。它的目录著录第六分委员会与中国图书馆学会、中国科学技术情报学会,于1980年7月在江苏镇江联合召开了"全国文献目录标准化学术讨论会",会议的中心议题是依据 ISBD 和 AACR$_2$,研究我国文献编目现状及其发展策略,讨论和制订全国文献目录著录标准。会上提出了统一中外文献著录等四项原则,详细讨论了《全国文献目录标准(总则)》等几个草案。这是一次意义重大的会议,它不仅确定了我国文献编目的总体标准化发展方向,而且为更好地开展编制文献著录标准或条例的实际工作打下了良好的思想认识和人员组织基础。

在此之后,我国文献编目的发展出现了三大热点:

第一,引进评介热。译进了 ISBD 的(M)、(S)、(G)等分册及其注释文本,评介文章尤多,且注重对 AACR$_2$ 的分析研究。阎立中、林德海、张蕴珊、吴龙涛、万培娣等专家的评论文章,不仅材料翔实,而且结合我国西文编目实际进行使用的可能性分析,使编目界获得了国际编目进展的新信息,开阔了眼界,同时也发现了 ISBD 和 AACR$_2$ 应用于我国的一些问题。另外,刘国钧、阎立中、周兵等撰写的关于 MARC、集中编目、在版编目的介绍文章,也引起了编目界的极大关注。

第二,编制和使用编目条例热。以 ISBD 为基础,中文文献著录标准的系列化编制和作为国家标准颁布并在全国实施,是我国编目史上破天荒的大事,这给尚停留在沿用四五十年代编目法的我国西编界以强烈的震动。在国际、国内标准化编目条例迅猛发展,我国又缺乏新的西编条例的形势下,各西文文献编目实际工作部门一方面呼吁立即开展新条例的编制工作,一方面积极寻找自我适应标准化需求的途径。1980 年,书目文献出版社同时出版了北京图书馆和科学院图书馆的两部目录组织规则。北京、上海、武汉、南京等大城市的数以百计的省(市)馆、高校馆和科学院系统图书馆,开始全部或部分或变通地采用原版 AACR$_2$ 处理西文文献,还有一些图书馆则是依据 ISBD 或 AACR$_2$ 对本馆西文编目工作细则作局部的修改。西编界的这股热潮,虽然只是些权宜之举,但客观上反映了图书馆逼迫新条例出台的愿望,同时也为此提供了采用或修改 AACR$_2$ 的宝贵经验。热潮背后出现的问题之一是,由于引用的对象、采用的程度和方式、对原文规则的理解等方面的不一致,加上还有更多的图书馆依然使用 1961 年的条例,导致西文编目的款目在原本就较落后的情况下，著录内容及标目法又变得繁杂和相互不能吻合。据 1983 年应用计算机编制新书联合通报时的一次统计，北京地区的几个图书馆当时著录的 208 个复本中，就有 71 种书的著录款目有异，占复本总数的 34%，实际上，如果作跨地区的款目对应性比较，差异率可能会更高。

第三，计算机编目试验热。图书馆自动化起步于计算机编目，我国的图书情报自动化也是从西文文献编目开始的。1979 年，北京图书馆、中国图书进出口总公司与北大、清华、科学院图书馆，共同引进并研究 LC – MARC 磁带，次年成立了"北京地区机读目录研制协作组"。受该组委托，北大和人大馆从 1981 年 7 月起承担《北京地区西文新书联合通报》的机编工作，在有关单位的协作下，仅用几年时间，就完成了应用软件的设计，并进行了实际处理，摸索和总结出了许多具有实际意义的经验。1983 年，武汉大学图书情报学院研制成功"图书情报管理系统"，在书刊编目和通报等方面有较强的处理功能。这一时期，北京图书馆、上海图书馆、上海交大图书馆、复旦大学图书馆、科学院图书馆等众多的单位，开始将计算机试用于西文编目，有条件的已着手筹建书目数据库。进行机编试验时，人们发现书目数据问题的核心就是标准化与规范化，而当时缺少的正是一套严谨的、符合手编与机编要求的西编条例。

在这样的背景下，全国高等学校图书馆工作委员会秘书处和标准化第六分委员会，于 1983 年 8 月在北京联合举办了"西文图书编目标准化与自动化研讨会"，北京、上海地区的大型图书馆及全国高校的图书情报教学单位共派代表 34 人参加了这一会议。围绕尽快实现标准化和自动化的中心议题，会议安排了 12 个专题发言和经验介绍，同时也对我国西文文献编目的教学现状提出了一些改革性的建议。经过讨论、协商，会议提出了五点建议：

1. 要求有关部门正式决定在西文编目中采用 ISBD、AACR$_2$，试用美国《国会图书馆主题词表》(LCSH)；

2.为此,由北图、科图、北大馆的有关专家组成编辑小组,在近期内集中一段时间,起草采用 ISBD、LCSH、AACR$_2$ 的具体规则；

3.由上述单位负责从 1984 年起,首先在北京地区进行人员的培训工作；

4.尽快恢复西文原版图书的集中编目；

5.有关部门对图书馆应用计算机的工作进行协调,抓紧图书馆西文编目网络的建设。

现在看来,这次会议确定的主要标目已基本实现。

在中国图书馆学会的赞助和直接组织下,编辑组遵循对 AACR$_2$ 基本采用、个别修改的总原则,经过短期的努力,新条例的草案很快完成,并由学会主持了审稿扩大会,逐条讨论、修改、审定后的我国《西文文献著录条例》于 1985 年 8 月终于问世。

《西文文献著录条例》是在 AACR$_2$ 出版近七年之后才完成的,其间经过了引进评介、研究分析、试用和总结、确立编制原则、组织专家起草审定等几个阶段性工作,重要的是在编制中着重对 AACR$_2$ 进行了符合我国西编工作实际,又不违反标准化原则的技术性修改,应该说,这是一种前所未有的科学、慎重、实际的态度。与 AACR$_2$ 相比,我国的新条例在体例、部头,特别是在对团体、会议和中国的人名、机构名称、地理名称等的著录规定方面,具有明显的中国特色,更适合我国西文编目界的实际需要。尽管新条例还存在着一些缺陷,但它仍不失为我国西文编目标准化进程中的一座里程碑。

随着我国西文文献编目完成从定型时期到现代化、标准化时期的转变,80 年代后期的研究活动也从引进评介期逐渐发展到由经验上升为理论的系统成果期。近期翻译的《简明 AACR$_2$》、《ALA 排片规则》和名著《西文编目入门》等,更好地配合了对新条例的理解和使用。谢宗昭、黄万新等学者的新作,填补了我国近

40 年来没有西文文献编目研究专著的空白。大量的学术论文把重点移到了编目的原则和理论体系、历史与现状、管理方法、中外文献编目比较、传统编目与自动化编目的关系、发展趋势与对策等有理论深度的课题方面(但未忽视外国新动态和编目技术研究),并合理运用了许多其他学科的现代科学研究的原理与方法。一系列的对外交流和学术研究活动及由此产生的具有指导意义的理论成果,极大地促进了我国西文编目实际工作的发展。

80 年代以来,我国西文文献编目进入了全面发展的黄金时代,编目界的标准化、自动化意识形成并得到加强,基于此所做的发展编目工作的努力成绩斐然,从而在理论研究和编目方法上(除技术手段外)拉齐了与西方编目界的步调。要保持这一发展势头,西文编目界必须妥善处理以下现实问题:

1. 保持对《西文文献著录条例》的经常性修订、解释和补充,并迅速编制与之配套的规范性文件

新条例本身就存在不足和不全,例如,主要款目、条例术语、著录级次等方面还有商榷余地及缺少分析著录、微机文档、规范档的规定等,亟待修改和补齐,况且新的文献类型和新的编目方法仍在相继出现,这都需要西编界新建或确定一个常设性条例机构(如条例编制和修订小组或北京图书馆西编部),承担对新条例的解释、修改和更新任务,以满足新形势下各图书馆的适应性要求。这方面,美国通过国会图书馆的 Cataloging Service Bulletin 及时通报修订信息,并据此在 AACR$_2$ 出版十年后重出 AACR$_{2R}$,为我国提供了较好的经验。

目前,新条例的配套性文件,主要是缺少图解手册、注释文本等(英美等国则为配合 AACR$_2$ 及 AACR$_{2R}$出版有数十种这样的文本)。另外,制订全面通用性的字顺目录排列规则、西文书目数据库建档规则等,也应列入有关机构的议事日程。

2. 将单干式的计算机编目协调起来,形成网络,以提高目录的

统一程度和工作效率

尽管我国图书馆的自动化工作普及程度不高,但拥有外文藏书的图书馆大都已经配置了计算机,而且应用到西文文献编目。如果不尽快地将它们联合和统一起来,联机联网,建立中心书目数据库,不仅会影响计算机整体效益的发挥,更重要的是将导致各馆自行其是、书目数据不一的紊乱局面,成为网络建立的阻碍,进入网络时的返工或修改,还可能造成大量的人力、财力浪费。国内外编目建网工作中的教训,应作为西编界的前车之鉴。

3. 恢复西文集中编目

我国集中编目工作在停顿几年之后的 1973 年恢复,西文统一编目组成员归并到北京图书馆,开始由国家图书馆负责西文集中编目,这是又一个良好的开端。然而,由于有关部门在具体做法上发生分歧,这一工作又在 1981 年遭到停止,因而对正处于发展高潮的我国图书馆事业造成很大损失。陈源蒸先生在《宏观图书馆学》一书中把这种损失归纳为三个方面:对各馆的西文编目工作造成直接影响,加重了原始编目的工作量,大量人为因素浪费,目录质量下降;影响了西文图书联合目录的编制,给采购协调与馆际互借工作带来困难;延缓了图书馆自动化的进程,使 MARC 协作组的工作难以开展。实际上,集中编目的停顿还使我国西文编目标准化的推广失去了一个行之有效的措施,影响了西文编目与社会各界的合作和建设编目网络的步伐,而且由此引起的西文编目人员编制扩大也将给恢复集中编目后的各馆人员管理工作埋下隐患。这一停顿,致使我国的西文编目与蓬勃开展的中文文献集中编目、配书配卡、在版编目之间形成了发展上的极不平衡。

图书馆购买外文图书的经费拮据,复本率不高,给西文集中编目带来了经济上的困难(统编卡发行数量太低)。但是,我国已有过去开展这一工作的良好基础和经验,编目的标准化和合作编目的发展又客观上要求以集中编目作为先期条件,如果现在西编界抓紧做好与各界的合作、组织和管理计划,确定采用一种或几种更加经济、及时的服务方式,恢复西文集中编目就不困难了。

目前,中国的西文文献编目已具备有利的社会环境和政策条件,并且仍处在始于80年代的发展高潮之中,只要西编界坚持引进,健全组织,相互协作,积极开展学术研究,与中文文献编目及社会各界密切配合,及时妥善地解决现存的问题,相信在世纪相交之际将会出现更大的发展。

思 考 题

1. 本世纪以来,我国从西方引进了哪些编目的理论和方法?
2. 简述我国西文文献标准化的发展趋势。
3. 如何加快我国西编工作的发展速度?

附：我国西文文献编目发展简表（1908～1990）

时间	主持人或著者	主持或出版单位	著作或条例	会议或活动	主要特点和意义
1908	杜定友	上海亚洲文会图书馆		卡片目录	我国最早的卡片目录
1926			西洋图书目录史略和图书目录学		介绍西方目录体系及组织图书目录方法
1929				中华图书馆协会第一次年会成立编目委员会	倡议制订国家编目条例
	沈祖荣译	文华图专	简明图书馆编目法		较早引进的简化编目条例
	刘国钧	北平图书馆	国文书籍编目条例草案		提倡书名标目法形成书名标目流派
		商务印书馆		随书附卡	只有《万有文库》一书执行
1930	沈祖荣	文华图专	西文编目参考书		较早介绍国外条例及工具书
	金敏甫		中西文编目连贯论等		提倡著者标目法并首出中西编目合一的观点
1932			交通大学编目规则		适合中西文著录
1933	桂质柏	南京中大图书馆	西文图书编目规则		

时间	主持人或著者	主持或出版单位	著作或条例	会议或活动	主要特点和意义
1934	李尚友译	文华图专	标题目录要论		较早引进的主题目录法
	汪兆荣		西文标题参照法		
1936		北平图书馆等		发行印刷目录卡	集中编目之雏形
	杜定友		明见式编目法		平铺卡片，显露第一行，较新的做法
1946	金敏甫	正中书局	图书编目学（1936 年脱稿）		提倡编目理论研究，首次提出编目学
1957		国家科委		成立国家图书小组	新中国最早的编目协调机构
1958		全国图书联合目录编辑组		全国西文新书联合通报	参加馆有 335 家，有了定期的西文联合目录
		第一中心图书馆委员会		成立西文统编组	统一制卡集中编目正式展开员会
1959	节娃金娜等	商务印书馆	出版物著录与字顺目录（苏联）		转向对苏联编目法的研究
1961		西文统编组			以 ALA 规则为基础的第一部西文条例

74

（续表）

时间	主持人或著者	主持出版或著者单位	著作或条例	会议或活动	主要特点和意义
1963		西文统编组	国际编目原则会议论文选译		及时介绍国际编目原则
1964	陶立中	中华书局	现代国外图书著录条例发展史略		可惜只有清样
1973				西文统编组并入北京图书馆	国家馆主持集中编目
1978		南京大学图书馆		西文图书机读目录数据库	最早的西文目录数据库
1979		文献工作标准化委员会		下设书目著录分会	编目标准化管理机构
1980		北京图书馆		变通采用 AACR$_2$	
				成立北京地区 MARC 协作组	第一个计算机编目协作组织，网络尝试
				全国文献目录标准化学术研讨会	提出统一编目的四项原则
		书目文献出版社	北京图书馆目录组织规则		

时间	主持人或著者	主持或出版单位	著作或著录条例	会议或活动	主要特点和意义
1981		上图、北大、武大馆		采用 $AACR_2$	为制订西文条例打下社会基础
		上海图书馆学会		举办 ISBD 和 $AACR_2$ 期刊著录培训班	
1982		华东师大		举办 $AACR_2$ 图书著录短训班	
1983		北京图书馆		研制 LC－MARC 磁带服务系统	两年后正式提供服务
		标准化委员会、高校图工委		西文图书编目标准化与自动化研讨会	确定以 $AACR_2$ 为基础编制条例
1984		中国图书馆服务公司		成立随书配卡发行部	加快集中编目卡的发行速度
1985		中国图书馆学会	西文文献著录条例		对 $AACR_2$ 作了适用于中国的修改
1986	叶奋生译	中央国家机关和科研系统图书馆学会	$AACR_2$ 简明本		
		中国图书馆学会		多期全国培训班	推广和解释西编条例

（续表）

时间	主持人或著者	主持出版单位	著作或条例	会议或活动	主要特点和意义
1987		北京大学图书馆		机编西文图书联合目录	年报道量为20万种
		中科院图书馆		西文连续出版物联合目录系统	记录量为1.3万余种
		标准化委员会		成立图书在版编目工作组	先期制订版权格式和CIP数据库
1989		武汉大学教务处、图书情报学院		西文文献编目教学系统	计算机进行西编教学的试验
		中国图书馆学会		全国西编教学研讨会	讨论中西编教学合一，研究现有西编教材
	陈源蒸	北大出版社	宏观图书馆学		提出编目社会化的观点
1990	谢宗昭主编	南京大学出版社	文献编目概论		首部中西编合一教材

第四章　现代国际文献编目发展趋势

研究文献编目的发展趋势,就是希望在明晰历史、剖析现状的基础上,通过比较科学的预测方法,把握今后文献编目的走向,为更好地适应未来文献编目的需要而及时准确地调整现有的编目策略和行为。

图书馆的文献编目不同于一般的工程建设和企业产销活动,它具有鲜明的历史延续性和积聚性特征。除古代编目期外,任何一次编目革命都必须照顾由历史演进形成的现实,只能将现实条件改造得更符合时代的需要。例如,已有近百年历史的卡片目录至今还未彻底取代书本式目录,机读目录同样不可能在短期内全部替换卡片目录,目前的 ISBD 也只能在传统著录法的基础上添枝加叶。尽管到 21 世纪或者更长远时期的技术进步,会给摆脱这种对历史的依赖性带来可能,但毕竟不是近期都能预测的事情。预测方法的种类数以百计,但应用于文献编目预测活动的,仍多以定性方法为准,局部结合定量分析的预测方法,如根据历史和现状的分析比较来预测未来编目发展趋势的探索型方法,以对未来环境规定某些需要和目标为约束条件来预测编目更新换代的规范型方法,通过征询并处理专家学者主观判断来预测未来编目的外部联系和进化路向的直观型方法,等等。

事实表明,预测文献编目的未来是可能的。历史上就有不少专家成功地预测过文献编目的未来。英国著名编目学家弗朗西斯

（Frank Francis）在 1961 年的编目原则会议上,提出过在 70 年代出现的 ISBD 的可能性;而印度图书馆学家阮冈纳赞早在 1938 年就指出迟至 70 年代方获成功的在版编目的可能性（美国学者甚至认为是杜威在 1870 年左右提出的）;1975 年和 1977 年,美国图书情报专家两次聚集一堂,就新技术革命浪潮中的文献编目发展特色与趋势进行研讨,他们的许多观点不仅指导了当时文献编目的实际工作,而且关于目录未来的预测已成为 80 年代的现实,会后出版的《目录的特性与未来》一书已成为今天研究编目趋势的案头必备书。

研究文献编目产生和发展的历史便会得出这样一个结论:除开外部环境因素,影响文献编目工作发展速度和方向的关键因素来自三个方面:第一,文献编目的理论基础,其中包括由图书馆的性质、方针、任务决定的文献编目的目的和原则、编目组织和编目方法的原理、目录使用者的需求规律等;第二,文献体系构成的动态发展,主要包括文献的数量和内容质量,文献的使用寿命和使用频率,特别是文献载体的物质构成或类型等;第三,文献编目的技术手段与方法,这里包括技术工具、书目信息传递技术和一定的技术规范等成分。因此,可以通过这三个方面的历史和现状的成就与不足进行综合分析比较,科学地预测、归纳文献编目的发展方向。

本世纪 60 年代开始的科学革命,特别是 70 年代兴起的计算机科学、光纤通讯技术,极大程度地引发了各行业科学技术的突飞猛进发展。这一时期,图书情报部门的收藏对象——文献,呈现出五大特征:数量猛增、内容新颖复杂,语种增多、老化加快,尤其是信息载体的物质种类日益繁多,使得“图书馆”陡然名不副实起来（收藏不再仅仅局限于印本书）,同时也为图书馆致力于的书目信息密集型存贮开辟了新的天地。处在信息社会的今天,图书馆仍然是文献资料的贮存和利用中心,但整个社会开始形成视这些文献资料为"人类第一资源"的观念,并强烈地要求"资源共享",这就给图书馆带来了新的更加复杂的任务。迅速、方便、准确、全面地通报文献信息和提供检索服务,真正达到国际范围的"资源共享",成为现代文献编目的首要目的和原则,其全部理论研究均为此而展开。在文献编目的技术手段与方法方面,目前正处在手工操作与计算机编目并存的状态;合作编目还不完善,甚至连集中编目的优势也还没有充分发挥;国际著录标准 ISBD 已经得到普遍的承认,但是,作为目录组织依据的款目标目的工作规范或条例尚未出现,就是略具国际编目条例雏形的 AACR$_2$ 也不得不在激烈的争论之中再出修订版。总之,用一句话可以描述现代文献编目工作的发展特征——仍然处在新旧两个时代的转变阶段。那么,未来新时代的文献编目有何标志,或者说,当代文献编目呈现出什么样的发展趋势呢?

网络化、标准化、自动化和目录载体的多样化将成为进入 21世纪之前国际文献编目的稳定走向。在发展过程中,这"四化"的关系是相互依赖、相互补充、相辅相成的。

第一节 文献编目网络化、国际化

国际化、网络化是未来文献编目的发展目标。因为只有首先达到建立在网络化基础上的书目信息国际交流,才有可能实现真正的人类文献资源共享。

文献编目国际化、网络化是就编目工作的活动范围和组织形式而言的。国际化是指各图书馆的文献目录中,所有文献记录单元不再都是由本馆或本国(地)的编目部门生产,其中很多款目来自文献产生国(地)的编目部门。换言之,各个编目部门的工作成果(款目或目录)不再仅限于本国(地)使用,而是得到国际上的承认,并且全部进入各国(地)的文献管理和利用领域。网络化是未来集中编目和合作编目结合先进技术发展的更高级形式,在确定统一的编目标准和普遍装配先进的书目信息处理与传递设备的前提下,通过一个全球性的文献编目协调机构来统一计划、组织、指导各国(地)编目部门的协作活动,使之形成一个既有分工又有协作,纵横交错、脉络贯通的文献编目组织整体。国际化、网络化将彻底消除各编目部门的重复劳动,提高工作效率和目录的统一化质量,它的实现,将成为国际资源共享的主要标志之一。

当代文献编目领域主要有集中编目、合作编目、在版编目三大网络形式,而且处于手工作业型和计算机作业型并存的状态。未来的发展将呈现出进一步普及和完善这三种组织形式,并加快手工型向自动化型网络转化进程的趋势。

一、集中编目由一中心向多中心发展

从历史上看,文献编目工作始终处在不断加速扩展其活动范围的动态发展之中。尽管编目规模和著录方法在缓慢地发展,但由于图书馆的协作观念尚未形成,加上文献量小、无统一的作业规范、技术落后等原因,以一个藏书单位为范围的单干式编目状态持续了很长时期。如果要从中分析对后世的编目组织化有影响的因素,那就是编制联合目录和有目的地组建编目部产生了积极的影响。此外,19世纪后期的少数公共图书馆开始设立分馆,部分大学实行总馆对各院、系分馆的集中管理,将书目记录从总馆分送至各分馆使用,是否具有集中编目的某些意义呢?从现代集中编目的广义概念上理解,答案是肯定的。不过,最早通过有组织的协作方式打破分散性编目状态的,应首推美国实行的集中编目服务。

集中编目(Centralized Cataloguing,又称统一编目),是指一个国家的多个图书馆的文献,由一个公认的编目中心(多为国家图书馆或它的代理机构)按统一的分编方法进行集中制片,供这些

图书馆使用的编目组织方法。美国学者李蘅(Li Heng)在其1984年出版的《图书馆学与情报科学英汉词典》中,再将上述定义继续延伸为"……或由一个图书馆总部代为它的分馆进行集中编目(制片)。"英国编目学家亨特(E. J. Hunter)在《文献编目》一书中也作了类似的定义。

集中编目的原始概念是1851年美国人朱伊特(C. C. Jewett)提出的。根据他的建议,1876年的ALA第一次会议作了专门讨论,并酝酿组织建立和确定统一的编目规则(卡特的字典式目录规则和杜威分类法)。1886年,协作委员会下设出版部(Publishing Section,后改名为Publishing Board),专司图书馆编目及索引工作的协作之职。该部1887年起在《出版商周刊》(Publishers Weekly)的新书预报中登载著录款目,供各图书馆编目部门选用,从而最先将集中编目付诸实践。1893年,美国图书馆局(Library Bureau)开始试行发售目录卡片服务(1896年由出版部接手),1901年,LC接替该局的这一工作,并正式向全美图书馆发售标准的目录印刷卡片,自此至今,除由MARC替代印刷卡外,从未间断,LC也因此成为国家编目中心。尔后,前苏联在1925年实行集中编目,并被认为是开展得较为成功的国家;英国迟至1950年才成立相应机构,1956年首次发行卡片;中国在三四十年代直接从美国购进西文集中编目卡,1958年同时展开中西文集中编目;其他如澳、德、法、加拿大等很多国家也都相继实行了集中编目。这一切表明,文献编目的活动范围已经在许多国家从一馆扩大至全国。

由编目中心、发售部门和使用单位形成了一个文献编目系统。这种集中编目系统的建立,有助于减少各馆的原始编目,避免重复劳动,降低编目成本,对于提高目录的标准化或统一化程度及编目界的协作意识尤为重要。然而,在数十年的实践活动中,编目界逐渐发现单一中心集中编目制的弊端,首先是传统的邮寄送卡速度慢,书卡不能同步进馆,相距周期快则 2~3 星期,慢则数月,大大拖延了各馆新书上架时间;第二是文献增长速度快,数量庞大的文献种类使一家机构在人员有限的情况下难于及时编目;第三是有文献遗漏现象,加之发行覆盖面不全,使图书馆经常遇到有书无卡的情况;第四是对有专业深度文献的编目常常不符合专业图书馆的需要或出现偏差;第五是在经费拮据的形势下,集中编目卡的印数不易确定,极有可能出现大量滞销,编目中心很难承受得起这样严重的资金积压。

可以肯定,集中编目作为其它形式的编目网络的基础和补充,在未来相当长的时期内仍具有较强的生命力,而且势必朝着妥善解决现有弊端的方向,即多中心式集中编目系统并采取随书配卡措施的方向发展。

1. 多中心式集中编目

也可称为中心分散式集中编目,是在现有集中编目基本目的、原则、模式的基础上,以分工协作的形式,将一个编目中心的集中制卡分摊到多个同级的中心进行(不应在同一馆或机构内),以加快编目速度,减少文献遗漏,保证分编的准确性和分担经费困难等,使集中编目更能满足现在和未来图书馆文献编目的需要。

建立编目中心网点的模式不拘一格,可以按大学科分设中心,以保证分编准确和权威,类似美国现有的 LC、NLM(国家医学图书馆)、NAL(国家农业图书馆)中心网点形式;可以按文献转发所在地区分设中心,我国《宏观图书馆学》(陈源蒸著)一书中提出了类似设想;还可以按文献种类或文种、目录载体形式等分设中心,这些方面,我国和西方编目界均在进行试验工作。

2. 随书配卡

是指集中编目部门与文献出版发行部门合作,将集中编目卡随同文献一起通过发行网送至各图书馆,以保证书、卡同时进馆的一项合作性组织措施。在自动化的联机编目网络和在版编目尚未普及的状态下,这项措施将更显得行之有效。中国图书馆服务公司 1984 年开始这一试验,后与新华书店联手,期望在更大范围内满足图书馆界的要求。美国在更早期以前就开始建设集中编目卡的发行网点,成效较大。

3. 集中编目商业化服务

这是集中编目部门引进商业机制迅速发售卡片和商业性公司利用集中编目成果进行文献市场服务的又一明显趋势。商业化的集中编目服务不仅能优化管理体系,还可以不增加投资,一定程度上提高合作各方的经济效益,重要的是能利用市场手段来抑制集中编目可能出现的弊端,优化服务质量,使目录卡能及时地抵达各馆,所以,这或许是一种集中编目的必然趋势。中国编目界成立的服务公司,与发行部门的合作,以及英、美、法、加、日、瑞典等国纷纷兴建的目录卡片或各类书目数据库服务公司,都是集中编目商业化趋势的有力例证。

已经公认的集中编目发展趋势,还有与合作编目或联合目录结合发展,与国家书目部门合作发展,由集中编目印刷卡片向各种机读目录转变等。

二、在版编目须有出版部门的全力合作才有可能发展

在版编目是在文献出版过程中,由集中编目部门根据出版社(商)提供的清样先行编目,将著录款目返回出版社(商)并印在版权页上与文献同时流动。它在减少各馆原始编目,加快集中编目成果的应用时间(无需通过卡片发行环节),满足经费有限的中、小型图书馆的经济化编目,特别是实现文献编目标准化等方面起着积极的作用。开展这一活动的前提条件是,须先期建立由集中编目部门或受托机构与所有出版社构成的协作网,编目部门与各出版社(或它们的主管机构)之间应签订有能够实现且不可违反的协定。

实际上,在版编目的组织有多种模式可循。全国集中管理制是目前国际流行的一种形式,它以集中编目部门或出版物管理部门为基地进行统一的编目工作,但需要大量专门人员,且素质要求高,还要求高效的传递手段,否则将会延误文献出版时间;地区性集中管理制,比较适合无全国性专门机构或人员有限,特别是传递条件不具备的国家,但协调和界限划分是相当困难的;出版社自行编目制,从理论上看,这是最理想的形式,无须高标准的组织和传递条件,但实际中它却要求有良好的社会环境,标准化编目成为社会的自觉观念,出版社拥有素质高的编目人员,以保证各出版社的编目一致性和标准化,而这样的环境目前还没有任何一个国家达到。此外,还有按系统、按学科分别管理等组织形式。

阮冈纳赞(Ranganathan)的建议,最早称集中编目为"出生前编目"(Pre – natal cataloguing)。1958~1959 年,国会图书馆进行"书源编目"(Cataloguing in Source)试验,但结果认为财力和技术条件不够,实用价值无法体现,因而于 1960 年停止。1971 年 6月,国会图书馆重新试验"在版编目"并长期坚持下来。同年,巴西和前苏联也开始了这一活动。1972 年澳大利亚,1974 年前联邦德国、墨西哥,1975 年加拿大,1976 年英国,1984 年中国台湾省都相继开展了在版编目,实行在版编目的国家迄今已达 20 个。为更深入地了解并指导各国的在版编目活动,国际图联世界书目控制国际办事处于 1982 年 8 月在加拿大组织召开了"国际在版编目会议"(International CIP Meeting)。

我国在版编目局部试验在 1986 年开始。1987 年,由国家出版局、国家标准局、文化部图书馆局、中科院图书情报出版工作委员会、国家教委有关部门联合组成"在版编目工作组",制订计划,负责组织和协调,经费筹集以及有关标准和规程的审查及贯彻执行。1988 年上报了两个经修订的格式和数据标准,1990 年,国家技术监督局发布了《图书在版编目数据》(GB 12451 – 90)。

从历史发展的逻辑关系分析,在版编目是集中编目出现后的伴生物,主要是应文献与集中编目卡同步进馆的要求而产生,所以,目前两者都属于中心式编目的范畴,编目成果的表现形式、发行方式、参与协作对象等方面的差异是它们之间的重要区别。但是,与集中编目和后面将要论述的计算机编目相比,在版编目的发展显得较为迟缓,导致有效的在版编目协作网难以形成,或形成后难以完善。其明显的制约因素是:

1.编目界与出版界缺乏通力合作,尤其是出版社难以尽数入网

在版编目能大量节省人力、财力和实现编目标准化,所以,图书馆界热衷于在版编目,但考虑到时间、成本、效益等因素,有些出版社却不愿承担这一义务,可能更重要的是它们的标准化观念尚未达到实行在版编目所需要的高度。美国至今仍有30%左右的出版商(800家左右)游离于协作网之外,1981年英国参加在版编目的出版商仅为总数的25%(近500家)。如此大量的出版社不加入合作行列,是在版编目不能长足发展的关键原因。

2.在版编目的数据不能令编目界满意

由于是在文献定型之前进行编目,所以在版编目提供的数据并不完整,有些数据还因文献的最后变化而有误。图书馆接到文献后不仅要作款目完善工作,而且还须印制卡片或输入目录数据库,远比使用集中编目卡复杂,有的西文编目人员称"这是一项冗长而麻烦的工作"(指修改和完善工作)。

3.作为现代集中编目的改进措施,随书配卡已经达到甚至超过了在版编目的作用

尽管这一措施未普遍实施,但它的魅力足以把编目界的兴趣从在版编目吸引过来。

4.联机编目网络的建立和使用更使在版编目黯然失色

网络成员可在终端上查找和使用集中编目或其他馆编目的成

果,并随时打印卡片或补充本馆的数据库,因而也就失去了对在版编目的需求。

由此可以预测,在版编目的前景是不容乐观的,因出版界的重重顾虑,它将仍以缓慢的速度发展。具体表现为:①各国发展不平衡,集中领导体制的国家实行在版编目的组织条件要优于私有制的国家。因此前者可以发展得更完善,后者则只能维持现状或更加步履维艰。②在实现联机编目网或配书配卡的国家,在版编目有较强的生命力,在已经实现的国家,它将只作为集中编目的附带产品反映在文献之中,供未入网或不订卡片的图书馆使用。③各出版社根据统一标准自行编目,将成为编目界和出版社共同努力的方向。

三、合作编目由多国协作向国际国内联机网络化发展

合作编目(Cooperative cataloguing),是指一些图书馆相互协议,根据统一的工作规范,各自进行协议规定的文献编目,编目成果迅速由各馆分享,以共同分担编目工作所需的人力和经费,避免重复劳动的一种协同编目组织形式。与集中编目不同的是,合作编目由各协作馆共同承担经划分后的编目任务,而不是由一个或多个中心来开展统一的编目工作。这样的编目网络一旦形成,将大大地提高文献的网罗程度,迅速拓宽文献编目的活动范围和书目信息交流的空间,经分工后的协作,将加快编目的速度,缩短文献从进馆到流通的时间周期,从而在降低编目成本的同时,大幅度提高了编目的质量和效率。

从发展进程来看,合作编目也是发源于集中编目,后随着计算机技术在文献编目和检索领域的深入应用,便有了更新和更快的发展,现在已成为国际编目发展中的主流。

有人把协作编制联合目录看作是合作编目之始,并以 1901 年美国国会图书馆开展的通过交换印刷卡片编辑《全美联合目录》

（National Union Catalog）为例证。实际上，进行具有现代意义和作用的合作编目只是近几十年才开始的事情。1961 年，有 50 多个国家参加的国际编目原则会议，为文献编目由一个国家走向全球范围创造了良好的契机。有意义的是，这次会议的主席弗朗西斯在会上作出了类似现代合作编目的设想，并得到了与会国家代表和国际机构的重视。1965 年，联合国教科文组织和国际图联在苏联召开了"国际目录卡片发行的现状及展望会议"，会议指出，"为了资源共享，各国集中编目机构向国际上发行目录卡片是一项刻不容缓的工作"。这些思想正好与 1965 年美国"全国采编规划"（NPAC）相吻合，并在次年的实施中付诸实践。NPAC 也称"分担编目规则"（Shared Cataloging Program），分担编目方法是在事前充分协商的情况下，以美国的三个国家馆为基地，分别在其他国家设立分担编目办事处，负责从所在国的集中编目中心或国家书目中心收集该国文献的书目数据并传回美国，经转录编目（Copy cataloguing）后，向美国图书馆提供使用。

对于美国各图书馆来说，这种分担编目网的建立，其收益是明显的，而其他协作国也可通过同样的渠道获取美国的编目信息，因而有许多国家一开始便参与了这一合作活动。短短的两、三年，美国在伦敦、奥斯陆、威斯巴登（德）、维也纳、巴黎、贝尔格莱德、海牙、佛罗伦萨、东京和里约热内卢等城市设立了九个办事处，并直接从前苏联、澳大利亚、新西兰、加拿大及南非等国的国家书目中心获得书目数据，还在内罗毕设立原始采编中心，以就地编制东非十几个国家的文献。美国国内则有近百家图书馆分享这些编目成果。如此规模的合作编目在国际编目史上尚属首次，它的成功为文献编目走向国际合作树立了良好的典范。

然而，美国的分担编目是一项自发的、单向书目信息传递的活动，除美国是主动国、接收国外，其他国家均为被动、输出国，而且这一合作网建立在手工编目和邮递款目的基础上，时效仍受一定限制,无统一的国际编目标准,也使各国传来的数据与本国的编目方法发生冲突。不同的文化背景,不平等的协作方式,有限的经济和技术条件,以及缺乏标准,极大地妨碍了美国编目活动国际化规划的进展。所以,NPAC至多也只能算做"区域合作编目"。

几乎与NPAC同时,计算机编目的建网工作也首先在美国开始进行,使合作编目在一个国家的范围内得以向国际范围延伸。1967年,世界上最早的计算机编目网——OCLC(Ohio College Library Centre 1981年改名为Online Computer Library Center)成立,最初是利用MARC向54个成员馆提供脱机目录卡片,1971年改进为远距离的联机编目系统,加快了书目数据的传递和转换速度,使得各成员馆在很经济的情况下无须再编印目录卡片。由于OCLC的书目数据丰富、成员馆承担费用较少、实现自动化快且技术要求不高,所以吸引了大量的图书馆加人网络,至1977年,当它改名为OCLC Inc.时,美、加两国成员馆已达2500个,成为世界上最大的联机编目网。

具有类似原理与功能的著名的机编网络还有美国的华盛顿图书馆网(WLN,1967年建,提供COM与书本式地区图书馆目录和联合目录服务)、研究图书馆情报网(RLIN,与BALLOTS 1978年合作,兼有OCLC和LOCKHEED/SDC的某些编目特点);英国的图书馆服务公司(BLCMP,1969年建,英国集中编目机构,利用各国集中编目和MARC开展卡片、书本式、缩微目录服务)、地方性编目服务系统(LOCAS,1974年建,向地方图书馆和部分组织提供集中编目成果的中介服务及地方文献的原始编目);加拿大的多伦多大学图书馆自动化系统(UTLAS,1973年建);澳大利亚的全澳书目网络(ABN);瑞典的图书馆情报系统(LIBRIS,1972年建),以及欧洲情报网络(EURONET/DIANE)等。据文献反映,仅美国的编目网络就达400多个。

现代意义的编目费用或工作任务的分担性网络和超远距离的

联机编目,是随着分布式联机编目网络的发展在80年代演变而成的。上述集中式联机编目网络的系统维持难度大,中心费用和通信费用高,并且以单向数据流动为主,信息反馈不及时,特别是中央处理发生硬件故障时,可能出现数据混乱甚至系统瘫痪。分布式网络则可解决这些难题,网中的每一成员馆都有自己的网点处理机,各网点(馆)间的书目数据交换是通过各自的网点处理机进行的,任何两个点的联系可以跨越中心随时进行。如果某一网点发生故障,整个网络仍能继续运行。

OCLC运用这一技术改造以前的网络,使各成员馆可以自由地从中心数据库查询和抽取书目数据,也可以向它输入数据,各馆之间还可以相互交换并使用数据和资料。这样,各成员馆传统编目的日常工作,便由在计算机上输入查询数据或原始编目数据(如果联机数据库没有),配以本馆馆藏代号,输出各式目录或款目的活动所代替,编目工作既及时又简化。有了这些前所未有的优势,使OCLC的网络成员数上升到现在遍及20多个国家的8000多个图书馆,书目记录也已超过1200万个,这个世界第一的"联机图书馆中心"(网络)真正名副其实了。

80年代,上面提及的联机编目网络在建网技术、规模、功能等方面都有与OCLC相同的突破性进展,RLIN、WLN等一类系统的网络技术已经优于OCLC。分布式"联机编目网络使繁重的编目工作分担于许多图书馆,而不是集中于一个图书馆,由一个图书馆承担",并努力向跨国领域发展,将成为90年代乃至21世纪文献编目发展的主要趋势。

未来合作编目将呈现以下发展热点:①由目前的个体联机编目网,向全国性的编目联网和多国网络联合的方向发展,美、日、法等国已在进行此类规划,RLIN与WLN达成共享数据库的备忘录,OCLC与LC的协作也体现出这一发展动态;②由集中式网络向分布式网络的分担型协作发展,OCLC、BALLOTS等网络的建设为此提供了有益的经验;③由人工网向计算机网络发展,集中编目和在版编目也有同样的发展趋势,在当今许多学者的论述中,已经将人工编目网排除在"现代编目网络"的概念范围之外;④合作编目网络向与集中编目密切配合的方向发展,即集中编目机构及其成果在联机编目网络的数据库建设中起着至关重要的作用,这点已在DIALOG 系统、LOCAS 系统、BLAISE 系统、BLCMP 公司和 OCLC充分利用各国 MARC 的活动中得到初步证实;⑤由单一的信息源服务向兼有内容深度的编目服务发展,即在提供书目数据的基础上,增加提要、文摘、索引(乃至全文)等编目内容,也有人认为这是分析编目的深度应用,对此,MEDLINE(美国医学图书馆联机系统)、EURONET/DIANE(欧洲情报检索网络)和 DIALOG 已开展了实用性尝试;⑥能否提供大范围的馆藏信息和揭示文献内容,能否将用户所需信息随时随地(迅速方便)送达他们的"手中",是否有合理的分担以控制或减少成员馆的开支,将成为评价合作编目网络质量的三大要素;⑦合作编目的商业化发展趋势,将有更多诸如Blackwell North America, Avater System Inc., Informatics Inc. 等公司为网络进行技术改造与开发,并开拓和承包一些服务项目,合作编目领域势必成为商业公司争抢的市场之一。

第二节　文献编目自动化

编目自动化是建立和普及编目网络,实现资源共享的技术性硬件条件。60 年代以来,自动化成为国际编目界共同研究的重要课题,技术上的一次次创新和突破,都无一例外地对全球文献编目的网络化、标准化以极大的促进,使它们之间形成一种相互依赖、相辅相成的密切关系,所以,自动化仍将作为实现网络化的技术保障,成为未来文献编目在技术手段方面的发展路向。

文献编目自动化(Automated cataloguing)的现代含义是,以计算机为主体,与通讯系统相结合,对文献编目各工作环节实行自动控制的编目作业技术状态。应该说明,这是一个最典型的处于发展动态之中的概念,它需要随先进技术应用于文献编目的程度或给文献编目带来的作业方式的变化而不断修改自己的内涵。例如,在实现联机编目或远距离合作编目之前,编目自动化中是没有通讯系统这一概念要素的。可以肯定,未来科学技术的发展,将会进一步丰富编目自动化的内涵。

人类对信息收集、处理、传递技术的发明与应用决定了图书馆文献编目的技术水平。事实表明,历史上在文献编目活动范围、目录载体形式、编目作业准则等方面发生的连续革命,都发端于以科学技术为基础的编目工作手段的改革和发展。早期阶段的编目工作是手抄的方式,包括抄写、雕刻,甚至更原始的手段,这种随意性大的作业方式被打字机的发明与应用所淘汰,现仅在不发达国家的小型图书馆可以见到;第二阶段是以打字机为技术工具的打印编目,杜威提出使用倡议后不久,打字机便迅速进入图书馆,编目人员将书目信息通过打字机直接打在卡片上或纸条上,也可以先打在蜡纸上,再油印多张款目,这样就减轻了重复抄写的劳动量,使卡片目录得以产生,现在我国部分图书馆还在采用这一编目方式;第三阶段是以印刷技术为主干的印刷卡片编目,它能将同一文献款目大量铅印复份,而且是印数越多,优势越明显,这样就为实行集中编目和合作编目创造了技术条件,也使编目界开始注意统一规范问题,目前世界上许多国家仍在运用这一技术印制目录;利用计算机进行文献编目之后,使编目领域发生了翻天覆地的变化,一些发达的工业国家因此走出"手工作业时代",进入编目的第四技术阶段——自动化编目阶段。

一、编目自动化的演变特点

编目自动化不是按一个固定的模式或一成不变的既定目标发展的,它始终是在探索中以动态变幻的状态前进。追求自动化的原始目的,并非为了实现网络化,而是希望改革传统的制片方式,迅速大量的生产目录卡片和书本式目录,并使检索速度加快,提高检索效率。50 年代兴起的穿孔卡系统(Punched card system),把书目数据记录在穿孔卡或穿孔纸带上,通过转换装置读出后送入中央处理机,然后根据要求打印出无限的各种卡片。它将数据输入、排片、打印连成一体,从而由机器代替了大量人工作业,对于需大量制片的编目部门来说,其优越性是明显的。这一技术的另一特点是,可以与连续照相机相连,将经过机械分类排序后的款目连续拍摄,负片裁切后即可胶印成书本式目录,形成卡片目录向书本式目录的转换。穿孔技术编制的书本式目录比较易于更新数据,再版也简便易行,因而使一度受到冷落的这种目录形式重新得以广泛使用,并且开始了馆际间的书目交换或销售。然而,穿孔卡片机需要诸如分类排序机、校对机、转换器等一系列配套设备,而且输入速度慢,修改数据复杂,数据存贮不便(机外保管、体积大),不能实现"人机"对话,所以,对于传统编目技术的触动不很明显。

计算机的深入应用极大地促进了编目自动化的发展,使文献编目突破了传统的作业方式和观念,因此被称为"计算机编目大革命"。60 年代开始,编目界逐渐认识到,自动化不能局限在怎样使一个编目机构快速高效地印制卡片这一窄小的范围之内。1965 年底,在几年的预测分析、技术研讨和确定著录项目的基础上,美国图书馆资源委员会拨款资助国会图书馆进行"机器可读目录"(Machine Readable Catalogue,简称 MARC)试验计划。1966 年底,以磁性材料作为书目信息载体的 $MARC_1$(一型)问世,当时就有被选定的 36 家图书馆利用它开展编目及书目参考工作。$MARC_1$ 的许多不实用缺点又使国会图书馆继续进行"通用性和灵活性"方面的改进计划,于 1969 年初完成换代工作,向全美各馆发售 MARC$_{II}$(二型)磁带。为实现"书目资源共享"创造了关键性的条件。

在对现行书目信息处理的 MARC 技术获得成功之后,国会图书馆的研制范围扩大到将过去目录转换为计算机可读型,1969 年开始执行"回溯转换计划"(Retrospective Conversion Program),结果产生了 REMARC(回溯性机读目录)。这是一项庞大耗时的工程,也是编目界最为关注的回溯书目数据库的建设问题,RE-MARC 的成就之一就是研制出一种新的输入技术——自动格式识别法,通过返回字盘让计算机自动加注项目标识、指示符和子字段代码,从而取代了人工编辑和反复检查、改错及击键,使输入过程大大简化且效率提高、成本下降。1971 年开始,MARC 又进入在版编目通报领域,使新书预编目录款目得以提前或随书进馆。1972~1975 年间,MARC 反映的书目信息迅速覆盖了英语和其他西方语文的几乎所有图书、连续出版物、非书资料。

早期的自动化编目,因内部技术和通讯条件的限制,多以脱机批处理方式进行。到 70 年代中期,在远距离的卫星通信技术和高速波导技术进入实用阶段的情况下,美、英等国又研制成功用于网络通讯的计算机包交换网技术,各种专业性或商业性的通信网络(公司)纷纷成立,因而采用计算机分时系统(Time-sharing system)进行分布式服务的联机编目网得以形成。例如:MEDLINE 租用 TYMNET 线路并有多处卫星地面接收站,从而在十多个国家设立了网络节点;OCLC 租用 NELINE 线路,于 1974 年停止脱机生产目录卡片业务,向国内外数千家成员馆提供联机 MARC 服务;BALOTS 则采用 RLIN 专用通信网开展联机编目;DIALOG 同时租用了 TELENET 和 TYMNET 两家的包交换网,所以它的终端数目或年用户人次是相当大的。这一时期,计算机显示终端开始广泛使用,为网络间的有效对话创造了又一技术条件。

作为最新一代的书目信息媒体,比磁带、磁盘等载体更为优越的光盘(CD－ROM)于80年代诞生,它的高密度书目数据存贮,可以把先进国家或地区的自动化编目的成果,迅速且完整地提供给尚未网络化或通讯条件不发达地区的图书馆编目部门使用,一定程度上弥补了现行编目联机网络覆盖面的不全,并有力推动了发展中国家文献编目自动化的进程。

计算机可读目录技术的成功与完善,结合先进的建网技术和高速大容量的通讯系统,至80年代末,自动化编目已经走上了整体化发展的道路,日、墨、意、德、法、丹、芬、挪等20多个国家生产了本国的MARC磁带。机读目录数据由现行发展到回溯和预编,由图书发展到报刊和非书资料;编目作业手段由机械化进入到半自动或自动控制;并且由孤立的点连接成一定的面(网络);作业效果由只追求迅速发展到远距离交换、实时对话和高质标准;编目原理与观念的发展步入技术→理论→技术的良性循环递进阶段。

二、编目自动化的发展趋势

现阶段的编目自动化存在着一系列不容忽视的问题,这一方面表现在由于各国计算机和通讯技术发展不平衡而延缓了国际联机联网编目的全面实现,另一方面表现在计算机技术还没有应用到文献编目的各个环节,有些工作仍很大程度地依赖于编目人员的主观判断或手工作业,还有国际编目体系不全,编目界与计算机界缺乏有效协调,计划设计欠妥和系统实施不力等原因也导致编目自动化屡遭挫折。但可喜的是,当前各国编目界已普遍重视自动化的通盘研究和应用,并有较大的经费投入,先进国家开始着手某些关键技术的换代工作,例如,卫星传输结合最新的光纤通讯技术,激光扫描数据输入技术,光盘技术和高性质的新一代电脑技术均已在美、英、德、日等国编目界得到应用。这些都为发展中国家的文献编目追赶世界先进水平提供了极为有利的条件,并将平衡各国的技术水平,促进计算机编目达到更为优化的状态,使之向全自动化编目的目标迈进。在本世纪行将结束的十年里,国际文献编目仍将保持人机结合的作业方式,自动化技术的发展则可能出现以下趋势。

1. 由单功能的编目系统向集成系统(Integrated system)发展

作为一项中介性工作,文献编目既应尽量满足读者对文献信息的需求,也应为图书馆的后继工作创造良好的条件,所以,编目自动化不应以孤立地提高编目的效率与质量作为发展目标,而需要兼顾采购、流通、检索、参考咨询等其他业务工作和其他图书馆的有效利用。从节约经费的角度考虑,建立一个多功能的集成系统比建立数个或者数十个孤立的单一功能系统要合算得多,这也是发挥 MARC 一次记录,多种利用效益的有力措施。现在,OCLC、RLIN、BLAISE、BLCMP 等一大批编目网络在进一步改进内部编目技术的同时,已经转向集成功能的发展方向。这一动态是值得我国编目界注意的。

2. 揭示文献内容的手段自动化,使著录内容更趋详尽

70 年代与 80 年代相交之际,自动化编目已经把文献著录内容从传统的不到 30 项一下猛增到现在的 80 项左右,特征信息的细化,给原始编目人员增大了负荷,但 MARC 利用馆,特别是读者却从中受益匪浅。现在,读者已开始不满于信息检索,而提出内容要览和全文阅读的呼声。编制带有提要或文摘的款目将成为未来文献编目的又一特征,与传统不同的是,提要或文摘是由计算机自动完成的。由于采用了光学字符识别(OCR)技术和磁性墨水识别(MLCR)技术,使全文输入成为可能,加上已有的自动标引和自动分类经验,为快速地进行机编文摘(Auto-abstracting)提供了技术条件,一旦选句技术和特定词确定技术普遍应用,文摘必定会成为自动化编目的一个必录项目。

3. 将普遍购买软件包,无需各馆自编程序

自动化初期的各馆自建系统,现已被证明是一种耗时、费力、不标准和难于集成的愚蠢办法。随着图书馆自动化经费的增加、文献处理日趋标准化和 MARC 发行的商业化,图书馆自动化市场逐渐形成。一些编目网络将已成形的通用软件和数据库委托商业公司在市场上销售,许多计算机或信息公司,如:信息动力公司、IBM 公司、3M 公司,CLSI 公司、系统发展公司等,也根据不同需要研制通用软件包进入这一市场。今后,对于一个新进计算机设备的编目部门来说,只要在程序功能和硬件配套方面作出选择,即可购到或订到理想的软件包,从而节约人力财力,避开系统设计、编制程序和试验环节,提前计算机的应用时间。此外,国际编目界通用的电脑型编目条例也可能问世后步入市场,由此克服书本式条例内容容量有限、阅读不便和难于一致理解的弊病。

4. 编目设备将更加配套和先进

除广泛应用新一代计算机及其视频终端等设备外,自动控制的显像技术、激光高速打印机、快慢速光电扫描机、全息存贮装备、计算机照排机、电脑缩微胶卷器、不同介质的软盘驱动器、文字处理机、自动光学复制机等配套设备,将应用到分工不同的编目部门的文献识别、描述、制片、目录提供、建档等各个工作环节。目前,美英等国的编目网络已经采用或试用这些现代化设备,相信在不久之后也将普及至各国编目界。

5. 书目信息传递技术呈大容量、高速度、远距离、分时交换的发展趋势

怎样迅速地将文献编目数据送至各成员馆或用户,并进行即时对话交换信息,一直是集中编目和协作网络研究的重要课题。传统的邮购邮寄方式已经远不适应新形势下的需求,为此,OCLC、MEDLINE 和 DIALOG 等网络率先采用了先进的通讯技术,如图文传真、卫星通讯、包交换通信网(租用专门线路),等等,收到了极

好的及时性对话效果。尽管现在还处在电话电报网、专用线路、传真、卫星通讯和邮寄并存的通讯状态,但可以想象,不再受距离、时间和访问对象多少限制的洲际编目时代已为时不远。

第三节　文献目录载体多样化

人类社会对文献信息存贮载体的革命,每次都给文献编目创造了新的处理对象和作业内容,同时又推动着文献编目的技术改造,这必然地导致新的目录载体形式的产生。研究文献编目的发展趋势,就必须考虑文献载体、文献处理、文献目录这三者之间往往几乎是同步发生的因果关系。

文献目录载体的多样化,就是编目工作成果的存贮介质由传统的单一的纸张型,向缩微型、声像型、磁性机读型、激光机读型等多方面综合发展,并在一定时期内互为补充、平行使用的表现状态。各种目录载体形式间的相互配合使用,不仅能最大程度地满足目录用户越来越广泛、深入、及时、方便的检索要求,而且也可以从技术上满足编目界厉行节约的原则,从而将有力地推动网络化、自动化的进程。可以肯定,目录载体的多样化是文献编目发展的又一个重要趋势。

一、目录数据存贮介质的创新速度将进一步加快

目录载体与文献载体是同步发展的,但两者都赖以科学技术为源动力,任何一项新的介质存贮技术的出现都是当时科学技术水平的一种具体体现。当技术革命的频率加快时,目录载体的变化便随之加快。

人类社会最早的文献载体有甲骨、泥版、青铜、竹简、缣帛、纸草纸等,但用来编制目录的却很少被发现,原因一方面在于早期典

籍收藏还处于萌芽状态,不系统的收藏不需要也认识不到利用目录;另一方面也可能是目录被毁或腐败,故未能留存至今;或许更重要的原因是,那时的人们无法找到适合的记录文献的载体(也没有记录的方法),很大体积的载体往往只能记载几行或十几行文字,自然就反映不出众多文献的信息,所以,现存的泥版、纸草纸等目录大都只记有十几种或数十种文献。即使是在当时文化发达的中国,刘向父子等多人经数十年编纂的已失传的《别录》、《七略》(公元前6年),收录文献才600种左右。

甲骨、泥版等文献载体出现约3000年后,才被淘汰。当欧洲还在使用羊皮纸的时候,中国就发明了造纸术(公元105年),并开始使用纸张作为目录载体,这样就产生了书本式目录。纸张载体成本低廉,容量较以前的载体大且体积小,便于传递,易于保存,后来中国发明的印刷术更使其摆脱了手抄作业方式,可批量生产复本。造纸术和印刷术接连导致的两次目录革命,使印本式目录成为唯一的目录载体风靡全球。欧洲在13世纪末引入造纸术,15世纪中期开始用印刷术生产目录,美国于17世纪末也采用了这一载体和技术。

引入造纸术后约五百年,18世纪末,欧洲开始出现早期的卡片目录。又过了一百多年,标准的印刷卡片目录才进入普及发展阶段。由于卡片目录本身具有检索点较多,可在一道工序中印制几套目录所需要的款目,便于更新替换,能使目录兼具现行和回溯的性质。所以,卡片目录在20世纪前半期取代书本式目录,占据了目录载体中的主导地位。

1941年,即1901年确定标准卡片的40年后,为防止战争破坏,美国的LC将卡片目录复制成缩微胶卷,因此出现了缩微目录。除阅读方式不同外,它具备书本式目录的基本特点,在信息容量、压缩体积和再复制方面,更是优于卡片目录和书本式目录。

缩微目录问世25年后,机读目录伴随计算机技术的发展开始应用于图书馆。1969 年美国国会图书馆发放的 MARC_Ⅱ 磁带目录，不仅本身具有信息容量大、建库迅速、易于更新、检索点极多且检索响应快等优点，而且还能按不同需要输出书本式目录、目录卡片和缩微目录，更有意义的是，MARC 的一点编目，多点共用的适合电信传输的特点，使联机编目网络得以形成，标准化随之普及。70 年代的编目界就已经认清了这一场四个字母的技术革命，将是未来目录载体发展的必然潮流，许多国家相继建起了目录数据库，并正在就联机目录数据库进行努力，LC 等一些技术力量雄厚的图书馆甚至借 MARC 关闭了卡片目录。

仅过了十几年，在激光唱片研制基础上发展起来的光盘（CD – ROM）数据库 Bibliofile 于 1985 年在美国问世，这将又是一场现代光学信息存贮技术导致的目录革命，受冲击的对象是磁带（盘）目录及其联机编目网络。目前的光盘目录（CD – MARC）是通过大功率激光束将数据一次性写入磁盘，用低功率激光束在终端上可多次读出，所以也称读光盘目录，其特点是：①存贮密度高，信息容量大，一片光盘可存贮约 600 兆的数据，即 100 多万条书目记录，相当于 1600 张 360KB 的软磁盘，一个特大型图书馆的文献目录仅需 5 ~ 10 张光盘；②可与微机结合使用和对用户要求低，一般只需配置一台光盘驱动器（Drive 或 Reader）便可在 PC 机上运行，因为不是按时计价，所以对用户的检索能力无特殊要求；③无通信线路要求，光盘只限单用户操作，不涉及通讯网络，故在无联机编目网络或通信水平不发达的发展中国家或地区尤为适用；④使用寿命长，因光盘均涂有保护层并以光信号读取方式使用，故其有效寿命在 10 ~ 15 年，是软盘的 5 ~ 8 倍；⑤性能价格比较经济划算，一套光盘系统的购置费约 3.5 万人民币，与配备硬盘的独立微机系统的价格接近，但其维持费低，又无联机或通信费用支出，加之功能较全，所以更显得价格低廉。

由于 CD – ROM 只能读出不能写入，给数据更新带来了不便，所以在它出现的同时,研制者便开始了新的技术试验,写一次光盘(WORM)和随机读写光盘(ORAM,也称可擦除光盘)已于近年投放市场。可以肯定,读写光盘的普遍应用,将增加光盘目录的实时性功能,那时,CD－ROM 也许会被淘汰。

从泥版目录到介质目录,变化周期从数千年缩短到数十年甚至几年,表明了目录载体更新速度正在迅速加快这样一个事实。今后的目录载体技术同样不会在某一水平上停滞不前,这种预测的依据是:①现有载体和技术设备还有明显的不足之处,例如CD－ROM不能重写,软盘保存寿命太短,等等,技术的改进可能导致新型载体的出现;②当前各国文献编目技术发展极不平衡,多种形式的目录还各有使用价值,一旦技术差距缩小,编目界便会发现现有目录都难以完全满足实际需要,那时,一种国际统一的、全新的目录形式,如音像型机读目录,或许会应运而生;③新的文献信息载体必将诱发新的目录形式,当前科技界致力研究的生物工程、材料工程、超导技术、智能计算机、卫星通讯技术都有可能再次引发影响社会发展的技术大革命,新的信息载体的面世则为人们预料中事。

二、以机读型为主导的多种目录载体仍将并存

在长期的实践活动中,编目界对目录载体确定了一定的评价体系,即要求一种目录形式应兼备以下特点:书目信息容量大且体积小,检索点多且检索效果好,存取数据方便且对设备环境和读者检索方式要求低,可远距离电信交换且能即时进行形式转换,易于维护且保存期长,设备介质的成本低且从投资转入效益的周期短。在目前的情况下,只有机读型比较符合上述要求,所以它将作为今后发展的主流占据举足轻重的地位。但是,鉴于各国经验和技术条件不平衡,各图书馆的任务和服务对象有别,即使是机读型也因存在一些技术问题而在短期内不可能取代其他目录形式,在未来

较长的时期内将出现纸质目录、缩微目录、磁带目录和光盘目录并存的局面，与此同时，各种形式的目录在职能和发展地位方面将体现出差异。

纸质目录中的抄写目录、明见式目录、活页目录已遭淘汰。书本式目录因易于保存、阅读方便、便于交换和携带，将具有强劲的发展潜力，但用于大型综合性目录将日趋变少，今后常见的种类是部分国家书目及保存目录文本、书业目录、专业联合目录、馆藏专题目录等，主要是满足回溯性专题查找的特定需要和文献信息的保存。卡片目录在发展中国家依然是一种主要的目录形式，其职能还是反映一馆馆藏文献，但由于这种目录揭示范围不能扩大，难于与其他目录联合、体积庞大不易维护，所以，它必定是机读目录普及后的淘汰对象。

缩微型目录最大的特点是体积小、成本低，但从容量和更为重要的数据更新、检索速度及形式转换的要求来衡量，则远不及计算机目录数据库。随着文献量的与日俱增，需要阅读器进行的查目工作也将变得更加困难。所以，这种目录在未来的年代里，将限于为缩小目录的占地面积而只作大量书目信息的贮存之用。

以磁盘为载体的机读目录将在较长时期内以目录数据库的形式全面发挥其功能，集记录、贮存、浓缩、转换、跨馆（库）检索于一体。它既作为联机编目的数据基础（目录），又是其他目录形式的生成或转换母体。只是一旦读写光盘技术广泛应用之后，磁盘目录才有可能受到生存的威胁。

以 CD – ROM 光盘为载体的机读目录具有大型目录数据库的功能，但由于只能供单个用户使用，所以目前还只能作为联机编目的补充，用于联机编目尚未实现或达不到的图书馆，供编目部门建库或检索回溯性目录，修改订正过去的目录数据，远离美国的图书馆也可借此进行新书编目。可以肯定，第三代读写 CD – MARC 广泛应用之后，必将进入联机网络，成为主导目录，替代磁盘目录发挥其更大的作用。

三、联机数据库将使目录、国家书目和联合目录趋同

数据库是新信息技术中最令人振奋的方面之一,也是图书情报界着力建设的首要目标。在一些发达国家,联机编目的实现,使得各成员馆的独立目录数据库通过通讯网络联系并集合起来,从而形成联机数据库(Online data base 或 Data bank)。美国就建立了全国书目数据库(National Bibliographic Data Base),一种联系全美的网状数据库。联机数据库不仅简化了各馆的编目工作,绝大部分文献(一般都在80%~98%之间)无须自行编目,而且为真正实现资源共享,也为联合目录的革命创造了必要的条件。

联合目录的作用在任何时候都不会改变,但其编辑程序、结构和使用形式在未来将会发生彻底的变化。联机编目是合作编目较高级的形式,联机数据库中的每一记录均标有文献收藏馆的代码,因此,原始编目或联机查重标号的过程实际上就是合作编制联合目录的过程,进言之,联机数据库就是未来意义的联合目录。与现在不同的是,书本式或缩微型的单一整体结构将变成以各成员馆数据库为基础的分散结构,其使用方式也将改进为机器检索、屏上浏览和终端打印(当然也可输出书本式联合目录),效果自然是反映范围无限扩大、检索方式多样方便、响应速度快得仅以秒计。OCLC 为设计联合目录所作的努力是这方面最好的例证。

国家和地方书目现已出现机读版和缩微版,如美国的 BIP,英国的 BNB 等。但是编目界关心的是如何将国家书目、集中编目、在版编目、联机编目联系起来,合作建立一体化的书目数据库,以减少重复劳动、加快编目速度、使目录与书目统一标准化。前几年的先编书本目录,再出机读版的方法显然是极为落后的,但现在的只让机读版印制书本目录,而不供给集中编目和联机编目使用,无疑也是一种浪费。针对这种缺乏协调的状况,许多编目学家提出

建立同时开展集中编目、在版编目和书目编制的国家书目中心，而且中心应设在享受呈缴本的国家图书馆内，这样就可使各种编目在一道工序上进行，即先建书目数据库，再由 MARC 输出书本式国家书目、目录卡片，供各联机编目图书馆和个体图书馆选择使用，国家书目数据库既作为联机数据库的一部分，又具有一定的独立性，从而能够最经济地满足各方面的编目要求。实际上，英国的 BNB 和 BLCMP 公司的协作已具上述模式的雏形，我国学者陈源蒸也发出了建立全国综合书目信息系统的呼吁。联机数据库的发展将导致图书馆目录与国家或地方书目的分界越来越模糊。

第四节　文献编目标准化

　　文献编目标准化，是指在文献编目的各个技术环节及其与外部联系的接口技术上真正达到科学的、合理的统一规范，使编目成果成为一种国际通用的文献信息报道和交换语言，被世界各国用于对人类文献资源的共同开发与利用。具体包括国际范围内文献编目原则和规则的标准化，技术程序和设备的标准化，目录形式与规格的标准化。从作用上讲，标准化是文献编目网络化、自动化和载体多样化的技术基础和必备的前提条件。只有标准化的实现，国际自动化编目网络才能形成，集中编目才能真正与合作编目相配合，"资源共享"才能名副其实。作为前提条件，标准化的进展较之其他编目工作更为迅速，现在，各国的编目标准已基本形成体系，今后将朝着继续补充修订、完善体系，逐步统一为国际标准的深化方向发展。

一、对标准化的认识更加完整和一致

　　文献编目标准化应体现在各国各地区对所有文献载体的处理

方法和技术过程及设备的全面统一规范,但编目界并非一开始就有这样完整的认识。实际上,"标准化"概念迟至 60 年代才进入编目领域,而且对它的认识至今仍处在进一步提高之中。

在进入标准化时期之前,各国编目界在寻求统一规定方面就已经作了很大的努力。古代中国通过"钦定"方式编制的国家书目,在统一中国分类法和组织分类目录方面作了最早的无意识尝试。在编目法方面,一馆统一的工作"标准"要首推 1841 年的《九十一条》,国家规范虽有 1791 年的《法国编目条例》,但最有影响的要算 1876 年美国的《印刷本字典式目录规则》,跨国规定是 1908 年的《英美条例》。但是,在此前后的规范性努力,都只是着眼于著录内容,特别是标目的选取,极少顾及其他,而且,全部努力均为自发性和探索性的,又缺少落实措施,条例从根本上就没有得到认真的执行。

1929 年,旨在促进图书馆管理和文献编目方面国际合作的国际图联成立,1947 年国际标准化组织经重组后建立,其宗旨是促进制订国际标准,以加强生产与服务的国际交流及在知识、科技和经济领域的合作,并同时设立了文献工作第 46 分委员会(ISO/TC46)。各成员国对应机构的相继建立,为编目标准化作了组织上的准备,协作编目意识由此进入编目界。

60 年代,鉴于集中编目和编目协作的兴起,国际书目交流频繁,各国自制的编目规则因出入太大而妨碍了合作活动,编目标准化的呼声鹊起,为此,国际图联领导了一系列统一标准化认识的活动。1961 年召开的国际编目原则会议是向标准化发展的一个重要标志,在字顺目录的职能和款目标目两个方面,它把以前国际上几大不同的编目体系一在一个能共同接受并遵循的原则之下。然而,受传统观念的束缚,会议忽略了对标目以外描述项目的研究,致使以后像 AACR₁ 等众多的条例产生了致命的弱点,结果出现款目内容的混乱。为此,1969 年召开国际编目专家会议,专门研讨描述内容的标准化问题，"标准书目著录"第一次出现在国际性决议之中，由国际图联特设了一个专门小组负责制订 ISBD。这次会议的一个明显特点就是与会国代表在认识上突破了传统的狭隘观念，"都愿意致力于实现国际标准化，甚至不惜抛弃他们自己国家的编目传统"。从推广标准化的角度来说，形成这种认识的意义更为深远。尽管有各种原因，专家会议没有考虑标目的标准问题，但最后基本出齐的 ISBD，终因缺少检索点、排档等配套性规则而在实际应用效果方面受到影响，各国编目界不得不在套用 IS-BD 的同时，自行制订非标准的标目规则，以形成实用的编目条例。依据这类"混合"条例编制的款目能否达到标准化是可想而知的。由此看出，当前以为只要普遍应用 ISBD 就可实现书目和目录著录标准化的认识，还存在着较大的片面性。

1978 年，具有广泛影响的 AACR$_2$ 出版，它将 ISBD 与检索点规则的有机结合得到各国的普遍赞赏，但是在手工与计算机作业方面的失败尝试却招来众多非议。这样又使编目界认识到，标准化应尽量符合不同技术环境中编目作业的实际和发展。

计算机编目及其联机网络的实践不仅加快了标准化的进程，体现出标准化伴随编目技术的发展而发展的一种规律，而且让编目界从经验和教训中深刻认识到标准化对于未来编目发展的，特别是对技术交流与协作的促进作用。机编首先要求在著录事项、顺序和标识符号等方面达到精准和统一，这些正是著录标准化所力求的基本目标。标准化的一个重要目的就是在国际统一的基础上，使编目成果易于不同语文、不同地区间的书目互换，通过计算机识别和处理后使不同的目录形式间易于转换。但真正认识这一点，在开展机编的国家却经历了复杂而痛苦的过程。六七十年代相交期内，美、英、加、法、德等国家都相继进行计算机编目，同时开始无标准的自建 MARC 数据库工作。仅几年之后，在进行的调查中发现，美、加等国的各个 MARC 自建库在记录格式上严重不兼容,无法开展互换。这些混乱给以后的联机目录数据库留下了严重的后遗症,如世界上最大的联机编目网络 OCLC 的数据库中至今还有多达 120 多种的不同款式! 为寻求一致,美国国家标准学会和 ISO 分别于 1971 年和 1973 年承认了 MARC$_{II}$ 的格式,希望借此达到一国乃至世界范围的机编数据兼容。为建立国际机读目录数据库,国际图联先期于 1977 年提出 UNIMARC 方案,先定标准,再行建库,以少走弯路。

基于对过去盲目乐观、寄求过大的认清和现实中获得的经验和教训,今后编目界将以一种更为客观的和实际的态度来重新审视标准化的进展,认识也将在以下方面更加趋于一致:实现文献编目全过程的标准化,而不是只着眼于局部技术的规范;考虑更大范围的书目交换,而不是孤立地订制一国标准;在符合未来发展的原则下,兼顾机编和手工作业的现实,而不应使两者脱节;针对新技术新载体及时增补新的标准;不能只抓标准制订不抓组织实施。

二、标准体系将进一步充实和完善

尽管在制订 ISBD 过程中,国际图联就决定,对已出的标准著录在近年内不作修改,以保持它们的稳定性,但该组织编目委员会主席维若娜同时又说,期望这些标准在这个不断变化的世界上保持固定不变,那会是不现实的,在这段时间过后,应考虑修订所有标准或其中的一部分。现在,国际图联除对已出 ISBD 进行第二个五年总结评估计划外,新的标准著录,如"ISBD 应用于分析著录通则"(Guidelines for the Application of the ISBD$_{(s)}$ to Description of CP)等也正处在颁布前的征求意见之中。实际上,各国的编目标准也是按照这一稳定性与发展性的原则维持的。另一状况是,无论是国际标准,还是国家标准,目前都还极不系统,例如,至今尚无排档、检索点及主题表等标准。可以预料,全面实现标准化仍将是一项十分艰巨的工作,未来编目界面临的重要任务之一,就是要努力使编目标准系统化。

1. 编目指导思想的国际统一

文献编目的指导思想是进行这一工作的理论原则，主要含有编目的目的、作用、原则、技术程序，目录的职能、结构、种类及使用效果的评价与测定等多层意义。如果在这些指导思想上达不成国际范围的统一，国际书目交流和共享只能是空谈。ISBD、AACR$_2$和中文著录标准均提出了明确的"指导思想"，但不是失之于片面不周，就是有笼统抽象之嫌。根据国际编目界的呼声，在理论原则上达成完整的国际统一将是今后追求的一个主要目标。

2. 各项编目规则配套成龙

目前，多数国家以 ISBD 为基础制订了较系统的著录标准，但几近国际通用的 ISBD 至今尚未被批准为正式标准，更重要的是，还缺少与 ISBD 配套的检索点规则，导致各国的目录款目仍无法实现统一。在西文款目中，尽管有 LC 的分类法和主题表及 DDC 作为较一致的标引依据，并有类目组配和词表编制规则等国际标准，但在实用时各国还存在着较大差异，西文、中文、斯拉夫文等文种的文献在标引方面更缺乏达成一致的现实条件。在目录排列方面，现有英、美等几大规则在各国并行使用，而且，手工与计算机排序之间还未实现一致。从发展来看，因为已有各方面的权威性规则作为基础，相信实现著录、分类主题标引、排档的标准系列化将不是太久的事。

3. 目录转换技术标准化

自动化编目的技术手段，特别是目录转换技术的规范化是国际书目兼容和资源共享的首要条件。由于在程序语言、字符集、建档、目录信息交换格式等文献数据交换软技术方面已有比较成套的国际标准，例如，ISO/2709 格式，ISO/DP6630（目录控制字符），ISO/2022（字符编码）等，加之已有 ISBD 作为著录标准，所以在未来的年代里，缩微型目录、印刷型目录、磁带目录、光盘目录，以至更为先进的目录形式,均可通过计算机进行转换,而且它们的文献记录单元在内容、格式、标识等方面将毫无区别。

4. 支持性标准更加全面

真正实现文献编目标准化,仅有著录、标引、排序的规范统一是不够的,还需将这些专业标准有机地溶入整个社会标准化系统,特别是要取得其他文献工作标准和信息、通信技术标准的配合支持。目前已颁布的几种文献工作术语国际标准,有利于编目界概念体系及其认识的统一;文献编辑、出版格式、复制、编码、符号、缩写、书目检索等国际标准,对统一著录来源、确定编目数据作用重大;通信领域的标准化对于形成编目成果与交换系统的接口技术并使之规范化至关重要。未来的编目界将与出版界和通信界发生更密切的协同标准化关系,将产生版权记录、正文及索引、附录格式等更多的支持性国际标准。

三、落实标准化的措施更加丰富多样

制订和颁布各级编目标准固然重要,但更为重要和艰巨的则是组织实施标准。在今后国际标准和国家标准共存的相当长的时期内,除通过行政和立法方式落实标准外,将出现其他多式多样的更有效的落实措施。

促使联机编目的统一规范是推广标准化的最佳方式。在联机编目网中,一种文献只需编目一次,将这种一次性的原始编目控制在标准要求以内,形成标准的目录数据库,便能达到网络所有成员馆编目的一致性。例如,OCLC 在 1988 年就拥有包括 USMARC 在内的高达 1900 万条书目记录的数据库,并每天以约 8000 条记录的速度更新,成员馆在新书处理前的查重检索中命中率都在 90%以上,因无须再行编目,故各馆的编目便得到统一。OCLC 正在将日、中、澳、英、加拿大等国的 MARC 套录入目录数据库,这样又将使各国的标准编目融为一体。

在经济和技术条件有限的地区,集中编目和光盘目录同样能起到促进编目标准化的作用。此外,集中编目与联机编目的结合(如 LC 与 OCLC 的联机),将更能保障数据库标准化的质量。

CIP 也是普及标准化的一种措施。目前的 CIP 在普及度及著录内容、标识、格式等方面还存在着严重缺陷,因此,它的标准化功能尚未充分发挥出来。这一问题已被出版界和编目界所共识,同时也在做各方面的研究与试验。如果 CIP 获得彻底成功,其功能得以完全发挥,那么实现标准化的速度将会加快。

通过商业性服务辅助标准实施也是一种必然趋势。现在,商业公司的目录和检索服务已经取代编目中心或联机网络占领了部分图书馆市场,如 Blackwell North Ameria, Avatar System Inc. , Informatics Inc. , Catalog Card Corp. 等已成为有影响的编目服务公司。它们具有以市场服务方式宣传推销目录成果或软件的特点,如果使其编目规范化,将会推进中、小型图书馆编目标准化的进程。这一领域的标准化将可能以联机编目网、编目中心与商业公司合作的方式进行。

历史证明,编目领域的国际学术交流是统一认识,开展标准化合作的有效形式,没有国际交流,就谈不上国际标准。未来编目标准化的国际学术研讨,将侧重在共同制定或修改标准、寻求切实贯彻标准的途径、交流推广标准化的经验等方面,并将更加频繁和有效地开展起来。

思 考 题

1. 预测文献编目发展趋势的依据是什么?
2. 试述集中编目、合作编目、在版编目的意义及其相互关系。
3. 试述联机编目的组织原理、作用及发展变化。
4. 试述实现文献编目自动化的技术条件。
5. 试析文献载体变化对文献编目的影响。

6. 图书馆目录、书目、联合目录的现状与展望。

7. 试述文献编目标准体系及其发展动向。

8. 试析在版编目的作用及未来的必要性。

9. 怎样才能使文献编目标准得到全面落实？

10. 谈谈我国文献编目的发展趋势。

第五章 《英美编目条例(第2版)》和
《西文文献著录条例》简介

　　《英美编目条例(第2版)》(AACR₂)于1978年出版,我国的《西文文献著录条例》于1985年出版。这两部条例不仅有密切的内在联系,而且都对我国现阶段的西文文献编目产生着较大的影响。

第一节 《英美编目条例(第2版)》
及其修订版概述

　　1978年底,在美国、加拿大和英国同时出版了《英美编目条例(第2版)》(Anglo – American Cataloguing Rules, Second Edition,简称 AACR₂)。

一、AACR₂ 的结构

　　AACR₂ 全书的正文分为两大部分,共二十六章,其中,第十四章至第二十章是空位,目的是留待补充新的规则使用。

　　1. 第一部分　著录(Description)

　　著录部分由十三章组成。

Chapter 1　著录总则(General Rules for Description)

Chapter 2　图书、小册子和单页印刷品(Books, Pamphlets, and Printed Sheets)

Chapter 3　测绘、制图资料（Cartographic Materials）

Chapter 4　手稿（Manuscripts）

Chapter 5　乐谱（Music）

Chapter 6　录音资料（Sound Recordings）

Chapter 7　影片及录像资料（Motion Pictures and Video recordings）

Chapter 8　图解资料（Graphic Materials）

Chapter 9　机读数据文档（Machine – Readble Data）

Chapter 10　立体实物（Three – Dimensional Artefacts and Realia）

Chapter 11　缩微品（Microforms）

Chapter 12　连续出版物（Serials）

Chapter 13　分析（Analysis）

第一章著录总则是一个总的简明指南，可以作为图书馆各类型文献编目的基础，这些规则一般不在第二至第十二章处理各特定文献类型细则的章节内重复陈述。第二至第十二章分别列出适用于特定文献类型的专门规则，这些规则都是根据统一的标准（总则）针对文献各类型间有着不同的形态特征而制订的，因而在处理任何特定类型文献时必须熟悉第一章的条款。例如，一本印刷专著的缩微复制件，应当首先查看第十一章的规则，按缩微复制品描述，然后根据第一章著录总则以及第二章印刷专著的有关规定进行补充。

这一部分内的所有规则均以 ISBD$_{(G)}$ 对图书馆文献类型著录的通用结构为依据。每一种编目的文献都必须按照标准格式著录，这就是说，每一条书目记录都应该包括同样的基本成分，按照同样的顺序著录，前面冠以统一的标识符号。这样做，有利于标准化，有利于地区、国家和国际资料数据的交流，而且在计算机编目系统中尤为重要。为了达到上述的标准化，AACR$_2$ 将每一书目记录分成八个项目,并固定了它们排列的顺序。

例外的是,作为第三大项的"文献(或出版物类型)特殊细节项"只用于反映地图的比例尺和投影法,连续出版物的卷、期、年、月起讫,乐谱的乐型,机读件的文档特征。

为使著录项目易于识别,便于手工著录的目录转换成机读目录,每个著录大项及其中各著录小项采用了与 ISBD 一致的标识符号。主要有以下几种:

　　·—　　　用于标识各大项

　　=　　　　用于标识并列题名和并列丛编题名

　　:　　　　用于标识以下各项:其他题名信息及其他说明题名的文字,出版者,印刷者,图表,副丛编题名,书价

　　/　　　　用于标识第一责任者说明及与本版有关的第一责任者说明

　　;　　　　用于标识以下各项:与文献有不相同关系的责任者说明,第二个或其余的出版地,第二个或其余的印刷地,书型,丛书或副丛书卷次号。

　　,　　　　用于标识与著作有相同关系的第二个或其余的责任者说明,出版年

　　( )　　　用于标识丛编项

　　+　　　　用于标识附件材料

　　[ ]　　　用于说明著录的信息不是取自规定的信息来源

　　…　　　用于说明省略了著录项目的内容

就第一部分各章的关系而言,条例使用了助记编码结构。每章细则的号码都是以所在章的那个数字表示,接着是用一个数字代表相当于该条所涉及的著录大项,最后用表示某一著录小项的字母来代表具体的条款。例如,规则 1.4C 代表第一章总则中关于第四著录大项"出版、发行等项"的出版地的具体规则;2.4C 则表示第二章印刷专著有关出版、发行等项中出版地的具体规则;

3.4C 就是第三章测绘制图资料有关出版、发行等项中出版地的具体规则,其他依此类推。这种编码结构使各章与第一章的总则相对应,便于记忆、使用,查找十分方便。

本部分内每一章包括对每一种资料或出版物主要信息源的说明。在某些例子中,有特定的其他信息源,并安排了顺序号。凡取自信息源以外的资料信息,应当要求置于方括号内。

"责任说明"一词已经取代传统的"著者说明"一词;出版、发行等项代替了"出版项";"形体描述项"代替了"稽核项",等等。这些新的名词术语使许多非印刷型资料能较好地符合这种说明。

在"题名与责任者说明"项内有一个小项叫做"一般文献类型标识"(GMD:General Material Designation),意指编目资料所属的资料类别。GMD 是供选择使用的。

"特定文献类型标识"(SMD:Specific Material Designation),指的是文献所属的具体资料类型,包括在形体描述项内。

AACR$_2$ 规定了详简程度不同的三个著录级次,旨在"容许图书馆在编目政策中具有一定的灵活性。按这些著录级别编制的款目是符合书目著录标准的。"

ISBD 原则被应用于连续出版物的著录中,著录连续出版物时,不用末版的而用第一版的书名页或代替物作为信息的主要来源。

第十三章分析提出了四种分析方法。

2. 第二部分　标目、统一题名和参照(Headings,Uniform Titles & References)

该部分共分六章。

Chapter 21　检索点的选择(Choice of Access Points)

Chapter 22　个人著者标目(Headings for Persons)

Chapter 23　地理名称(Geographic Names)

Chapter 24　团体名称标目(Headings for Corporate Bodies)

Chapter 25   统一题名(Uniform Titles)

Chapter 26   参照(References)

第二部分仍采取了助记的规则编号,按从一般到特殊的体例编排,每一章开始是基本规则,接着是各种情况的补充和例子。本部分所有的规则都是根据为每一著录的款目编制一主要款目的概念及通过附加款目做补充为前提。如果图书馆不区分主要款目和附加款目,就平等地对待全部检索点。主要款目的定义和使用发生了变化。"Author"和"Authorship"的定义和使用也发生了变化。传统的条例将"Author"(著者)定义为"主要负责产生知识或艺术内容的作品的个人或团体",AACR$_2$以"Corporate responsibility"(团体责任)的概念取代"Corporate authorship"(团体著者),"author"这个名词现在只用于个人。是否取人名或团体名称作标目,不再从出版物类型考虑,而是依据个人或团体对文献的知识内容和艺术内容所承担的创作责任而定。

为了代替"Corporate authorship"这一概念,AACR$_2$规定"源于一个或几个团体的一本书"可以"按照适合的团体标目"进行著录,但必须具备下述条件:(1)记载有关机关团体内部行政事务的出版物;(2)是规定的"法律的和政府的著作"之一;(3)记录"该团体集体思想"的文献;(4)报导有关会议、考察队及特设临时组织等机关团体的集体活动的报告;(5)"超出单纯表演、执行等范围之外承担团体责任,以表演团体为整体而进行集体活动所产生"的录音、电影和录像。

关于个人标目,由于AACR$_2$对基本项目的解释是环绕着主题而不是环绕着完整的标目,编目员就必须按条例(1)姓名选择的规则;(2)著录成分的规则;(3)对姓名加附注的规则去确定一个特定的标目。

在处理地理名称时的主要变化是理论的变化。在AACR$_2$中专门开辟第二十三章对地理名称作出规定,对附在团体名称之内的地理名称不以地理名称作单独处理。本章开始有一关于选择英语名称和本国语名称形式的总则,"如果在一般应用中只有一种选择",就赞成选择英语。就名称变化的规则而言,图书馆可参阅第二十四章。这一章的主要部分有地理名称附加规则。当需要区别同一名称的地名时,总则要求给这个地名加著所在的较大地方的名称。

关于团体标目,AACR$_2$ 除规定需要用其上级机构作一级标目的下属机构、需要以政府名称作一级标目的机构外,一般应以根据一个团体发出的文献确定的团体名称和它所用的语言作标目。为此,团体名称标目的形式发生了很大变化,例如:

Illinois State Library(照录)

不用 Illinois · State Library.

Geological Survey of Canada. (照录)

不用 Canada · Geological Survey.

Air University (U. S.)(照录)

不用 United States · Air University

ACI Committee 214. (照录)

不用 American Concrete Institute · Committee 214.

会议属机关团体,著录会议名称,须将会议的届次、日期和地址置于圆括号内,著录在会名之后。

关于统一题名的规则,AACR$_2$ 提供给图书馆视其实际需要决定是否采用及采用的深度。就法律文献如宪法、法律和条约而言,形式副标目已不再使用,而以统一题名取代之。

第二十六章集中了有关参照的规则。除基本规则,提供有个人姓名、机构名称与地理名称和统一题名等有关参照规则。

3. 附录部分

除上述两大部分外,AACR$_2$ 最后有四个附录和一个综合索引。四个附录是:

附录 A. 大写字母用法,由三节组成

(1)由著录区组成的一般规则(1—11);

(2)英语的规则(12—32);

(3)外国语的规则(33—52)。

附录 B. 缩写

在总则(B.1)后有关于特定区的三条规则(B.2—4)和其他一般规则四条(B.5—8)

附录 C. 数字,在下面三项中作了较小的变动(1)基数词;(2)序数词;(3)非英语数字的用法。

附录 D. 词汇

二、AACR$_2$ 的特点及 AACR$_{2R}$

AACR$_2$ 所具有的特色是多方面的。为了适应现代化编目的要求,它总结和发展了传统的编目方法,特别是在著录工作的流程、著录标目的范围、款目使用的标识符号等方面有了新的突破,就整部条例而言,其明确性和实用性也有突出的体现。

AACR$_2$ 存在的问题是篇幅庞大,重复较多,难于掌握;由于没处理好诸如主要款目一类的问题,也不能很好地适应机器编目的要求;采用的拼写方法仍按英美传统习惯,影响了其国际通用性。不过,早在 AACR 出版后,就成立了联合修订指导委员会(Joint Steering Committee for Revision of AACR,简称 JSC),负责征集各方意见,出版修订结果。AACR$_2$ 问世后,编制国均通过广泛的培训、宣传活动,作了全面的解释工作,配套出版了大量的辅助材料和手册,修改了各种 MARC 资料,国会图书馆把对 AACR$_2$ 的注释、修订和增补信息,定期在《编目工作通讯》(Cataloguing service bulletin)上刊出,供编目人员学习参考。在 1983 年 9 月的 JSC 会议上,进一步明确提出了 AACR$_2$ 的修订方针与步骤,并在原有编制成员的基础上,增补了澳大利亚编目委员会,这样,就意味着 AACR$_2$ 的修订工作将会不断地进行下去。

    AACR$_2$ 出版十周年之际，JSC 系统整理了来自实际部门和编目专家的各方面意见，重新出版了一个修订本——Anglo – American Cataloging Rules, Second Edition, 1988 revision（简称 AACR$_{2R}$）。修订本着重改变和调整原 AACR$_2$ 第九章的名称、内容、术语、方法，添补了关于微机文档（软件）的著录规则，一定程度上满足了西方图书馆大量收藏和处理计算机软件的技术需求。此外，它还在各章中增加许多新的细则，加强主要出自 JSC 和 LC 的释义和图解，并在诸如修饰词、从属团体、贵族著者、标目中的斜体字、参照法等方面作了进一步的明确规定。由于采取不大动的编辑方针，所以 AACR$_{2R}$"只是 AACR$_2$ 的修订本，而不是一个新版"，也有人形象地称之为"AACR$_{2.5}$版"。

第二节　《西文文献著录条例》概述

    随着我国文献著录标准化工作的进展，由中国图书馆学会《西文文献著录条例》编辑组编辑的《西文文献著录条例》于 1985 年 8 月出版，它"结合我国实际需要，采用了 AACR$_2$ 和相关的国际标准的原则，试图既能满足手工记录的需要，又能照顾到自动化的发展，达到书目记录共享的目的。"

一、《西文文献著录条例》的结构

    《西文文献著录条例》（以下简称《西文条例》）正文共分六章：

    1. 著录总则

    2. 著录项目

    3. 检索点的选取

4. 标目名称的规定

5. 统一题名

6. 参照

正文之后,列有九个附录及专业词汇表。

九个附录如下:

附录一. 缩写字表一:常用缩写字

附录二. 缩写字表二:地理名称缩写

附录三. 缩写字表三:月份名称的缩写

附录四. 名种文字缩写标记表

附录五. 不予排列的首冠词

附录六. 八种文字数词对照表(一)序数词(二)基数词

附录七. 姓氏前缀总表

附录八. 各种文字的"and"

附录九. 常用符号表

上述六章中,第一、二章主要是依据 ISBD 的各分册编写。第一章著录总则明确了著录的信息源来自文献本身。各种文献类型均有其特定的主要信息源作为著录依据。有两个以上主要信息源的文献,单本作品选用最新出版年的主要信息源,多卷作品则依据第一册著录。按照文献载体的类型条例分别列举了主要信息源的部位,规定了文献著录项目的内容、顺序以及使用的标识符号。在项目的设立上,除采用 ISBD 规定的八大项外,根据需要条例增加了根查项,作为第九项放在文献标准编号与获得方式项之后。条例提供了简要著录、基本著录和详细著录三个著录详简不同的级次,图书馆可视具体需要选择使用。

《西文条例》在第一章对著录格式作了明确的规定,用款目实例列举了主要款目(个人、团体、会议名称、题名等)、附加款目(合著者、名称/题名、主题等)、机读目录编目的记录格式,并对空格行距和标点符号的使用作出规定。

第二章著录项目部分,条例将各类文献的著录融为一体,以"著录项目"归类,在有关著录项目下边规定著录各类文献的具体细则,没有像 AACR$_2$ 那样按文献类型分别制定细则,例如,规则2.5 载体形态项,首先列出著录文献载体物质形态特征的通则,尔后按载体类型分别列出适用于各类文献的特殊细则。条例列举了为北美编目机构所采用的一般文献类型标识供我国编目机构选择使用。

第三章是检索点选取规则。在承认并使用主要款目概念的前提下,该章着重对主要款目标目的选择做出规定。作为主要款目标目的个人必须是作品内容的创作者,对著作的知识和艺术内容负主要责任的个人,称其为主要责任者;作为附加款目标目的个人,则是主要款目标目以外的其他责任者。条例列法律文献、宗教经书、会议录款目标目均作为"特殊规则"在该章分别详细列出。虽然会议属机关团体范围之列,但根据我国图书馆处理会议文献工作的实际需要,条例将"会议录"作为特殊文献类型单独规定专则。会议录类型繁多,出版形式复杂,就会议录主要款目标目选定的总则,与我国传统所用条例比较,可看到规则发生了变化。《西文条例》规定:"凡属于以团体名称标目范畴中的会议录类型出版物,原则上取正式会议名称作为主要款目标目";"没有正式会议名称,但机构会议显著的反映在题名页上,而且会议录内容又是论及其机构的内部政策、程序及活动,则取机构会名或机构名称作为主要款目标目;题名页上没有会议名称,取题名作为主要款目标目","用主要编者或主办机构做附加款目标目。"

在第四章标目名称的规定中,明确了个人著者名称选择的总则,"选择为大家所熟知的名称作为标目。这个名称可能是著者的真名、笔名、诨名、贵族头衔、荣誉称号、宗教名、首字母、短语或其他类型的名称。"在著者不同姓名、同一姓名的选择中,遵循了"习见名原则"。鉴于团体名称的复杂,条例通过大量篇幅的文字和结构图在第四章作了详细说明,特别对机关团体的范围、概念、特殊名称、类型、层次作有比较清晰的解释。例如,有关从属标目层次省略,条例在说明的基础上提供如下结构图(图5-1)。

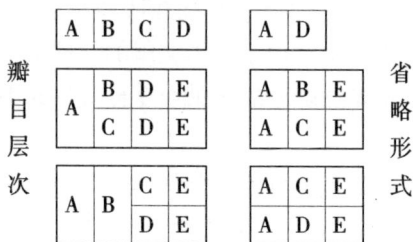

标目层次

A	B	C	D

A	D

A	B	D	E
		C	D	E

A	B	E
A	C	E

A	B	C	E
		D	E

A	C	E
A	D	E

省略形式

图5-1　从属标目层次省略结构图

注:每个字母均代表一级层次名称。

对于中国人姓名、中国团体名称及中国地方名的著录,条例做出了具体原则规定。例如:"根据以汉语拼音方案作为中国地名罗马字母拼写的统一规范原则",中国地名的罗马字母拼写规定为:专名部分采用汉语拼音字母拼写,通名部分采用意译。个别习惯意译的地名仍意译。例如南海译名为"South China Sea"。

第五章关于统一题名的规则是供选用的,"是否采用统一题名,在采用统一题名时是否使用第五章所规定的各种成分,或只在分编某些作品时使用统一题名,各馆可根据自己的情况作出决定。"条例对古今中外文学名著、法律文献、宗教经书及音乐作品使用统一题名的原则、方法及形式作有具体规定。

参照是条例正文的最后一章,除总则外,提供有单纯参照、相关参照、名称/题名参照、说明参照、参照记录片的著录格式及实例。

专业词汇表收集了条例涉及的主要文献类型、文献特征的词汇以及常用的编目工作术语,词汇依据对应的英文术语的字顺排列。

二、《西文文献著录条例》与 AACR₂ 之比较

如果将《西文条例》与 AACR₂ 进行比较,我们可以发现下列异同:

(一)原则的同一性

1961 年 10 月由国际图联(IFLA)主持在巴黎召开国际编目原则会议,会议进一步明确了字顺目录的职能、主要款目的作用,以及确定主要款目的原则是根据"著作责任"的情况而非"根据出版物类型区别主要款目"的著录。

编目原则一经确立,寻求款目著录的标准成为当务之急。1969 年在哥本哈根举行的国际编目专家讨论会在进一步确认巴黎会议原则声明的基础上,探讨统一国际著录方法的途径。经过努力,适用于各种文献载体的系列《国际标准书目著录》(ISBD)相继问世。

此后各国图书馆界依据 ISBD 系列和巴黎会议原则声明修订、编制本国的编目条例的工作相继展开。1988 年的 AACR₂R 仍采用 AACR₂ 的指导思想,非常明确地指出:继续保持同"原则声明"精神总体上相一致;保持同国际标准书目著录(ISBD)的一致,力求各类型文献著录的统一及标准化;重视机读目录的发展,为适应现代化编目的要求,特别考虑条例对机器编目的适应性等问题。

1983 年全国高等学校图书馆工作委员会和全国文献工作标准化技术委员会第六分会在北京联合组织的"西文图书编目标准化与自动化研讨会"上明确了编辑《西文文献著录条例》的指导思想:本着积极采用国际标准的方针,依据国际编目原则会议"原则声明"的原则以及 ISBD 和 AACR₂ 的有关规定。这一指导思想在《西文条例》中得到充分体现。显然,上述两个条例在向国际标准靠拢的指导思想方面完全一致。

(二)结构的异同性

AACR$_{2R}$和《西文条例》在结构上,共同的特点是:

1.结构是反传统的。

两个条例都一反传统编目条例的编排形式,将书目描述部分放在选择标目部分的前面,此举反映了对编目过程看法的改变。

历来编目条例的主要编排次序是着眼于手编目录款目,编目员的首要任务是为主要款目确定标目并做相应的附加款目,然后才是描述事项的著录。这样编制的款目,适应性受到局限。AACR$_2$和《西文条例》总体结构的设计,有利于手工编目和多途径的计算机编目。

2. AACR$_2$和《西文条例》一反传统条例将处理物体特定类型规则集中在一起的做法,将处理标目各特定成分的规则集中在一起。

这种将标目的各成分和著录各部分严格分开的做法,要求使用条例的编目员应对整个规则熟悉和了解。

3.两个条例书目描述部分都采用了国际标准书目著录通则ISBD$_{(G)}$。

(1)款目正文部分采用了 ISBD 规定的八大著录项目。

(2)八大著录项目固定排序,与 ISBD 保持了一致。

(3)采用了和 ISBD 完全一致的标识符号。

(4)对各种文献类型及各著录项目的主要信息源做出了明确的规定。

由此,保证了各类文献著录的一体化和标准化,满足了国际文献数据交流的需要,适应了手工著录的目录向机读目录的转换,促进了书目情报的国际交流。

4.条款的灵活性增强。

鉴于不同类型的图书馆及其读者对目录款目有着不同的政策和需求,在确保标准化的前提下,AACR$_2$和《西文条例》为不同的图书馆提供了选择编目的余地。

(1)在条例中设立简要著录、基本著录和详细著录三级不同详度的著录方式,使各馆都能在根据本馆读者需要决定著录详略的同时满足国际标准书目著录要求达到的最低水平。

(2)用文字说明的方法在具体规则中提供有任选法和交替法的广泛条款,并注明"供选择"字样。

5.两个条例虽然在检索点的选择上都保留了主要款目的概念,但已不像过去那样强调其重要性。

6.两个条例都确立"著者责任"原则,除规定某些范畴的出版物应以团体名称做标目外,已不再将团体作为"著者"。

7.两个条例都强调用著者最常用的姓名形式作标目。

8.放弃了法律著作和宗教经书的"形式副标目",以统一题名取而代之。

$AACR_{2R}$ 和《西文条例》的主要不同点在于:

1.编制体例不同

我们以条例内容及章节编号为例,说明两个条例在编制体上的不同。见表5–1。

表5—1　$AACR_2$ 与《西文文献著录条例》的比较

条例内容	$AACR_2$ 章节编号	《西文条例》 章节编号
著录总则	1.0	1
著录信息源	1.0A	1.1
著录项目的组织	1.0B	1.2
著录详简级次的规定	1.0D	1.3
著录项目文字的规定	1.0E	1.4
著录格式		1.5
著录项目	1	2
题名与责任者说明项	1.1	2.1
版本项	1.2	2.2

（续表）

条例内容	AACR₂ 章节编号	《西文条例》 章节编号
文献(或出版物类型)特定细节项	1.3	2.3
出版、发行等项	1.4	2.4
载体形态项	1.5	2.5
丛编项	1.6	2.6
附注项	1.7	2.7
文献标准编号与获得方式项	1.8	2.8
补编资料的著录	1.9	2.9
多载体配套资料的著录	1.10	2.10
真迹复制品、照相复制品和其他可读复制品 　的著录	1.11	2.11
图书、小册子、单页印刷品	2	
测绘、制图资料	3	
手稿	4	
乐谱	5	
录音资料	6	
影片及录像资料	7	
绘图资料	8	
机读资料档	9	
立体制品及直观教具	10	
缩微品	11	
连续出版物	12	
分析	13	
检索点的选择	21	3
导则	21.0	3.1
基本规则	21.1	3.2
法律文献	21.31	3.3

条例内容	AACR$_2$ 章节编号	《西文条例》 章节编号
宗教经书	21. 37—21. 39	3. 4
会议录款目标目的选定	24. 7	3. 5
个人著者标目	22	4. 1
机关团体标目	24	4. 2
地理名称	23	4. 3
统一题名	25	5
职能及选用	25. 1	5. 1
基本规则	25. 2	5. 2
单部作品的统一题名	25. 3—25. 7	5. 3
作品集的统一题名	25. 8	5. 4
特殊规则	25. 13—25. 36	5. 5
参照	26	6
附录	4	9
专业词汇表	有	有
索引	有	无

从上面提供的表中我们可以看出,AACR$_2$ 在著录总则之后,依据文献类别分章规定出适合于各特定文献类型的具体细则;章节编号有较强的助记性;编有索引附在正文之后,使用起来比较方便。AACR$_2$ 将地理名称单独成章,放在机关团体标目一章之前。《西文条例》将 AACR$_2$ 中总则中的著录项目与有关特定文献类型(第二章至第十二章)的有关著录项目合成第二章"著录项目",在有关著录项目下边对各类文献的著录作出规定;地理名称在第四章放在机关团体标目之后列出;《西文条例》缺少分析法的有关规定,缺少索引和大、小写有关规定。会议录款目标目的选定历来是

各馆实际编目工作中感到棘手的问题,据此,条例将会议录款目标目问题集中列出,详加说明,对我国编目工作起了指导作用。

2. 选材繁简不同

(1)《西文条例》的重点偏重于图书及专著,其他类型文献的著录规定比重较小;

(2)有关机关团体标目形式的规定《西文条例》要比 AACR$_2$ 详细具体;

(3)有关会议录主要款目标目的选择《西文条例》比 AACR$_2$ 更详细、具体、集中;

(4)《西文条例》关于统一题名的使用范围比 AACR$_2$ 简单,反映在选材简化上。

3. 有关原文非罗马语文的标目形式有部分不同

(1)AACR$_2$ 处理非罗马文字的个人著者规定予以罗马化,《西文条例》就中国人名标目作了具体原则规定:

①一些常见的、著名的中国历史人物和现代的名人原来有惯用的拼法,仍用惯用拼法。

②用汉语拼音拼写中国人名。

(2)对于团体的官方语文属于非罗马文字,AACR$_2$ 全部采用罗马文字音译名称;中国的团体名称,《西文条例》规定采用中国正式使用的英语名称,中国团体译名,条例规定①如果中国团体译名中的人名已有其惯用的罗马文字的译名形式,应以其惯用形式的团体名称标目;②不管中国团体名称中的地理名称是否已有其惯用的罗马文字的译名形式,均使用该地理名称的汉语拼音形式的团体名称标目。

(3)中国地理名称,《西文条例》规定,"以汉语拼音方案作为中国地名罗马字母拼写的统一规范原则"。AACR$_2$ 则采用英语地名辞典和地图集及其他英语参考书中所见到的形式。

(4)统一题名,《西文条例》规定中文作品的统一题名,采用汉语拼音;AACR$_2$只是总的作出规定,原文非罗马文字的作品,则予以罗马化。

上述可见,依据我国编目情况实际,《西文条例》在确保标准化的前提下,做了某些变通。

(三)内容的适时性

60年代以来,国际上编目的大环境发生了深刻的变化:

1.文献载体及形式急剧增多,资源共享的范围日益扩大,信息交流的深度和广度要求有一个符合通用的以 ISBD 和巴黎会议原则声明为基础的标准化著录条例。

2.国际上大量涌现出录音带、录像带、唱片等非印刷型文献载体,需要有一个能统一各种载体文献的著录规则。

3.计算机在图书馆等领域的应用越来越广泛,传统的著录方法已不能适应计算机编目和检索的特点,迫切需要一个既能满足于手工编目需要又能照顾到自动化编目特点的著录条例。

书目著录必须跟上科技进步的步伐。AACR$_2$ 和《西文条例》适应了国际编目领域的发展现状和趋势。具体体现在:

1.以 ISBD 的原则为基础,继续与1961年巴黎会议原则声明保持总体上的一致;逆转了传统条例标目选择及形式在前、描述性规则在后的编排形式,满足了不同地区和语言进行书目交流的通用性。

2.增加了录音带、录像带、缩微品等各种非印刷型文献载体的著录规定,各种载体文献的外形描述和检索点的选择得到了同等的对待;采纳了检索点(Access point)这一概念,确立了"责任"(Responsibility)概念;提供使用"一般文献类型标识"(GMD)的新概念,以便图书的书目记录与其他各种资料的书目记录一体化,使条例具有兼容性。

3.提供了三种不同详度的描述格式,设立了供选用和交替法的广泛条款,满足了不同类型的文献收藏部门对编目要求的灵活性。

4. 条例提供了确定检索点及标目形式、统一姓名、统一题名等规定的具体条款,保证了编制目录款目的一致性。

5. 重视机读目录的发展,考虑了图书馆自动化的影响及其他修改的建议和条例对计算机编目的适应,使条例具有实用性。

综上所述,虽然《西文条例》和 AACR$_2$ 在编制体例、选材繁简,有关原文非罗马语文的部分标目形式方面有异,但它们所表现出的编制条例的指导思想、原则,对计算机编目的适应性,主、副款目标目选取原则及标目形式等方面的规定,基本上一致。

AACR$_2$ 和《西文条例》是编目理论和编目实践发展的必然结果和客观需要。尽管它们还存在有不完善、不尽人意之处,但是,在走向国际文献著录的标准化、实现世界书目控制和国际书目资源共享的进程中,两个条例起了和正在起着重要作用。

思 考 题

1. 简述 AACR$_2$ 的编制结构及内容。

2. 《西文文献著录条例》在编制上具有哪些特点?

3. AACR$_2$ 与《西文文献著录条例》比较,二者有哪些相同点和不同点?

4. 如何改进我国西文文献编目条例?

第六章　著录总则概述

著录,是文献编目工作的第一步,是编目的基础。它是指依据一定的规则,对文献进行各种实体特征的识别、选择、描述内容的概括、分析的过程,它分为描述项目的著录和提供检索点(即各种标目)两个工作环节。

描述项目是款目的主体。依据标准化条例,描述项目是由若干个描述大项(Area)以及能起识别某一描述项目的前置标识符号,按一定顺序与著录格式组成。标目选择和标目形式的确定不包括在内。

AACR$_{2R}$的款目描述项目规则是由针对各类型文献共性而制定的通用性规则和结合不同类型文献的特征而制定的专指性规则组成。《西文条例》则是按描述项目归类,在有关项目下分列不同类型文献的特殊细则。虽然两者编制体例从表述形式上看有区别,但描述总则明确的五个原则是相同的,它们是:

1. 描述项目;
2. 描述用标识符号;
3. 描述的信息来源;
4. 描述详简级次;
5. 描述用文字。

在对文献进行描述项目的著录时,可按下列描述步骤:

第一步:决定待编文献的物质形态及主要信息源;

第二步:决定描述的级次;

第三步:依据描述项目,选择适用规则,辨别并记录全面反映文献内容和形式的特征。

第一节　文献的物质形态和描述信息源

我们在进行描述性著录之前,需对文献的物质形态有一明确的认识,并掌握其适用规则。这是因为:

(1)科学技术的迅速发展,使得记录信息与知识的载体多样化,反映信息、知识的出版形式复杂化,传递信息、知识的工具和手段现代化,作为知识、信息中心的图书馆,要求编目人员在载体多种多样、形式复杂纷繁的情况下,迅速地对载体类型作出判断,准确地揭示出各类文献载体的特点——这就是揭示文献准确性。

(2)著录时,面对规格各异、数量庞大的文献,要求编目员依据编目条例,按照款目所包括的著录项目正确地描述每一待编文献,确定检索点及其形式并保持前后一致,使读者能够了解、确认、选择某一特定文献——这就是著录文献的一致性。

(3)文献数量与日俱增、老化周期不断缩短,编目员必须及时、迅速地将读者所需文献不失时机地尽快揭示报导出来——这就是传递文献信息时效性。

揭示文献的准确性,著录文献的一致性,传递文献信息的时效性,都要求我们能对文献载体类型迅速作出判断,依据编目条例的规定正确地进行内容特征和物质形态的记录。从编目的角度出发,AACR$_2$和《西文条例》将文献的物质形态划分为如下类型并制订出相应的著录规则。

(1)图书、小册子和单页印刷品

(2)测绘、制图资料(地图、球仪等)

（3）手稿

（4）乐谱

（5）录音资料

（6）影片及录像资料

（7）图解资料（图画、广告画、挂图）

（8）机读文档

（9）立体实物（艺术品原件、文件用品、实物等）

（10）缩微品

（11）连续出版物

文献的物质形态复杂，著录款目描述项目的信息源必须明确。描述的信息源来自文献本身。各种文献类型均有其特定的主要信息源，作为著录依据。著录款目描述项目时，不仅需要按照共同的原则，而且也应当从文献的相同部位获得信息。如果一名编目人员选用一书的书衣（Jacket）或者幻灯片盒（Filmstrip）作为著录依据，而另一名编目人员则使用该书的书名页（Title page）或者是软片（Film）上的标签作为著录依据，最后，同一文献的描述所展现出来的结果是不相同的。统一规定各类文献的主要信息源，可以提高款目描述项目的准确性和一致性。关于描述的信息源，AACR$_2$和《西文条例》都明确规定，"各类文献中被优先选做提供著录该文献所需书目数据（文献特征）的部分"就是著录文献的主要信息源。

各种文献类型的主要信息源规定见下表（表6－1）。

表6－1　各种文献类型规定的主要信息源

文献类型	主要信息源	供选择的信息源
图书、小册子和单页印刷品	题名页	如无题名页，取该文献提供信息最多的部分。
测绘、制图资料（地图、球仪等）	A）测绘、制图资料本身 B）容器或函套，柜架及陈列架	如从主要信息源中得不到所需信息，可取自任何附件。

文献类型	主要信息源	供选择的信息源
乐谱	使用题名页、"一览表"、封面，或者提供最全信息的卷首作主要信息源。	如无主要信息源，按下列顺序选取：卷首、封面、书尾题署，其他正文之前的内容或别的来源。
录音资料 1. 唱片 Dise 2. 开式录放卷轴带 Tape（Openreel－to－reel） 3. 盒式磁带 Tape cassette 4. 匣式磁带 Tape cartridge 5. 卷轴 Roll 6. 录音资料 Sound recording on film	唱片上的标签 卷轴和标签 磁带本身和标签 磁带本身和标签 标签 容器及标签 一容器兼带文字资料，如其提供有一总题，则作为主要信息源。	
影片和录像资料	影片本身（例如片头和容器及它的标签）	如无主要信息源，按下列顺序选取：兼带的文字资料（如：剧本，宣传广告资料、说明书）。
图解资料（图画、广告画、挂图）	文献本身（包括标签及容器），如果属于两个或更多的实体部分，将提供有总题名的存放容器作为主要信息源。	如无主要信息源，按下列顺序选取： 1. 容器（盒、帧等） 2. 兼带的文字资料（手册、活页） 3. 其他来源

文献类型	主要信息源	供选择的信息源
机读文档	内部使用者标签。如无使用者标签，按下列顺序选择： 1. 机读文档的包封物 2. 已出版的文档说明书 3. 其他来源（包括容器）· 4. 机读文档的题名屏幕（Title screen）	
立体实物（艺术品原件、文件用品、实物等）	实物本身和任何附件及由出版、制作商发行的容器。	选择实物本身找到的信息（包括标签）优先于兼带的文字资料或者容器上的信息
缩微资料 1. 缩微胶卷 Microfilm 2. 窗孔卡片 Aper-ture cards	题名帧 整套情况下是题名下，单张情况下则是卡片本身。	将提供在连续帧或卡片上的信息作为主要信息源。如果无主要信息源，按下列顺序选取： 1. 文献的其他部位，包括容器 2. 容器 3. 兼带的印刷资料 4. 任何来源
3. 缩微胶片和缩微不透明卡片 Microfiche and Micro – opaques	题名帧	
连续出版物	第一期的题名页或可获得的第一期的题名页。	如无主要信息源，按下列顺序选择： 1. 封面 2. 卷首 3. 刊头 4. 编辑页 5. 刊尾题署 6. 其他页 如果信息惯例地提供在展开式的题名页上，将其共同作为刊名页。

关于信息源,除上表所列之外,下述三点必须说明:第一,凡"取自文献以外的其他信息源,如,从参考书查出或由编目员自拟的信息,均需加方括号"。第二,有两个以上主要信息源的同一文献,按主要的提供最完备的那个信息源著录。第三,同一文献各著录项目的主要信息源也不尽相同。

第二节 描述项目、标识符号和描述级次

一、描述项目和标识符号

要使款目达到著录一致,每一款目必须包括同样的基本项目,这些项目都按统一的顺序排列,其前面冠以一致的标识符号。AACR$_2$ 和《西文文献著录条例》在描述著录部分都以 ISBD 为基础。AACR$_2$ 将款目描述部分划分为八个项目,《西文条例》则将根查项作为第九个项目放在文献标准编号与获得方式项之后,使款目的描述共有九项。

下面所列是描述项目、小项、标识符号顺序表(表6-2)

表6—2　描述项目及其符号顺序表

项目	标识符号	小项
1. 题名与责任说明项		正题名
	〔 〕	一般文献类型标识
	=	并列题名
	:	副题名及说明题名的其他文字
	/	第一责任说明
	,	分担责任说明
	;	混合责任说明
2.版本项	.—	版本说明
	/	与本版有关的责任说明

项目	标识符号	小项
3. 文献（或出版物类型）特定细节项	．—	
4. 出版发行等项	．—	出版地（发行地）
	:	出版者（发行者）
	,	出版发行日期
	（ ）	印刷项　印刷地
	:	印刷者
	,	印刷日期
5. 载体形态项	．—	文献数量及其单位（页、叶、件、卷、册、函、套、盒、文件夹）
	:	图表及其他形态细节
	;	尺寸
	+	附件说明
6. 丛编项	．—	丛编项
	（ ）	每一丛编项、丛编正题名
	=	并列丛编题名
	:	丛编副题名及说明丛编题名文字
	/	丛编责任说明
	,	丛编国际标准连续出版物编号（ISSN）
	;	丛编编号
	.	附属丛编题名
7. 附注项		
8. 文献标准编号与获得方式项	．—	国际文献标准编号
	．—	国际标准连续出版物编号
	=	识别题名
	:	价格
	（ ）	装订形式

（续表）

项目	标识符号	小项
9. 根 查 项	1. 2. 3.…	主题款目标目
	Ⅰ. Ⅱ. Ⅲ.…	其他附加款目标目
	Ⅰ.	人名
	Ⅱ.	机关团体名
	Ⅲ.	题名
	Ⅳ.	丛编名

上述款目描述项目及描述小项适用于各类文献著录用。

描述项目的兼容性、排序的固定性、标识符号的专指性使得图书情报工作也像音乐家和数学家能够使用普通的符号体系那样，跨越国际语言和文字的障碍，走向国际文献著录的标准化，使实现世界书目控制和国际书目资源共享成为可能。

二、著录的详简级次

为了兼顾各图书馆的具体情况和书目交流的需要，AACR$_2$ 和《西文条例》提供了描述著录的详简级次的规定。根据详简程度不同规定为简要级次、基本级次、详细级次三个级次。因为书本式目录的要求和卡片式目录的要求有所不同，所以在做描述性著录时，又有连续著录和分段著录的区别。下面介绍卡片式目录所采用的段落符号式的内容。为便于理解，描述级次的项目内容均用中文表示。

一级著录（需包括的最基本描述事项）

一级著录为简要级次（见图 6 – 1）

正题名/第一责任说明(当责任者形式和数字与主要款目标
目不同,或当款目无主要款目标目时).—版本说明.—资料或
出版物类型特殊细节.—第一出版者,出版日期.
    文献数量及单位
    附注项
    文献标准编号

图6-1　简要著录

该级著录适用于小型图书馆。

二级著录(至少需包括以下各部分)

二级著录为基本级次(见图6-2)

正题名[一般文献类型标识]＝并列题名;题名其他信息/第一责任说
明;随后的各责任说明.—版本说明/与版本有关的第一责任说明.—资料
或出版物类型特殊细节.—第一出版地:第一出版者,出版日期.
    文献数量及单位:其他形态细节;文献尺寸.—(丛编正题名/与丛编有
关的责任说明,丛编的 ISSN;丛编内编号.附属丛编题名,附属丛编 ISSN;
附属丛编内编号)
    附注项
    文献标准编号

图6-2　基本著录

该级著录适用于中型图书馆。

三级著录(包括一切描述事项)

三级著录为详细级次。要求对全部项目详细著录,不做省略。
例如,与文献、出版者、发行者、丛编信息、包括载体形态项有联系
的名称。

该级著录适用于大型图书馆、科研图书馆及著录善本图书用。

选择描述详简级次的依据是：

(1)图书馆类型及其规模的大小；

(2)文献资料不同载体的特点；

(3)文献资料的价值；

(4)读者检索的需要；

(5)网络化的程度。

三、著录用文字

描述项目使用文字必须规范化。我国《西文条例》对描述项目用文字规定：

(1)题名与责任说明项、版本项、出版发行项、丛编项均按文献本身所用文字记录。

(2)载体形态项、附注项、文献标准编号与获得方式项用英文记录。

(3)个别项目文字的特殊规定见有关项目的说明。

在对款目描述项目著录时，使用标识符号应当注意标识符号的空格问题。各种标识符号空格的处理方法是：

(1)逗号、句号前不空格，后空一格。

(2)连字号，方、圆括号内前后均不空格。

(3)冒号用在附注项的导语之后，前不空格，后空一格。

(4)句号用在根查项分隔各排检点时，后空两格。

(5)其他标识符号前后各空一格。

上述款目描述的三个级次，我国和英美等国的条例中均以第二级作为实例说明，实际中也多采用第二级。

第三节　描述项目、标目和检索点

图书馆编制的检索性款目由著录标目、描述项目及根查三部分组成。

一、描述项目、标目和检索点

1. 描述项目（Description）

用以揭示文献内容和形式特征的记录事项。它包括了构成款目详尽揭示某一特定文献所有特征的各描述大项。

描述项目的主要作用在于为读者提供选择与识别文献的根据。从揭示文献特征的角度，要区别文献与文献间、款目与款目间的不同，仅依赖于标目还不能完全起到这种作用，如要识别每种特定文献和每一条款目，还必须通过款目描述项目部分，它提供了诸如文献题名、责任者、版本特征、内容价值等有关文献的目录学知识。

2. 标目（Heading）

位于款目之首、作为排检款目依据的一个名称（个人著者或其他责任者名称、团体名称、地名、题名、统一题名、丛编名）、标题等。

标目的作用如下所列：

（1）目录款目排列的依据

图书馆提供读者检索用的各种目录，是根据一定规则，按照款目标目字顺的次递先后为依据排列起来的。

（2）决定款目的性质

款目类型的称谓以标目为根据。即以什么标识为标目，就称作什么款目。例如：凡以责任者名称作标目的款目，称其责任者款目;以题名作标目的款目,则称其为题名款目;以主题作标目的款目,就称其为主题款目,等等。

(3)提供检索途径

读者检索文献较多使用的检索途径有:

a. 有没有某特定题名的文献

b. 有没有某特定著者、机关团体或会议的文献

c. 关于一个特定知识门类有些什么文献

d. 关于某个特定专题有些什么文献

通过目录款目标目,即可满足读者从不同角度提出检索文献的要求。

(4)集中作用

图书馆收藏有某一特定著者的哪些文献? 某一特定主题的文献有哪些? 通常,是通过标目集中同一责任者、同一主题的所有馆藏文献实现的。

3. 检索点(Access point)

或称排检点,指从款目描述项目中选取,用以识别和排检该书目记录的任何一个名称、术语或代码。根据读者检索文献特征的习惯,西文文献著录中的排检点包括个人责任者名称、团体责任者名称、题名三种类型。

检索点的作用主要是可作款目标目使用,形成各类型款目以及作为排检标识,提供多途径检索。

二、描述项目、标目和检索点三者之间的关系

1. 描述项目与标目

描述项目与标目在著录方法上密不可分。与传统的文献著录法不同,著录文献时,编目员的首要任务是根据文献实体及适用规则,按照标准格式进行描述项目的著录,然后是选择、统一包括创作和与著作有关的个人责任者名称、团体责任者名称以及揭示学

科内容的题名、揭示主题内容的词汇等。目录款目由标目和描述项目组成（Entry = Heading + Description）。描述项目是对文献最详尽的描述和记录，它是书目情报交流的基础，也是确认、选择不同文献或同一文献的不同版本、不同载体的主要依据；标目取自描述项目的著录项，但进行了规范化、标准化。款目中如无标目，就无法将目录组成一个揭示、报导、检索馆藏文献的检索体系。因此，标目是揭示与检索文献的关键，也是目录组织的关键。

2. 标目与排检点

排检点与标目，从概念上看，前者的内涵要比后者广。排检点是从款目描述项目所提供的信息中将所有应向读者提供的多个可作为排检用的责任者、题名及主题词一一列在根查项（Tracing），在制作款目时，根据需要，把有关标目提出著录于款目顶行。就排检点的内容，可以说其包括标目和检索项，标目是排检点的一种类型。在具体款目中，排检点就是标目，每一种款目就是一个排检点。就排检点和标目所处的位置看，排检点按照标目的形式依据1. 2. 3. …主题款目标目、Ⅰ. Ⅱ. Ⅲ. …人名、机关团体名、题名、丛编名的顺序被排列在主要款目的根查项，其中，某一排检点一旦成为款目标目，其位置就发生了变化，被著录在款目之首，这意味着根查项所列的排检点根据需要随时可变为标目。由于标目（检索点）的类型不同，款目著录的格式也随之变化。

3. 排检点与主要款目标目

《西文条例》和 AACR 承认并保留了主要款目的概念。

传统的文献著录中，需要在若干个揭示文献主要特征的排检点中，依据条例的规定选择一个最主要的（著者为主，其后题名）作主要款目标目，著录在款目之首，其余的排检点按照规定依顺序著录在根查项。为给读者提供多途径的检索，需要对主要款目再加工——分别以根查项所列排检点作标目，以便形成所需的各种款目。相对主要款目标目而言，其他排检点作标目形成的款目被称作附加款目标目。这就意味着,一部文献的著录款目可能拥有众多个排检点(即标目),但却只有一个主要款目的标目。与手工编目程序不同,计算机编目则是"一条记录,多种款目",排检点不分主次,可交替使用,书目信息很少重复。

思 考 题

1. 编目条例将文献划分为哪些类型?

2. 各类型文献著录的主要信息源有何不同?

3. 《西文文献著录条例》规定的基本著录级次包括哪些描述项目?

4. 标目与排检点有什么联系和区别?

第七章　普通图书著录法

普通图书著录的根据是整本图书。编目人员编制目录时，必须正确地描述每一种待编图书的书名、责任者、版本、出版发行、载体形态等组成图书整体结构的各个部分，将具有同等重要意义的形体特征及书中内容特征都体现出来。掌握西文图书形体结构的一般规律，辨别西文图书的各种特征，熟悉和了解待编图书各种特征的著录依据，以便正确地进行各著录项目的描述。

普通图书的著录，包括著录标目、描述项目和根查项的著录。在这一章中，先介绍描述项目的著录法，其余内容在后面有专章论述。

第一节　图书的形体结构

作为编目工作直接对象的西文图书，在出版形式、语法结构、著者姓名、论述方式等方面，都具有与中文图书较多的不同特点。面对众多的文献，我们没有时间、也不可能读完、看完或听完整个的著录对象，要将收集来的文献资料迅速、准确地加工整理出来，提供读者使用，这就要求我们对西文图书的形体结构及其特点有所了解。

一、图书的形体结构

图书的形体结构，大致可分为书外、书内两部分。

（一）书外部分

西文图书分精装本（Hard – cover, Cloth – cover）和平装本（Pa-per – cover），人们又称平装本为普及本（Popular edition）。

以精装本为例，我们首先接触到的是：

1. 书衣（Book jacket）

即书的包衣纸。很多原版书，外面包有一页纸质较优的书皮，叫书衣。它除用作保护图书不受污损外，还是书商用作宣传图书的工具。一种书衣完全是空白纸，一种书衣记载的内容大致与封面相同。

书衣向内折叠的两侧记载的材料比较多样，主要印有：

（1）著者简介：介绍著者姓名，生卒年，学位，职称以及著者的生平活动及作品评介，著者创作的其他著作名称等，不少以"about the author"（关于著者）这样的小标题开始，并附有著者的照片。

（2）内容简介：大部分是有关某书写作意图、创作经过及书的内容梗概介绍等。

此外，在书衣上，常常还印有某出版社出版的其他书刊简介，尤其是某些丛书、多卷书，常有全套的完整记载。

以上记载，对我们了解图书的内容、书籍的出版情况，是有一定参考价值的。但是，资本主义国家出版的图书，它本身就是一种竞争着的商品，在书衣上不少是出版商为招揽顾客、兜售生意而作的广告宣传，因此，需要我们有所鉴别。

2. 封面（Cover）

封面的记载较简略，一般只有书名、著者，出版商名称有时也出现在封面上（凡有书衣的书，封面的记载都较简单，甚至是空白的）。值得注意的是，有些书封面书名和书名页书名出现不一致的情况，遇有此情况，著录时通常以书名页书名为依据，封面书名则做附注说明，以防读者从封面书名的角度检索该书。倘书中没有书名页，封面书名则可以取而代之。

3. 书脊书名(Binder title)

有时也称其装订书名。它是装订者在书背上印的书名,因而有时出现与书名页上印的书名不相同的现象,其或用摘录书名,或用一套书的总书名,也有用丛编名的。著录时,需以书名页书名为准。

如书脊书名与书名页书名有显著区别,为不影响读者和馆员识别该书在书架上的位置,在这种情况下,著录时应将不同的书脊书名在目录中反映出来。

(二)书内部分

书内部分通常按照下述顺序构成:

1. 前置部分(Frontmatter)

或称正文之前部分,包括了:

(1)半书名页(Halftitle)

封面之后有一页空白纸称为衬纸或护页。半书名页置于护页与书名页之间。半书名页的正面常常印有一书的正书名或丛编名,一般不印出版处所;半书名页的背面常详载同一著者其他著述情况,一套丛编出版情况的概括性介绍等。半书名页记载的内容简略,仅提供读者及编目工作者参考。

(2)书名页(Title page)——著录图书的主要信息源

书名页为图书之重要部分。书名页是提供一书最全的信息源所在,因而它成为著录图书的信息主要来源。书名页通常揭示了如下信息:

①书名:书名页揭示的书名,一般是一本图书的正式书名,我们称之为正书名,图书馆内的各种目录、商业性目录与书目都采用它。

在书名页上除提供正书名外,有些图书还提供有交替书名、并列书名及有关书名的其他信息。

②责任者说明:凡与著作有关的个人、团体、译者、编者、修订者等名称,往往都刊载在书名页上,在责任者名称之后,往往印有著者本人职称、单位、责任者所属团体名称等事项。

③版次:版次一般在信息主要来源中标明,但有时也在它处述及。在图书、印刷乐谱或连续出版物中,版次可能出现在书名页、版权页、书名页之前的任何页次以及封面中,也可能出现在序言中。

④出版商、出版地点及出版时间:三者并非总提供在书名页上,有时也能见之于与版本说明相同位置的其他地方。

（3）版权页（Copyright page）

版权页通常在书名页的背面（Title page verso）。与中文图书的版权页比较,西文图书的版权页记载的内容复杂、多样。例见第149～150页。

由图例可看出,虽然不同出版商出版的图书其版权页记载的内容和设计格式不尽相同,但归纳起来,版权页不外乎提供了如下信息:

版权获得时间及版权所属

版权所有说明

版权变动的记载

在版编目数据

国际标准书、刊号码

美国国会图书馆卡片目录款目号码

版权登记说明

印刷、装订单位及地点

（4）献言页（Dedication）

著者以简短的文字表示自己对某人的崇敬,常刊在书名页之后,序言之前。如:To the memory of my father Philip Denis Gorman（1903～1980）等一类文字。

（5）序言、前言（Preface, Foreword）

序言或前言常提供著者创作计划,内容的论述主题,读者对象等。有时书名页上虽未载著者姓名,但很可能从序言中可以发现。序言或前言或为本人所写,或为他人所写,此类文字对于图书馆员类分图书很有帮助。

© Rosemary Beenham and Colin Harrison 1990

Library Association Publishing Ltd
7 Ridgmount Street
London WC1E 7AE

All rights reserved. No part of this publication may be photocopied, recorded or otherwise reproduced, stored in a retrieval system or transmitted in any form or by any electronic or mechanical means without the prior permission of the copyright owner and publisher.

British Library Cataloguing in Publication Data

Harrison, Colin T. (Colin Thomas)
  The basics of librarianship. —3rd ed.
  1. Librarianship
  I. Title I. Beenham, Rosemary
  020

ISBN 0-85157-465-3

Typeset in 10/12pt Times by Library Association Publishing Ltd
Printed and made in Great Britain by Billing and Sons Ltd, Worcester

Published 1989 *by*
AMERICAN LIBRARY ASSOCIATION
50 East Huron Street. Chicago, Illinois 60611
ISBN 0-8389-3362-9

CANADIAN LIBRARY ASSOCIATION
200 Elgin Street. Ottawa, Ontario K2P 1L5
ISBN 0-88802-253-0

LIBRARY ASSOCIATION PUBLISHING LIMITED
7 Ridgmount Street, London WC1E 7AE
ISBN 0-85365-799-8

British Library Cataloguing in Publication Data

Gorman, Michael, 1941—
  The concise AACR2. —1988 revision
  1. Documents. Author cataloguing &. descriptive cataloguing
  I. Title   II. American Library Association   III. Library Association
  IV. Anglo—American cataloguing rules (2nd ed. ,1988 revision)
  025. 3'2
  ISBN 0-85365-799-8

Library of Congress Cataloging in Publication Data

Gorman, Michael, 1941—
  The concise AACR2. —1988 revision
  p.   cm.
  Includes index.
  ISBN 0-8389-3362-9(alk. paper)
  1. Anglo-American cataloging rules. 2. Descriptive cataloging—Rules. I . Anglo-
American cataloguing rules(2nd ed. ,1988 revision) II . Title.
  Z694. 15. A56G67   1989   89-15110
  025. 3'2—dc20   CIP

（6）目次（Contents）

目次是依照书中章节论述顺序排列的，是作品内容范围的有价值的指示性资料，通过目次可了解全书的梗概。

应当注意的是，西文图书的目次页码采用了与正文页码不同的标页形式，前者（包括前言）常用罗马数字标页，后者则采用阿拉伯数字标页。

（7）导言（Introduction）

导言通常在目次表的后面，有时作为书中的第一章。

一书导言，或为本书著者所写，或为本书以外的作家所写。导言对了解书中主题很有帮助。导言较之序言、前言对编目员更有帮助。

2. 正文部分（Text）

正文是一书的主体部分，是作者写作意图的集中体现，无疑是很重要的。但是编目员受某种条件的约束，不可能将其阅完，所以正文对于编目员来说不是必读的信息源。

3. 后附部分（Backmatter）

后附部分指置于一书正文以后的材料，一般包括：

（1）补遗（Supplement）

指一书或一文补充的部分，通常与原书分开印行。

（2）附录（Appendix）

载于书籍后面的文字或图表称为附录。可帮助了解正文或提供应当参考的有关资料。

（3）参考书目（Bibliography）

指一书论述所引用的参考文献，依著者姓名字顺或标题排列的书籍名单。参考书目有的载于全书后面，有的则载于书中各章节之后，有的载于页底（脚注）。书目中所列各书都是科目相同或相近者，对于编目员，它有助于分书工作；对于读者，有助于查考相关图书及参考资料。

（4）语汇（Glossary）

解释书中所使用的专门用语汇集,帮助读者了解其意义。

(5)索引(Index)

索引与目次所指不同。

索引是书中所论述的名称与主题的一个详细的字顺表,向读者指出在本著作中的确切位置。

目次则是一书正文叙述的章节及所在的页次系统的排列。

上述图书的形体结构是一部书的大致结构,从著录观点看,图书著录所描述的乃是整个的一部书,但由于书名页记载的信息与其他部位相比较要完整和详细得多,因而书名页成为我们著录图书的主要信息源,只有当书名页信息提供不完全时,方视需要利用其他部分索取信息的补充。

二、图书在版编目(CIP)数据

西文图书的在版编目数据通常载于图书的版权页上(例见第153页)。

在版编目在现代化的书目、目录工作中发挥着越来越大的作用,越来越为许多国家所重视。这是因为:图书馆利用在版编目,可以发现某本图书是否列入出版计划并可得到这本书的出版日期、出版商和价格、该书的主题范围和准确的书目内容等数据,以此选订新的和即将出版的图书。

在版编目数据内提供的主要款目标目、统一的分类和主题、附加等,图书馆在获得这些标准的编目数据以后,即可用它编制自己的书目记录,亦可提供书商和书目机构作为权威数据使用,这样,避免了标目选取不一致的做法。

在版编目是书目著录标准化、规范化很重要的措施之一。

在版编目的图书一般仅仅限于学术性的专著和论文集。各国的在版编目数据在著录项目的详略上不尽一致,但它们都提供了主要款目标目(著者或书名)、书名、丛编项、根查项等内容。

Library of Congress Cataloging-in-Publication Data
Foerstel, Herbert N.
    Surveillance in the stacks : the FBI's library awareness program/
Herbert N. Foerstel.
    p. cm. — (Contributions in political science, ISSN 0147-1066 ; 266)
    Includes bibliographical references and index
    ISBN 0-313-26715-4 (alk. paper)
    1. Libraries and state — United States. 2. Library science —
Political aspects — United States. 3. Librarians — United States —
Professional ethics. 4. United States. Federal Bureau of
Investigation. 5. Intelligence service — United States. 6. Internal
security — United States. I . Title. I . Series.
Z678. 2. F64   1991
025. 8'2 — dc20   90 — 38419

British Library Cataloguing in Publication Data is available.
Library of Congress Catalog Card Number : 90 — 38419
ISBN : 0-313-26715-4
ISSN : 0147-1066

First published in 1991

Greenwood Press. 88 Post Road West, Westport, CT 06881
An imprint of Greenwood Publishing Group, Inc.

Printed in the United States of America

∞

The paper used in this book complies with the
Permanent Paper Standard issued by the National
Information Standards Organization (Z39. 48-1984).
10   9   8   7   6   5   4   3   2

第二节　款目描述项目的著录

款目描述项目著录的依据是《西文条例》和 AACR$_{2R}$。针对物质形态各异的文献，编目人员经过仔细分析文献类型，按照规定的信息源，根据各馆的性质、具体任务和不同读者的需要，选择描述级次，便可以依据已确认的款目描述项目，正确表述和记录全面揭示有关某特定文献的著者、题名、体裁和用途等特征。

著录款目描述项目时，以编目人员手头待编文献的实体形式为根据是一个基本原则，而非原始的或曾经已有的文献的形式，例如，一印刷专著的缩微品应按缩微品著录。这一点必须明确。

著录款目描述项目的主要规则及要求如下：

一、题名与责任说明项(Title & statement of responsibility)

题名和责任者说明在出版物的主要信息源中并非按照我们著录的顺序出现，著录时，应当按照题名和责任者说明的正确顺序反映。

这一著录项可分为题名和责任者说明两部分。

1. 题名

题名是我们识别文献的很重要的标志，多数题名能反映出文献的主题，是我们揭示文献的重要因素之一。题名通常包括：

(1)正题名(Title proper)

正题名是出版物的主要题名，常常被突出地记载于主要信息源中。人们从题名角度检索文献，一般都是依据出现在出版物上的题名查找目录或提出咨询。因此，著录题名时，原则上按照它在主要信息源中出现的语句、顺序、拼写重音符号和其他发音符号的形式提供，但标点和大小写除外。正题名若包含有删节号(…)或方括号(〔〕),著录时应分别用破折号(——)和圆括号(())代替。字母的大小写则依据各语种的语法规则。

若正题名的组成部分包含有个人或团体名称,且它是正题名不可缺少的组成部分,或作为正题名时,应予照录。例:

The Rolling Stones' greatest hits

The most of P. G. Wodehouse

一文献正题名可能以两种或两种以上语言出现在主要信息源中,著录时,选用该文献主要语言的题名做正题名。如果有一种以上的主要语言,正题名则选用首先出现的那一个。如题名过于简略而不易被人们理解时,可做一简洁的附加。例:

French rooster:〔poem〕

Shelley:〔selection〕

一文献如收有同一责任者负责的两篇独立著作,且无总题名,按其在主要信息源内出现的顺序著录,各题名用分号(;)间隔,例:

African politics;More songs from kenya/David Nzomo

如若文献属于不同责任者的独立作品,依次著录各篇题名及责任者,各题名及责任者说明中间以句点(.)间隔,例:

Cataloging and Classification/by Maurice F. Tauber. Subject headings/by Carlyle J. Frarey

若一文献包含有两篇以上的独立著作,既无总题名,又无主次之分,则将第一篇的题名作为正题名,其余各篇在附注项的目次附注内列出。

交替题名(Alternative title):

交替题名被视为正题名的第二部分,著录时用规定的符号"or"与正题名的第一部分相隔,"or"的前后注意用","将题名的两部分间隔。例:

Detective Dale,or,Conflicting testimonies

The hobbit, or, Theer and back again

（2）一般文献类型标识（GMD）（供选用）

GMD（General Material Designation）是供选择使用的说明。如果想使目录的使用者尽早了解待编文献所属文献类别的情况，在正题名之后，选用下列合适的术语并置于方括号内表示。表 7-1 中左栏是英国图书馆使用的文献类型标识用语，右栏是北美图书馆使用的术语，《西文条例》采用了北美图书馆使用的术语。

表 7-1　文献类型标识术语表

LIST 1	LIST 2
Cartographic material	map　地图 globe　地球仪
Graphic	art original　艺术原作 chart　挂图 filmstrip　幻灯卷片 flash card　闪视图片 picture　绘图 slide　幻灯片 technical drawing　工程技术图 transparency　透射图片
Machine - readable data file	machine - readable data file　机读数据档
Manuscript	manuscript　手稿
Microform	microform　缩微品
Motion picture	motion picture　电影片
Multimedia	kit　多载体配套资料
Music	music　乐谱
Object	diorama　立体图形 game　游戏玩具 microscope slide　显微标本玻璃片 model　模型 realia　实物教具

156

（续表）

LIST 1	LIST 2
Sound recording	sound recording　录音资料
Text	text　印刷本（教科书）
Videorecording	videorecording　录像资料

（3）并列题名（Parallel title）

用两种或更多种语言再现正题名,后者被认为是并列题名。著录时,用规定的符号"＝"将正题名和用另一种语言再现的并列题名间隔。例如:

Spanish books＝Libros en espanol

Interviews with old people＝Busongo bwa bapati bufwa ambabo

Wort＝L'homme et le verbe

Engels—Nederlands, Nederland—Engels, Woordenboek ＝ English—Dutch,Dutch—English dictionary

（4）其他题名信息:副题名（Subtitle）等

用来解释或说明正题名所反映的主题内容的性质、用途或体裁、范围等。著录时,用规定的":"将其与正题名相隔。例如:

Spacepower:what it means to you

Nothing to do:an accompaniment to "Nothing to wear"

2.责任者说明

责任者说明除指对文献的知识和艺术内容的创作负有主要责任的个人及团体外,还包括对文献的知识和艺术内容的创作作出贡献的个人或团体的说明。

在西文文献中,说明著作责任方式的,通常用如下词语表示:

adapted from … by	由……根据……改写
by…	由……作
compiled by…	由……编纂

157

completed by…	由……充实
edited by…	由……编辑
enlarged by…	由……扩充
explained by…	由……解释
prepared by…	由……准备(供稿)
retold by…	由……复述
revised by…	由……修订
selected and edited by…	由……选编
translated and edited by…	由……编译

除上述形式的短语外,有部分出版物在责任者名称之前分别标明:"Author"(作者)、"Editor"(编者)、"Translator"(译者)、"Editor-in-chief"(主编者)等。

著录时,责任者说明以空格、斜撇、空格(/)为前置符号与题名间隔。责任者按其在主要信息源中出现的原有顺序和形式著录,不必人为添加"by"或者"and"这样一类的词,除非这些词出现在主要信息源中。

如果同一种方式的责任者说明多于三个(个人或团体),只著录第一个,其余省略,用"…"表明省略,并于其后用方括号注明"[et al.]"(及其他)。不同方式的责任者说明,著录时,各责任说明间使用分号(;)间隔。例如:Prometheus bound/Aeschy Lus;edited by Mark Griffith

如果责任者和题名的关系非单纯的著者关系,需要说明清楚时,可对责任者用方括号加一单词或短语说明。例如:

The best man/Tomi Ungerer;[designed by] Bob Cox

出现在题名中的责任者名称,如与作为主要款目标目的名称完全相同,则不必重复著录责任说明。

西方国家出版的各类文献,用于表示著者身份的,如各种称呼、学位、学会会员、职称及所在单位等,通常都详细的在出版物上做了记载。常见的有：

表示称呼的：

Dame	夫人，贵妇人
Lady	夫人，贵妇人
Mme.（Madame）	夫人
Mrs.（Mistress）	夫人
Mr.（Mister）	先生
Sir	先生
Miss	小姐

表示学位的如：

B.（Bachelor）	学士
B. A.（Bachelor of arts）	文学士
B. Sc.（Bachelor of Sciences）	理学士
M.（Master）	硕士
M. A.（Master of arts）	文硕士
M. Sc.（Master of Sciences）	理硕士
Dr.（Doctor）	博士、医生
M. D.（Doctor of Medicine）	医学博士
Ph. D.（Doctor of Philosophy）	哲学博士
Path.（Pathologist）	病理学家

表示职称的：

Professor of…	某学科或某大学教授
Assistant professor of…	某学科或某大学副教授
Associate professor	副教授
Lecturer of…	某学科或某大学讲师
Principal Lecturer	主任讲师
Engineer of…	某工程工程师

表示贵族封号的，如：

Lord	勋爵
Duke	公爵
Duchess	公爵夫人
Marquess（Marquis）	侯爵
Marchioness	侯爵夫人
Earl	伯爵
Countess	伯爵夫人
Viscount	子爵
Viscountess	子爵夫人
Baron	男爵
Baroness	男爵夫人

表示学会会员的：

Fellow	会员（英国惯用）
Member	会员（美国惯用）

表示著者所在单位的，如：

Department of…	某部门，系
University of…	某大学
Institute of…	某学院或研究所
Center for…	某中心
Bureau of…	某某局
…Association	某协会
…Laboratory	某试验所
Sr.（Senior）	老，年长的
Jr.（Junior）	小，年青的

　　上述这些称呼——学位、职称、贵族封号及著者所在单位等，除 Sr. 和 Jr. 外，编目时一般不予著录。但是，当省略之后使人感到莫名其妙时，如：略去称号只剩下姓或名，或称号为语法、为识别责

任者所必需,则不做省略。例如:/Dr. Wiley, /by Duke of Welling-ton。

二、版本项(Edition area)

"版"限于新排版时使用。同一版本未加更改,称之为重印或增印。

关于版本说明的信息,应取自主要信息源或由该文献出版商在该文献附件中(包装物、录音磁带套盒等)做出的任何正式说明。

有关版本注记用语如下:

Second (2nd, 2d) edition	第 2 版
Third (3rd, 3d) edition	第 3 版
Fourth (4th) edition	第 4 版
Revised edition	修订版
Enlarged edition	增订版
Fourth edition, extensively revised, by…	第 4 版,由…广泛修订
Completely revised on the basic of…	在……基础上完全修订
Entirely rewritten by…	由……完全重写
Abridged edition	节略本
Adapted edition	改作本

此外,还有各种翻译版本,如:

German edition	德文版
French edition	法文版
English edition	英文版
Spanish edition	西班牙文版
Arabic edition	阿拉伯文版

Russion edition   **俄文版**

    著录时,以出现在文献中版本说明的形式提供,但是,版本说明应当:版本术语用标准的缩写词代替所用单词,版次则用合适的英文序数的缩写取代代码字母。

    例如:New ed.

        (文献中以 New edition 出现)

    Rev. ed.

        (文献中以 Revised edition 出现)

    2nd ed. rev, and corr.

        (文献中以 Second edition revised and corrected 出现)

    Rev. and corr. 2nd ed.

        (文献中以 Revised and corrected second edition 出现)

    (1)著录与版本有关的责任说明:如果责任者说明涉及某一种或若干种版本,但并非涉及全部版本时,应当在版本说明之后著录与本版本有关的责任者说明。例如:

Black's law dictionary:definitions of the terms
and phrases of American and English jurisprudence,
ancient and modern / by Henry Campbell Black. — Rev.
4th ed. / by the publisher's editorial staff……
……

---

    (2)无版本责任说明或责任说明不明确,是属于全部版本或某几种版本时,应将本版责任说明著录在题名与责任说明项内。例如:

        24 × 12 / Merritt Clifton. —2nd ed.

    (3)若文献是某一版本改动后的再版本,则将改动说明作为

后续版本说明,著录在前一版本及其责任说明之后,用逗号(,)间隔。例如:

> Gas turbine theory / H. Cohen, G. F. C.
> Rogers, H. I. H. Saravanamuttoo. —2nd ed. ,
> 2nd impression with corrections. ···
> ···

三、文献(或出版物类型)特殊细节项(Material specific details area)

本项用来记录连续出版物的卷、期起止,地图、天体图的比例尺和投影法,乐谱乐型以及机读件的文档数和每个文档的记录数、程序语言类型和适用的计算机型号等。具体要求详见后面各有关章节。

四、出版、发行等项(Publication, distribution, etc. area)

这一项用于记录某特定文献的出版、发行地、出版、发行者及出版、发行日期有关的信息,它由出版地、出版者、出版日期等三个著录小项组成。

西方国家的出版社,多是私人经营,且多数以私人的姓名命名,叫"××公司","××有限公司",例如:

Butterworth and Co.

William Mullan and Sons, Ltd.

McGraw – Hill Book Company, Inc.

上列出版社名称中,Co. = Company(公司),Ltd. = Limited(有限公司,英国惯用),Inc. = Incorporated(有限合作公司,美国惯用)。

由于竞争与兼并的结果,不少出版社发展成为跨国公司,其

163

"出版地"因而不止一处;也有些出版商,与当地出版组织组成联合公司,如 Macmillan 就是英美联号经营的,这也是产生多国版文献的又一种情况。

有些文献,主要信息源中在有关出版、发行内容说明区域内,印有两个以上的出版社名称,它们可能是并列关系,即该文献由两个出版社出版,它们也可能是隶属关系,如:

Beginner Books, A Division of Random House, Inc.

在文献中,即便是只有一个出版社名称,也可能有两个或两个以上的出版地点,其中,有的是小城市名称后跟所在国名或州名,如:Englewood Cliffs, N. J. (N. J. = New Jersey,美国新泽西州);有的属跨国公司在许多地方设有分社所致。

上述情况,说明西文文献出版情况的复杂。著录出版发行项时,要注意处理各种不同的具体问题。

(1)出版、发行地

出版、发行地一般都是按照文献上提供的著录,城市名称不缩写,州名、省名等需按照 AACR$_2$ 附录 B. 缩写和《西文条例》附录二、地理名称缩写的要求使用。

文献中如列有数个出版地,通常只反映第一个。若第二出版地在信息源中占有显著地位,或者提供的出版地中含有编目机构所在国家的地名,则可作为第二出版地著录出来。异地同名的地名或不出名的地名,如果考虑便于识别,或者考虑需要区别相同名称的地名形式,在该名称之后加注其所在州名或国名的缩写形式。如:Logan, Lowa.

Cambridge, Eng.

Cambridge, Mass.

Addis Ababa〔Ethiopia〕

补充的区域名未载于主要信息源,系由编目人员加补,故括以方括号。

164

如果文献及参考书上查找不到有关出版地的信息,可提供带有问号的可能的城市名称,但要括以方括号,如:[New York?];若出版、发行地无法推测,无从查考,应注明[S. l.],意指"出版地不详"。

(2)出版、发行者

著录出版、发行者等名称,一般提供已了解的认可的最短形式。如:

London:Allen & Unwin

　　not London:Published by Allen & Unwin

New York:Harcourt,Brace

　　not New York:Harcourt,Brace and Company

Philadelphia:Dorrance

　　not Philadelphia:Dorrance & Company,Inc.

New York:Dutton

　　not New York:E. P. Dutton & Co. ,Inc.

如果某出版发行者的名称已出现在上述描述的项目中,在出版项内,可用一种易辨认的简短形式提供,或用机关团体的缩写词,或用带首冠词的通名表示(如 The Society, The Library)。

两个或两个以上的出版者只著录第一个。若第二出版者在主要信息源中占有显著地位,则著录于第一出版者之后。例如:

Paris:Gauthier – Villars;Chicago:University of Chicago Press

另外,有些出版物标明"Published for…by…"(某某为某某出版),或是"Published on behalf of…"(替某某出版),遇这种情况,AACR$_2$ 和《西文条例》要求按原样著录。考虑到卡片空间有限,不少图书馆仍按我国传统的做法只著录实际出版者。

如果文献没有提供出版发行等名称,又无从查考,应注明[s. n.],意指"出版、发行者不详"。

(3)出版、发行日期

文献的出版时间可以说明内容的新旧。出版、发行日期一般按照信息源中所标明的与版本项的版本说明相符的出版年或发行年著录。提供出版时间使用阿拉伯数字。如果没有标明出版时间，可按以下的选择顺序提供：

①在文献上找到的最新版权时间，著录时，前面加注"c"（Copyright），如 c1978。

②著录最近的印刷时间，如 1985 printing。

③如确无出版、发行时间，亦无版权、印刷时间，应提供一个估计的出版、发行时间，如：

接近年［1985？］

估计年［ca. 1980］

十年以内能确定的［197－］

十年以内不能确定的［197－？］

五、载体形态项（Physical description area）

本项即传统所称的稽核项（Collation）。该项用来记录文献篇幅、其他形体细节、形体的尺寸大小（开本）及附件四部分反映文献载体物质形态特征等内容。这些信息也是确认某一特定文献的重要标识之一，应详细登录之。

描述文献载体形态项时，有关文献的篇幅，要求用表示文献数量的阿拉伯数字加上所列文献数量单位标识专有名称（或其标准缩写词）表示。

Book、Pamphlets、and Printed Sheets（图书、小册子和活页印刷品）的载体形态项主要著录：

1. 篇幅、数量（及单位标识）

page(s)　　　　　　页（双面标码）

leaf（leaves）　　　叶（单面标码，或单面印刷）

column（s）　　　　栏（分栏印刷，按栏标码）

broadside	单页印刷品
sheet	双面的或折叠的印刷品
case	函套、盒
portfolio	文件夹
volume	卷
parts	分册
pamphlets	小册子
pieces	件

2. 其他形体细节(图表材料)

一般图表材料用"ill."表示。若除一般图表材料外,还有特殊图表材料,则依次选用下列适用的登录用语描述。

charts	图表
coats of arms	纹章
facsimiles(facsim.,facsims.)	原件摹真复制品
forms	表格
genealogical tables(geneal. tables)	谱系表
maps	地图
music	乐谱
plans	平面图
portraits(port.,ports.)	肖像
samples	标本图

图表材料如系彩色,则应表示出来。

3. 书型

书型一般只记录其高度,以厘米(cm.)表示,不足1厘米者按1厘米计算。

4. 附件

附件是指在文献载体主要部分之外,必须或可以与文献主体结合使用的附加材料。例如,问题解答、教师手册、说明书、视听资料等。

记录附件有四种方法：

（1）若附件与文献主体必须结合使用，并作为一个整体入藏，应将其著录在载体形态项的末尾，前边用加号（＋）间隔。必要时，可进一步记录附件的形态特征，将其置于附件之后，并加圆括弧。

（2）若附件有自己的题名，可单独使用，应另行单独著录。

（3）若附件与文献主体作为一个整体入藏，又难以在载体形态项著录，可在附注项予以详细记录。

（4）若需详细说明附件的情况，可采用多层次著录的方法。

六、丛编项（Series area）

本项用于记录待编文献所属丛编题名、与丛编有关的责任者、丛编编号及副丛编等信息。

著录丛编项时注意将其用圆括弧括起。

1. 一般著录

依据信息源上的形式、词序等记录丛编正题名。如丛编自身编有号码应当予以记录，注意使用分号（；）间隔。若丛编提供有ISSN，著录时，前面使用逗号间隔。例如：

.—（Bulletin of the Museum of Comparative Zoology，ISSN 0027－4100；v. 148，no. 8）

.—（Occasional publication/Boreal Institute for Northern Studies，ISSN 0068－0303；no. 11）

2. 附属丛编

若文献属于一种主要丛编的附属丛编时，将附属丛编著录于主要丛编之后，其前置以句号（·）。若附属丛编只有字母标识或数字标识而无题名，记录其标识。若附属丛编既有标识又有题名，应先记录标识，尔后记录附属丛编题名，两者间置以逗号（，）。若附属丛编内有编号，应将编号著录在附属丛编题名之后，编号前用分号(；)间隔。例如：

Source：

　　LUND STUDIES IN GEOGRAPHY

　　Ser. B HUMAN GEOGRAPHY NO. 44

描述：

　　. —(Lund studies in geography. ser. B, Human geography；
no. 44）

（3）多种丛编

若文献属于多种丛编，则分别置于圆括弧内依次著录。例如：

　　. —(Ancient people and places；15）（Transation of the
American Philosophic Society. new series；v. 64, Pt. 8）

七、附注项（Notes area）

　　附注项用于提供在上述项目中没有予以揭示的有用信息。本
项有关信息的著录顺序与上述款目描述项目的顺序基本相同，即
关于题名的附注；关于责任者说明的附注；关于版本沿革的附注
等。但是，应当注意将有关连续出版物的出版周期及文献的性质、
范围、形式和语种的附注放在首位。

　　附注项内除各项目之间要用句点(.)代替原标识符号(. —)、
引用文字加引号("")外，标识符号与款目正文规定的相同。

　　某些附注可采用固定导语及附注用语，常用词语如下：

　　1. 关于文献的范围、语种和书名情况的词语

　　Essentially an abridgment of…　主要是……的节略本

　　Commentary in…　用……语种注释

　　First pub. in…under the title…

　　　　　　　　　　　　　　第 1 版在……年题名为

　　Also pub. under title…　同时以……题名出版

　　Original title：　原题名为：

Title varies：题名不同（题名更动为）：

Cover title：封面题名为：

On spine：书脊题名为：

Title and text also in…　题名与正文用

Title from…　题名出自

At head of title　题上项

Previously published as：　原出版为：

2.关于责任者情况的词语

Based on…by…　根据……由……改写

With a chapter on…by…　某一章由……撰写

Extensive additions by…　由……作广泛增补

Association's earlier name：　……　协会的前名为……

Name originally：　原姓名为：

3.关于版本情况的词语

…ed.，…has title…　第几版在……年书名为……

Rev. and enl. transaction of the…

某版书名修正增订为……

Completelly rewritten of the book entitled：

本书完全重写题名为……

Previous ed.，by…　前版由……写

Translation of　……的译本

Sequel to　某某的续集

Continues：　前名为：

Continued by：　由……接续

4.关于出版情况的词语

Distributed in…by…　由……在……地方发行

…impression…year…　在……年第……次印刷

Originally published：　原书出版：

170

5. 关于其他方面的词语

　　Scale of original：　原本比例尺为：

　　V. numbering irregular　卷期不连贯

　　Pattem　模型

　　Set includes booklet：　本部书附有小册子：

　　Accompanied by：　　　　附有：

　　Supplement to…　某某的补编

　　Bibliography：P.　书目：第多少页

　　Includes bibliographic reference & index

　　　　　　　　　　　包括书目参考和索引

著录有关附注如下例：

1. 文献性质的附注

> …
>
> 39 p. ; 23cm.
>
> Poems.
>
> …

> …
>
> viii,85p. : ill. ; 24cm.
>
> Annotated
>
> …

2. 语种

> …
>
> 294 p. ; 24cm.
>
> 　Translation,with original French
>
> text of : Les fleurs dumal.
>
> 　Commentary in English.
>
> …

3. 改写本

Based on short stories by P. G. Wodehouse

Translation of : Les vois maudits.

4. 题名

Cover title : Biology seminars.

5. 有关责任者的附注

Translated from the author's unpublished

Manuscript

6. 关于版本附注

Formerly availale as : CAS 675

Revised edition of : The Dortale Dorothy Parker.

7. 关于出版发行项的附注

Distributed in Canada by West Coast Enterpress.

8. 关于载体形态项的附注

Map on lining papers.

Slides in flat plastic holder (28 × 23cm.)

punched for insertion in 3 ring binder.

9. 关于丛编项的附注

Originally issued in series : Research studies in library Science.

10. 关于学位论文的附注

Thesis (ph. D)—University of Toronto,1974.

11. 内容和目次附注

(1)参考书目、索引、附录等

Bibliography : p. 348 ~

Includes index.

(2)文献的目次附注

Contents : Burnt Norton – East Coker

八、文献标准编号与获得方式项(Standard number and terms of availability area)

文献标准编号记载国际标准书号 ISBN 或国际标准连续出版物号 ISSN,或任何其他经过国际上认可的标准号码。

著录国际标准书号 ISBN 时,各组数字应用连字号衔接。一文献内若同时记载了整套及部分文献的国际标准书号时,先著录整套文献的编号,尔后著录部分文献的编号,中间以大项分隔符".—"间隔。例如:

ISBN 0 – 87287 – 254 – 8(set). —ISBN 0 – 87287 – 227 – 0(v. 1)

获得方式包括价格或其他获取方式,著录在相关标准编号之后,其前标以冒号(:)。例如:ISBN 0 – 300 – 03782 – 1:￥46.80

思 考 题

1. 西文图书的形体结构有哪些特点?

2. 西文图书在版编目数据包括哪些著录内容?

3. 题名与责任说明项的著录应注意哪些主要规则?

4. 试述在描述项目的著录中,西编与中编的不同点。

第八章 主要款目

目录包含着多种款目,款目也因其划分方法的多样性而种类繁多。按款目标目的性质划分,可分为题名款目、责任者款目、主题款目和分类款目;按款目编制的程序划分,可分为主要款目和辅助款目。本章主要介绍西文文献目录中的主要款目。

第一节 主要款目的意义

主要款目是基本著录的结果,也是长期以来西文文献编目理论与实践发展的结晶。

一、主要款目的定义与特征

据《西文文献著录条例》所称,主要款目(Main entry)是指包含所著录文献的书目信息最完全的款目(包括该文献其他书目记录的标目的根查)。一般来说,主要款目是指以文献最主要的特征为标目,全面反映文献各种特征的款目,它在目录中起重要作用,是每种文献编目时必不可少的款目。

主要款目有以下几个主要特征:

1. 从款目编制的次序来看,主要款目是首先制作的款目

在传统的手工编目过程中,款目编制的程序是:首先,选择主

要款目标目,编出主要款目;其次,在主要款目的基础上,再选取附加款目和分析款目的标目,编制出辅助款目。1961年的"巴黎原则声明"中明确规定:"每种编目的图书至少要编一条款目。"当一种文献仅编一种款目时,这种款目就只能是主要款目;当一种文献可编制多种款目时,首先编出的款目也是主要款目。每种文献编目时,主要款目必不可少,附加款目等辅助款目则可有可无,可多可少。编制附加款目时,要以主要款目的复份为基础,添加上附加款目标目即可制成。因此,主要款目还具有"单元款目"、"基本款目"的职能。

2. 从款目的著录内容来看,主要款目是反映文献各项特征最完整、最全面的款目

主要款目既是每种文献编目时必不可少的款目,它就要担负起全面揭示文献特征的重任。它不仅要反映文献的各种形式特征,也要尽可能详细地反映文献的内容特征,以便人们来了解和检索文献。同时,主要款目既是每种文献编目的基本款目,它就要担负起提供完整的款目信息的重任。它不仅要提供该文献其他书目记录的标目的根查,也要尽可能详细地提供各种编目业务信息,以便人们以其为基础编制各种辅助款目、管理目录和藏书。主要款目的著录信息要求完整、全面,以主要款目为基础编制的辅助款目,则可简略,例如,可以不再著录附注项、根查项和一些编目业务注记等,以减少手工编制款目的工作量。

3. 从款目在目录中所起的作用来看,主要款目起主要和重要的作用

主要款目是以文献最重要的特征为标目的款目。在文献的多种形式和内容特征中,有不少都适合于作标目,如图书的正题名、副题名、著者、编者、译者、分类号和主题词等。而在手工编目时期,却常要考虑如果每种文献只编一条款目,该以文献的何种特征为标目的问题。必须从文献的各种特征中,选择出最重要的一项

来构成主要标目。文献的其他特征,只能构成辅助款目的标目。主要标目既是文献最显著的特征,又是读者最习惯利用的检索点。主要款目具有主要标目,因而得以在目录中充当揭示文献最重要的特征、指引款目排检最主要的途径的角色,充当实现目录揭示和集中文献等职能必不可少的角色。其他款目只能起到对主要款目的补充和辅助的作用,提供主要标目以外更多的排检点。除主要标目外,主要款目记录文献的特征也最为详细,其他款目在无法直接满足检索要求时,就会指引检索者去利用主要款目。同时,主要款目还记录有详备的编目业务信息,这使它在款目和目录的组织与管理中,也起着最主要的作用。

二、主要款目在西方文献编目和我国中文文献编目中的差别

在传统的编目工作中,中文文献编目也要编制主要款目。随着我国编目理论和实践的发展,现行中文编目领域已取消了"主要款目"的概念,而代之以"通用款目"的概念。但无论是传统的"主要款目",还是现行的"通用款目",中文编目中的概念与西方编目中的"主要款目"概念都有所不同。

1.西方编目中的主要款目与传统的中文编目主要款目的区别

在传统的编目过程中,中文文献编目也要首先编制主要款目。其主要款目也是著录信息最完备、在目录中起主要作用的款目,也是编制各种辅助款目的基础。这种主要款目与西方主要款目的最大区别是:主要标目的内容不同。西方文献目录中,主要款目的标目是以责任者为主的,只有当责任者实在不适合作主要标目时,才能以书名作主要标目。而在中文文献目录中,主要款目是以书名为主要标目的。这种不同,主要是因为不同国家有着不同的编目传统的缘故。西方在历史发展的条件、语言文字的特点、读者使用目录的习惯等方面,都与我国有较大差异。因此,西方以责任者为主要标目和中编以书名为主要标目,都有各自的优点和实用性,也充分体现了著录的客观性。

60年代以后,中文编目中早期的"主要款目"概念演变为"基本款目"的概念,并出现了新的"主要款目"概念。新"主要款目"的含义为:在各种分立式的目录中,揭示文献的主要特征,并在目录中起主要作用的款目。因而,其主要款目种类多样,有书名主要款目、责任者主要款目、主题主要款目和分类主要款目。这就比西方的主要款目种类多。但是,能作为编制其他款目的基础款目,仍是书名主要款目(基本款目)。中文款目的主要款目之所以有这种变化,是因为我国编目界探索适应实际编目情况的著录方式体系的结果。在采用主、辅款目著录方式体系的过程中,我国编目界逐渐发现:这种主要适用于编制西方字典式目录的方式,很难完全符合编制中文分立式目录的要求。因此,具有中文文献编目特色的"主要款目"、"辅助款目"和"基本款目"应运而生。这些特色对我国西文文献编目的理论和实践也有很大的影响。

2. 西方编目中的主要款目与现行的中文编目通用款目的区别

80年代以后,我国文献编目走上了文献著录标准化的道路。随着一系列国家标准的文献著录规则的颁布,中文文献编目中废止了主要款目和辅助款目的概念,出现了通用款目、排检款目等新概念。

中文文献编目中现行的通用款目是一种著录事项完备的单元款目,它与西方编目中的主要款目既有相同之处,也有一些不同点。

两者相同之处表现在:①都是文献著录时最先编制的款目;②都是全面揭示文献形式和内容特征、著录事项齐全的款目;③都是作为编制其他款目基础的单元款目。

两者的不同点表现在:①主要款目具有主要标目,因而可以直接用于检索性的目录,并在其中起主要的作用;当它作为编制其他款目的基础款目时,仍保留着主要标目。通用款目则没有任何标目,因此它不能直接用于检索性的目录;但它在排检项设置了多种排检点(Access point),以备编制各种不同的排检款目时选用;用它作为编制其他款目的基础款目,只须从其排检项选一检索点著录为标目,即可编出所需排检款目。②主要款目载有图书馆编目业务注记,它对于编目业务工作的管理也具有重要的意义。通用款目则没有任何图书馆编目业务注记,它只能作为各种图书馆或文献工作部门编目使用的单元款目,但因其排检项记载了文献的各种排检点,它对于编目业务工作的管理也能起到一定的作用。

第二节　西编主要款目概念的发展

主要款目的概念源于欧美国家,并随着编目理论和实践的发展而不断发展和完善。但在近几十年中,对它的争议也一直连绵不断。

一、主要款目概念的产生及原因

主要款目的概念产生于欧美各国的编目领域。究其原因,则是手工编目方式下的必然结果。

欧美国家大都编制字典式目录。在手工抄写款目的条件下,受人力、物力和时间的限制,一种文献的著录款目只能尽量精简。这样,只有在各种不同性质的款目中确定一种为主要的,其余则为辅助的。对于具体的图书馆来说,主要款目是每种文献必备的,而辅助的则可视需要来决定是否编制;主要款目必须详细著录,其他款目则尽可能从简。

字典式目录将著者、题名和主题款目混排。在具有多种款目的情况下,也需确定一个主要款目作为检索文献、查考复本的依据。主要款目在目录中起主要作用。1961 年"巴黎原则声明"提出的目录的主要职能中,第二个为:确定图书馆藏有某一特定著者的哪些著作以及某一特定著作的哪些版本。这一职能必须通过主要款目来实现。

综上所述,按照传统的编目方式,西方文献编目中划分主要款目和辅助款目,是有其必然性和实用性的。

主要款目最具特色的,就是主要标目。西方编目的主要款目,优先选取文献的著者作标目,其次再考虑以题名作主要款目标目。纵观西方编目发展史,作为主要款目标目的著者代表着一个很长时期的编目传统。主要原因是:

1.语言文字本身的特点。由于语法原因,书名中的实质词不突出,易出现许多书名开头语雷同现象,不便于检索和识别;

2.崇尚人文主义,强调人自身的价值;

3.著作版权作为私人财产,并受国家法律保护;

4.集中同一著者的著作,检索方便。

因此,西文文献主要款目标目选择的原则是主要责任者原则。《西文条例》和 AACR$_{2R}$ 沿袭并略经修改后采纳了西方传统编目条例中的这一原则。

以著者作主要款目标目,本是"英美编目条例"早已确定的原则,但是使用该条例的一些国家,首先是英国和美国,否定这一原则的呼声随着计算机技术在图书馆编目领域的普遍应用而越来越高。

二、主要款目存废之争

关于主要款目存废的问题,是国内外编目界争论了二十多年却依然悬而未决的问题。近几年内,对主要款目的理解发生了一些变化,争论的焦点集中在多款目目录内主要款目到底有何实际意义的方面。

主张保留主要款目概念的一方认为:

主要款目是识别图书、查核复本的一种有效形式,作为公务目录根查的记录不可缺少;在手工操作的环境里,无论是在多款目的目录,还是很多书本式目录,或者引用书目中都是需要的。美国著名编目学家柳别斯基(Seymeur Lubetzky)教授甚至认为:"如果废除了主要款目的概念,主要款目执行的有效职能就会成为一句空话。"

主张废除主要款目概念的一方则认为:

目录处在单元卡的阶段,使得款目著录的详简一样,在多款目目录中,无需再区分主、附;主要款目的选择,需按照条例要求作出大量的判断及查寻参考工具书,这样,既费时又代价高,如若按照 ISBD 提供的框架,根据需要将检索点添加在标目的位置上,就可省去选择标目而花费的很多人力、时间,在实行计算机存储与检索,提供多种检索途径的情况下尤其如此。AACR$_{2R}$编者之一戈尔曼(Michael Gorman)认为:"废除主要款目的概念并非意味着主要款目执行的有效职能将被废除","主要款目是一个被技术超越了的概念,因而将不可避免的被废除。"

第三种观点介乎于"主存"、"主废"两派之间,既承认主要款目必然要被计算机编目淘汰,但又认为现阶段编目的实际和许多理论上的原因还是决定了要暂时过渡性地使用主要款目的概念。AACR$_{2R}$和《西文条例》便属其中。

AACR$_{2R}$和《西文条例》沿用了主要款目这一概念,并在条例中提供了确定检索点的规则及指示选择哪一个检索点作主要款目的标目。尽管如此,我们从条例的规定中明显发现主要款目的规则发生了很大变化,条例限制了著录团体主要款目的

180

情况,并且否定了主要款目用于编者及译者等诸如此类情况,同时对很多图书馆已经采用的"交替标目"做法也予以承认。

很显然,从标目到检索点,表明从手工检索到计算机检索的过渡;表明从区分主要款目与附加款目到取消款目主次的过渡;表明计算机检索的应用将使标目的地位走向平等的趋势。

第三节　主要款目的功能

从承认并采用主要款目到提出取消主要款目,这种变化应当归结于人们多途径检索文献的要求和从单元卡片到计算机储存和检索文献的技术条件的需要与可能。从理论上讲,这是文献编目现代化进程中发展的一种趋势。

目前,文献著录还处在手工编目操作阶段和计算机编目阶段并存和过渡的时期,这一时期的实际编目工作中,如何看待主要款目的功能?

(1)文献著录很重要的一个依据是编目条例。AACR 在其引言中解释:主要款目是强调图书、查核复本的一种标准形式,在多款目的目录中和单式目录、订单、引用书目中都还需要,在公务目录中作为"根查"记录也是需要的。时隔十一年之后,也就是 1978 年问世的 AACR$_2$,在承认很多图书馆采用"交替标目"的同时,"建议这些图书馆把规则第 21 章(标目的选择)作为编制单款目的目录和鉴别一些款目的指南。""因为无论如何在特定情况下,区别主要款目与其他款目还是需要的。"这就是说,在某种意义上说,主要款目还有保留的价值。

(2)机读目录与传统目录都是反映同一的文献,机读目录的著录是以手工著录为基础的,所以在著录的方法、遵循的原则、条例以及所使用的各种标准方面,两者具有一致性。计算机编目的记录相当于手工编目中的款目。在美国国会图书馆机读目录系统中,目录数据仍分别记录主要款目标目和附加款目标目信息,且主要款目标目的内容是要首先确定并录入的。这说明在自动化编目的条件下,主要款目和附加款目仍有存在的必要性和可行性。

实际的编目工作中,主要款目有着两种不同的著录格式,以著者作主要款目标目的,通常采用著者主要款目格式,以题名作主要款目标目时,需采用题名主要款目格式,即悬行式格式。所以,主要款目的标目起着决定主要款目的格式的作用。计算机编目系统完全可以处理主要款目的格式。

(3)按照 AACR$_{2R}$ 和《西文条例》规定,虽然仍然存在为主要款目选择标目的问题,但是,两个条例在选择标目问题上发生了明显的变化。由于"著作责任"的强调,许多文献,如在编者指导下产生的文集,团体不再被作为"著者"看待等,导致了此类文献以题名作标目的情况增多,在一定程度上减少了过去那种选择标目的困难。著者是读者检索文献最常用的检索途径,字顺目录"集中"的职能,在现阶段,仍然需要依赖于主要款目去实现,况且,在卡片式目录和手工操作为主要方式的今天,图书馆在实际工作中,题名附加较多的是在单元卡的基础上采用画线方式,虽然不大符合规定,但却可行,如若采用从题名著录的单元卡,一方面仍然存在为有关的著者选定标目形式和进行统一标目的工作,另一方面,著者由于文字结构的特点,不能采用直接在单元卡上划线的方法,这样,费时费力并不少。因此,在现阶段,主要款目在实际应用方面显示着某种新的意义。

第四节　主要款目种类及著录格式

一、主要款目的种类

一文献的主要款目常常是个人名称款目,团体名称款目,或者题名款目。大部分书本式资料以个人著者做主要款目,政府出版物一般以机关团体登录,连续出版物和非书资料较多的是题名主要款目。

二、著录格式

根据一定的著录格式来描述文献的各种特征,从而全面、准确地揭示文献,并使之规范化,是保证目录质量,实现书目资源共享和有效地开展"世界书目控制"的必要措施之一。

《西文条例》和$AACR_{2R}$的著录格式以 ISBD 为依据,为了编制目录款目,在款目描述项目的基础上,将按照条例规定选择、确定一个主要标目著录在描述项目的顶行作为主要款目标目,从而形成一个完整的款目。卡片目录通常采用段落格式,用分段并加符号标识来表示款目中的不同著录项目。书本式目录则多采用连续著录的格式。

在实际工作中,以著者为主要款目标目和以题名为主要款目标目的格式又略有不同。

以下是以第二级著录为例说明著者主要款目格式和题名主要款目的不同格式。

1. 以著者作为主要款目标目的格式

```
*

*

********
```

* Call   Main entry heading

* no   ** Title proper * [GMD] * = * Paralled title * ; * other title * / * statement

of responsibility. * — * Edition statement * / * statement of responsibility

relating to edition. * — * Place of publication, distribution, etc. * ; * Publisher,

distributor, etc. , date (Place of manufacture * ; * Manufacturer, date of manufacture)

** extent of item * ; * other physical details * ; * dimensions * + * accompanying

material. * — * (series * ; * numbering)

   ** Notes.

   ISBN

   ** 1. * Subject heading—Subheading. ** 2. * Subject heading—Subheading. **

I . * Added entry. ** I . ** Title. ** II * Series.

○

2. 以题名作为主要款目标目,悬行著录的格式

```
*

*

********

* Call      Title proper * [GMD] * = * Parallel title * : * other title * / * statement

* no.      ** of responsibility. * — * Edition statement * / * statement of responsibility

          ** relating to edition. * — * Place of publication,distribution,etc. * : *

          ** Publisher,distributor,etc. ,date(Place of manufacture * : * Manufacturer,

          ** date of manufacture)

          ** extent of item * : * other physical details * ; * dimensions * + * accompanying

          material. * — * (series * ; * numbering)


          ** Notes.

          ** ISBN


          ** 1. * Subject heading—Subheading. ** 2. * Subject heading—Subheading. **

          1 . * Added entry. ** I . * Title. ** II . * Series.

                              ○
```

空格行距的规定:

(1)个人著者或机关团体名称作为主要款目标目,应著录在卡片上端的第四行,从左边第九格开始,回行时均比第一行缩进四格。

(2)题名作为主要款目标目,悬行著录时,题名应位于卡片的第四行(注意:题名不重复著录),从左边第九格开始。从著录的第二行直至出版年止,回行时均缩进两格。

(3)题名项、载体形态项、附注项和根查项的著录均从卡片左边第十一格开始,即重新起一段落。

（4）各行之间不留空行,但以下情况例外：

①附注项上面留一空行。如卡片空间不够,也可不留空行。

②根查项上面留一空行,整个根查项著录在卡片底部穿孔上面。如卡片空间不够,根查项上面也可不留空行。

③索书号位于卡片的第四行,从左边第二格开始。

思 考 题

1. 主要款目具有哪几条明显的特征？

2. 简述中文文献编目和西方文献编目中主要款目的同异。

3. 你对主要款目的存、废有何看法？

4. 主要款目的著录格式有哪几种？ 各有何特点？

第九章　主要款目标目

主要款目标目是主要款目上用于目录排检的某一主要文献特征。其主要职能是指引文献最重要的检索途径。

西文文献主要款目的编制,要在款目描述项目的基础上,考虑如何正确地选择和记录主要款目标目。《西文文献著录条例》与AACR$_{2R}$都规定,要在提供的多个检索点中,确定一个作为主要款目的标目,并将其按照标目的形式著录到款目之首。

本章将分别对各种主要款目标目作详细介绍,包括个人著者名称标目、团体著者名称标目和题名标目的选择和著录。

第一节　个人著者名称标目

关于个人著者,AACR$_{2R}$和《西文条例》定义为:个人著者是对某著作的知识或艺术内容负主要责任的个人。如:

图书的作者　Writers of books

艺术家(雕塑家、画家等)　Artists(Sculptors,Painters)

摄影家　Photographers

乐谱的作曲家　Composers of music

书目的编纂者　Compilers of bibliographies

地图的绘制者　Cartographers(Makers of maps)等。

在某些情况下,演出者 Performers 可作为录音资料的著者看待等。

但是,过去的英美编目法对于个人著者的概念通常是指"一本图书的创作者或对一本书的出版负有直接责任的个人或团体"。这样,除写作者外,一书的编者(Editor)、译者(Translator)、编辑者(Compiler)等都可视为著者。很显然,与以往的英美编目条例比较,AACR₂ 和《西文条例》关于个人著者概念的外延缩小了。

个人著者是对某著作的知识或艺术内容负主要责任的个人。这是确定个人名称作主要款目标目的原则。著录一部由单个著者负责的著作,主要款目标目就以那个人的名称作标目;著录两个或更多责任者的著作,则以主要的个人著者名称或名列第一的个人著者名称作标目;四个或四个以上的责任者以其著作的题名作主要款目标目。尔后,根据条例的规定,编制相应的附加款目。

一、个人著者标目的选择

依据个人著者在主要信息源中出现的具体情况,谈谈著录标目选取的几个问题。

1. 单个责任者的著作(Works of single personal responsibi – lity)

某一著作经由一个人创作,称之为单个责任者的著作。著录单个责任者的著作或其著作汇编的文集以及该责任者的一个或多个著作中的某些片断汇编的选集,不论这个人的姓名有无出现在待编文献之内,凡能确定其对著作的内容负责的,都应以该著者名称作标目。例如:

  Bibliography on women : with special
  emphasis on their roles in science and
  society/Audrey B. Davis

主要款目标目应是 Davis, Audrey B.

  The Brandenburg concertos/J. S. Bach

主要款目标目应是 Bach, J. S.

England's bard(实为莎士比亚诗选)

主要款目应以 Shakespeare，William 作标目。

2.分担责任者的著作(Works of shared responsibility)

一部著作由两个或两个以上的人共同创作，他们与著作有着相同关系的责任情况，被认为是分担责任者的著作。属于分担责任者的著作常见的有：

由两个或更多的个人著者创作的著作(合著者 Joint authors，合作者 Collaborators，等)；

由两个或更多个人著者分别提供著作的某一部分内容(包括讨论和辩论的记录等)；

两个或更多人之间的通信集等。

上述情况在编制主要款目时，如果出版物指明了主要责任者：

一部著作有两个或更多个人著者，如其中在用词或者版式(布局、编排)上突出了某一个为主要责任者，这个人显然是负主要责任的人，著录时则以其名称作主要款目标目，为其余著者作附加款目。例如：

The vital balance : the life process in

mental health and illness/Karl Menninger

with Martin Mayman and Paul Pruyser

主要款目应以 Menninger，Karl. 作标目。

如果一书有两个或三个个人负主要责任时，用名列第一者作主要款目标目，为其余的人作附加款目。例如：

Elementary differential equations with

linear algebra/Ross L. Finney，Donald R.

Ostbery ；with the assistance of Robert G.

Kuller

主要款目应以 Finney，Ross L. 作标目。

如果没有指明主要责任者：

如果一书由两个或三个个人著者所创作，又没有一个人明显的负责，编制主要款目时，以主要信息源中标明的第一个人作主要款目标目，为其余的人作附加款目。例如：

General college mathematics/W. L.

Ayres,Cleota G. Fry,H. F. S. Jonach

主要款目应以 Ayres, W. L.作标目。

如果某一著作超过三人创作，且没有指明主要责任者，则以书名作主要款目标目。为主要信息源中标明的第一人作附加款目。例如：

The problems on earth:readings in ecology/by

Adam Smith… [et al.]

用书名作主要款目标目。

3. 混合责任者的著作(Works of mixed responsibility)

混合责任者的著作是由不同的个人或团体通过不同的活动如撰写、改写、插图、编辑、改编、翻译等在知识上或艺术上分别做出贡献的著作，混合责任者与著作有不相同关系的责任情况。如：

一部著作由一人著文,另一人绘图；

一部著作由一人创作,另一人改写；

一部著作由一人写作,另一人注释；

一部著作由一人创作,另一人翻译；

一部乐谱作品由一人作曲,另一人改编等。

多重责任者的著作还有下述两种情况：

原著经别人修订、改写或翻译；

由不同的个人做出不同贡献合作产生的新著作,如:作家与艺术家的合作;作曲家和歌词作者的合作;采访报道等。

著录时，主要款目著录标目的选择如下：

第一,原著经他人改写,原文的特征及内容显著地发生变化,或者表现出来的载体已经发生变化,应当根据修改后的著作本身

190

的情况确定主要款目标目,另用原著做名称题名附加款目。例如:

(1)为儿童改写、改编、节写或不同文学体裁版本的读物

> Pilgrim's progress/by John Bunyan ; retold and shortened formodern readers by Mary Godolphin ; drawings by Robert Lawson

主要款目应以 Godolphin, Mary. 作标目。

> The best of Armstrong circle Theatre / adapted by Trudy and Irving Settel(从剧本到故事)

主要款目应以 Settel, Trudy. 作标目。

(2)原文的修订本,原文著者不再在书名页上书名和责任者区域内陈述

> A glossary of literary terms/by M. H. Abrams

上述一书是根据:A glossary of literary terms/Dan S. Norton and Peters Rushton 修订。主要款目标目应是 Abrams, M. H.

(3)当书名页上强调出版物是某文献的注释本时

> The Theaetetus of plato : a commentary/ by Spenser Sayers

用 Sayers, Spenser. 作主要款目标目。

(4)从一种图像的(或载体的)平面艺术品改为另一种图像的(或载体的)平面艺术品

> Courbet's the painter's studio/an engraving by M. M. C.

用 M. M. C. 作主要款目标目。

(5)有文字说明的艺术品复制品,从主要信息源内的情况看,如写文字说明的人为主要著者,以写文字说明的人作主要款目标目。

> William Morris wallpapers and chintzes/Fiona Clark
>
> (Morris 的设计图纸的复制品及 Clark 的注释目录)

主要款目应以 Clark, Fiona. 作标目。

(6)音乐作品的多样化(改作、释义和变奏曲)

> Rhapsody on a theme by Paganini: for piano and

orchestra/Rachmaninov

用 Rachmaninov 做主要款目标目。

（7）由不同作者作曲的作品,经由主要表演者演唱的录音,以主要表演者作主要款目标目

    James Galway plays "song of the seashoe" and other melodies of Japan

        （若干日本作曲家谱写的曲谱,由 James Galway 吹笛演奏）

主要款目应以 Galway, James. 作标目。

（8）以电影、电视剧等为基础的小说

    Star wars : the novel of the smash hit movie/by E. B. Knowles

用 Knowles, E. B. 作主要款目标目。

原著虽经别人修改,仍以原书著者作主要款目标目的,有以下几种:

（1）一个人的音乐作品由另一人表演,以音乐作品的创作者作主要款目标目

    Willie Nelson Sings Kris Kristofferson

    （Kristofferson 作的歌曲,Nelson 演唱的录音）

主要款目应以 Kristofferson 作标目。

（2）一书的译本,以原书著者作主要款目标目

    The fables of La Fontaine/translated by Marianne Moore

用 La Fontaine, Jean de. 作主要款目标目。

（3）改编的音乐作品,著录在乐谱的作曲者名下

    The liturgical year;forty-five organ chorals = Orgelbüchlein/ by Johann Sebastian Bach;edited by Albert Riemenschneide.

用 Bach, Johann Sebastian 作主要款目标目。

（4）带有注释的正文,如果主要信息源上的信息或版面编排

强调著作的版本时,则作为原文的一种版本提供该文献

Plato's Republic/with a commentary by Roderick Wolfe

用 Plato 作主要款目标目。

(5)一书的缩写本或选录本,体裁未发生变化,以原书著者作主要款目标目

Wise words of an early American : a selection from the writings of Benjamin Franklin/put into basic by C. K. Ogden

用 Franklin, Benjamin 作主要款目标目。

(6)有插图的著作,如以文字为主,则以文字内容的作者作主要款目标目

Spacepower : what it means to you/by Donald Cox and Michael Stoiko ; illustrated by N. Stanilla

主要款目应以 Cox, Donald 作标目。

第二,著录在知识上和技术上做出不同贡献的两个或更多人合作产生的新著作,根据主要信息源中的措词或版面编排,以显著提供的个人作主要款目标目。例如:

(1)作家与艺术家合作产生的新著作

Christmas in the Southwest / photographs by Taylor Lewis, Jr. ; text by Joanne Young

用 Lewis, Taylor, Jr. 作主要款目标目。

(2)作曲家和歌词作者合作的著作

Curlew river : a parable for church performance/by

William Plomer ; set to music by Benjamin Britten

用 Plomer, William 作主要款目标目。

如果提供的个人在三个以上,且没有一个是显著的,则以题名著录。

4. 相关著作

相关著作是指一著作与另一著作有相互关系,例如:

续篇（Continuations）及续卷（Sequel）

补编（Supplement）

索引（Indexes）

词语索引（Concordances）

电影剧本（Screen plays），电视剧本（Scenarios）等。

连续出版物中的专辑（Special numbers of serials）等。

编制相关著作主要款目的一般原则是：根据相关著作本身责任者的情况选择主要款目，然后按照条例的规定做出合适的附加款目。

二、个人著者标目名称的选择及其形式

在编制主要款目选择确定个人著者标目名称及其形式的过程中，常常会遇到两个问题。

首先，对于用多种姓名（如：真名、假名、曾用名、现用名、别名和笔名等）发表其著作的著者，应当选择哪一个作主要款目标目呢？是采用著者常用的名称形式，还是用他的真实姓名？过去英美传统做法要求原则上尽量查出著者的真名，按真名著录。

其次，关于个人姓名标目完备程度的要求如何，对于这个问题，英美及我国传统的做法要求用已知的最完全的姓名形式并加注生卒年作著录标目，如一时无法知道著者的最完全的姓名形式，著录时，需留出空位，待日后查出补上，以便保持现有目录的完整性。

AACR$_2$ 和《西文条例》关于选择个人著者标目名称总的原则是："选择为大家所熟知的名称作标目。这个名称可能是这个人的真姓名、笔名、浑名、贵族头衔、荣誉称号、宗教名、首字母、短语或其他名称。"决定某人最为人熟知的名称，是以这个人用他或她自己的语言发表的著作为主要信息源……，而对于用不同语言发表其著作的人（例如：画家、雕刻家）或者最初并不以著者出名的人，"就按他或她所使用的语言，或居住国、或活动所发表的参考

资料中出名的名称来决定。"如果无法确定一个人的几个名称中哪一个最为人所熟知,我们则按以下先后顺序选择一个姓名或姓名形式:

(1)已出版的该著者的各种著作中最常见的名称;

(2)在参考资料中最常出现的名称;

(3)最近所使用的名称。

对一个人的姓名,优先选择其"突出的"形式。如果某著者使用许多笔名而没有一个名称突出地有名,著录的时候,分别用各个著作所使用的姓名作标目。如果同一名称有不同形式,我们应当选择最常见的形式。应当注意,AACR$_2$和《西文条例》遵循的原则是"常见的"。例如,Mark Twain(笔名),马克·吐温为大家所熟知,著录时,选用该名称作主要款目标目,而不选用其真名 Samuel Langborne Clemens。

主要款目标目的名称一经确定,接着就是以何种方式著录的问题。例如:复姓、冠有前缀的姓、姓名的附加等。这就要求选择已选定姓名的某一部分作为标目的第一个词,即款目词。

款目词(Entry word)又称排检词(Filing word),是指决定款目在目录中固定位置的词,通常是标目的第一个词(首冠词除外)。如果一个著者的姓名包括几个部分,作为款目词,应选择该著者所使用的语言或其本国的官方字顺目录中一般著录该著者姓名所用的款目词部分。但是,如果已知著者自己的选择与一般用法不同时,选择款目词就应以著者自己的选择为准。

西方图书的文字语言复杂,各国历史文化、风俗习惯不同,人名的习惯用法及个人著者名称出现的多样化,使得我们在编制款目时,需要利用参考工具书加以判断并做出具体的规定。应当注意的是,在决定采用一种姓名形式后,该著者所著的所有著作,应当尽可能的集中在此一种姓名形式之下,对于出现的姓名形式及采用的情况需记入名称规范档中,否则,同一著者的姓名可能前后分歧,在目录中势必分见于各处,造成目录的混乱。

现就西方人的姓名情况及其著录形式介绍如下:

1. 用姓作款目词

包含有姓的名称,除须按贵族头衔著录外,均以姓作为款目词。

(1)姓名的一般形式

在西文出版物中,著者姓名出现的形式一般是名在前,姓在后,这是欧美人使用的习惯。例如:

Marc Chagall

Henry Arnold

Frank Spencer Mayer

著录标目时,需把款目词倒置,移至前头,即将姓著录在前,名著录在后,姓名之间以","相隔。上列著者的标目形式应是:

Chagall,Marc.

Arnold,Henry

Mayer,Frank Spencer

值得注意的是,有些国家,如日本、匈牙利等,当用本国文字出版图书时,著者姓名的形式是按本国习惯姓在前名在后顺排的,但是,在用英文出版时,著者姓名则按英语国家的习惯,著录时,应视具体情况确定款目词。

(2)姓名的各种形式

在世界各国出版的西文文献中,著者的姓名多种多样。编目过程中,常常会遇到下列的姓名形式:

复姓(Compound surnames)

复姓是由两个或两个以上专有名称组成的姓。

①有连字号(-)的复姓

复姓的几个部分经常或有时用连字号(-)连接,如:

L. M. Milne - Thomson

196

著录时,通常将用连字号(－)连接的两部分作为款目词。上例为:Milne－Thomson,L. M.

②无连字号的复姓,除葡萄牙人外,均用复姓的二部分作款目词。如:

Geoffrey Johnson Smith

著录标目应是:Johnson Smith, Geoffrey.

葡萄牙人则以复姓的最后一部分作款目词,如:

Ovidio Saraiva de Carvalhoe Silva

著录标目应是:Silva, Ovidio Saraiva de Carvalhoe.

③不能肯定姓的性质,类似复姓,但又拿不准时,如果:

著者使用英语或斯堪的纳维亚语时,用名称的最后一部分作款目词。如:

Patrick Gordon Walker

著录标目应是:Walker, Patrick Gordon.

著者使用的不是英语或斯堪的纳维亚语,则用类似复姓的做法将二部分作为款目词。如:

Juan Meléndez Valdés

著录标目应是:Meléndez Valdés, Juan

冠前缀的姓

姓前冠以前置词、冠词、区别语及形容词的,被视为冠前缀的姓。各国姓氏前缀的形式比较多样。

①姓前接头词是一冠词(如"le"、"la")或一前置词(如"van"、"De")及冠词与前置词合成的缩合字(如"de la"、"del la")。

著录冠前缀的姓通常取决于该著者所使用的语言或所属国籍在使用该姓的最常见的形式。如果一个著者使用了两种或更多的语种著书,著录该著者的名称则按下列顺序选用:

a.该著者在其著作中经常使用的语种规则;

b.有关英语的规则(如英语是所用语种之一);

c. 有关著者所定居国家的语种规则；

d. 姓名所属语种的规则。

具体说来——

英语：以前缀为款目词，如：

  De Beca, R. L.

  De la Mare, Walter.

  Le Gallienne, Richard.

  Du Maurier, Daphne.

  Von Braun, Wernher.

法语：前缀若为冠词或冠词与前置词的缩合字组成，则以前缀为款目词。如：

  Le Rouge, Gustave.

  La Bruvére, René.

  Du Mèril, Edélestand Pontas.

  Des Granges, Charles mare.

其余则将前置词后面的部分做为款目词。如：

  Gaulle, Charles de.

  La Fontaine, Jean de.

德语：前缀是冠词或冠词与前置词的缩合字组成，以前缀作款目词。如：

  Am Rhyn, August.

  Vom Ende, Erich Albert.

  Zuni Busch, J. P.

否则，均以前缀之后的部分为款目词。如：

  Goethe, Johann Wolfgang Von.

  Beethoven, Ludwig Von.

意大利语：从前缀部分开始著录现代意大利语的名词。如：

  D' Amato, Nicola.

Da Caprile, Nello.

Dell'Arte, Antonietta.

西班牙语:如前缀仅由冠词组成,则从前缀部分开始著录款目词。如:

Las Cases, Emmanual.

其他名称则从前缀后面的姓氏部分作款目词。如:

Vega, Lope de.

Cruz, Ramón de la

②姓前前缀部分保持固定的接头词或前缀字,从前缀部分开始作款目词。如:

M'Donald, S.

Maclaren, L. L.

Abu Jaber, Kenneth.

AP Rhys, Kamel.

Ben Grion, David.

O'Ferrail, Ame.

Fitz Gerald, Mary

2. 以贵族头衔作款目词

一个有贵族头衔的著者,或者在其著作中使用贵族头衔而不用个人的姓,或者在参考资料中以贵族头衔排列,可视其为通常是按贵族头衔识别的著者。遇此情况,以其贵族头衔的专用名称作款目词。名称的著录顺序是:贵族头衔的专用名称、个人名称、本国语言的贵族爵位等级名称。例如:

Wellington, Arthur Wellesley, Duke of
(贵族头衔)(名) (姓) (贵族爵位名称)
　　　原题:Duke of Wellington

Lauderdale, James Maitland, Earl of
(贵族头衔)(名字) (姓) (贵族爵位名称)

199

原题：Earl of Lauderdale

3. 以教名（不含姓的名称）作款目词

如果著者名称中不含姓氏在内，通常又不以贵族头衔识别，采用参考资料中用于排列的那部分名称作款目词，尔后著录与名称一同出现的用以说明其出身、住所、职业或其他特征的单词或短语，其间以逗号（,）相隔。如：

John, the Baptist. 约翰,施洗礼者

George Ⅵ,King of Great Britain.

乔治六世,英国国王

White Antelope,Cheyenne Chief.

惠特安特罗波,晒延人首领

4. 以首字母、字母或数字做著录标目

如若著者名称是以首字母、字母或数字出现在出版物中，直接按照组成名称的首字母、字母或者数字的原来顺序著录。如：

A. L. O. E.

L. B.& S. C.

E. B.— S.

110908

5. 以短语作著录标目

以短语代替真名的著者,直接按照其短语出现的顺序著录。例如：

Dr. X　　　　　X 博士;X 医生

Father Time　　　时间老人

关于中国人姓名的著录,《西文条例》做出如下原则规定：

1. 一些常见的、著名的中国历史人物和现代的名人原来有惯用的拼法,仍用惯用拼法

如：用：Sun, Yat – sen. 孙逸仙

不用:Sun, Chung – shan

200

Sun, Wen

2. 用汉语拼音字母拼写中国人名

（1）著录汉族人姓名时，姓前名后，中间以逗号相隔。如：

Xu, Haifeng. 许海峰

如是复姓，则连写。如：

OuYang, Wen. 欧阳文

确知是笔名，照录，中间不加逗号。如：

Lu Xun. 鲁迅

（2）著录少数民族著者姓名，用汉语拼音字母音译转写，分连次序则依民族习惯。如：

Siqingaowa. 斯琴高娃

3. 带有外文名字的中国人姓名

中国人姓名中含有一个外文名字，它的顺序一般是：外文名字、姓、中文名字，著录标目应是：姓，外文名字、中文名字。如：

原题：Philip Loh Fook Seng 菲力普罗福森

著录为：Loh, Philip Fook Seng

三、标目名称的附加

编制每一文献的款目，其标目来源于著者名称或者书名，一个款目即代表某一特定的文献。为使标目具有专指性，必要时应附加一些明确的特征做补充说明。

1. 补充贵族头衔与荣誉称号、称呼词等

一贵族头衔或头衔的一部分经常与贵族的名称同时出现在其著作中或参考资料内，若标目未采用其头衔而又没有把握时，可在姓名后面补充贵族头衔。如：

Orczy, Emmuska, Baroness.

英国的荣誉称号"Sir"（爵士，先生），"Dame"（夫人，贵夫人），"Lord"（勋爵），或"Lady"（贵妇人）经常与著者的名称一起

出现在著作或参考资料中,著录时分别加上这些荣誉称号。如:

Hess, <u>Dame</u> Myra.

Tippett, <u>Sir</u> Michael.

2. 对于用姓、或用姓及单词或短语作人名标目时可以使用的附加说明

一著者的名称只含姓氏或姓及单词或短语时,用其著作或参考资料中与姓同时出现的单词或短语做补充说明。如:

Seuss, <u>Dr.</u> (原题:Dr, Seuss)

Read, <u>Miss.</u> (原题:Miss Read)

Molesworth, <u>Mrs.</u> (原题:Mrs. Molesworth)

3. 对于由首字母组成或包含首字母的名称的附加说明

名称的一部分或全部以首字母组成,又已知道全名,如需与其他相同名称区别时,可用圆括号将其全部写出。如:

Smith, Russell E. (Russell Edgar)

Smith, Russell E. (Russell Eugene)

J. J. (Jeremiah Jackson)

J. J. (Jim Johnson)

4. 用以区别相同名称的附加说明

如果标目名称完全相同,补充生卒年是经常采用的一种区别相同名称的方法。如:

Smith, John, 1924—(活着的著者)

Smith, John, 1837—1896(生卒年均知)

Smith, John, b. 1825(卒年不详)

Smith, John, d. 1859(生年不详)

第二节　团体名称标目

机关团体是一个通过特定名称来识别，并作为实体存在的一些人的组织或集体。如：政府部门、政府机构、厂矿企业、公司、学会、协会、宗教团体，以及特设的临时性的组织，如展览会、博览会、节庆会、运动会、探险队和学术会议等。

团体出版物的内容比较广泛，有政治性的，也有学术性的。从出版方式看，团体出版物有图书形式，包括多卷书、丛书等，也有期刊、科技报告或其他连续出版物，还有各种非书资料。

一、团体名称标目使用的范围

1841 年出版的《九十一条》最早将团体名称作为主要款目标目。虽然它还没有明确地提出"团体著者"的概念，却已允许对于机关团体出版物主要款目标目使用独特的标志。

此后，随着科学、文化机构的不断增多，在编目中采用团体名称做标目的情况也越来越多。尤其在英语国家，"团体主要款目"渐渐演变成为"集体著者"，其著录细则也最终成为编目条例的一部分。卡特(C. A. Cutter)在他的《字典式目录规则》中说：机关团体可以作为它所出版的或由它负责的作品的著者。ALA 也明确规定："对于一书的知识内容负主要责任的个人或集体"都应选作主要款目标目。

对于团体名称标目的理解和使用问题，长期都有激烈的争论。欧洲许多国家，如德国等的编目规则，都明确地拒绝承认集体著者的有关理论。

1961 年的国际编目原则会议，就使用机关团体名称作主要款目标目达成了一致的协议。这对编目趋向于国际统一是一个不小的贡献。

巴黎"原则声明"对于取机关团体做主要款目标目作了如下规定：

> 9.11.著作的内容是表明一个机关团体的集体思想或活动的,虽然它是由个人根据其职权签署的。
>
> 9.12.书名或书名页的措词结合出版物的性质,清楚地表明它的内容是由某一集体来负责的。……

英美编目法同样承认以出版物的内容性质为依据确定是否以集体著者作主要款目标目,并依据处理个人著者更多相同的方法处理机关团体著者。1967年出版的AACR第1版,仍旧规定"Author"为"对于一著作的知识和艺术内容主要负责的个人或机关团体"。

"著者"一词包括个人著者和集体著者,这是过去英美编目条例传统的原则。因此,在处理机关团体出版物时,是否以集体著者作标目,取决于出版物的内容性质和形式特征两个方面的因素。当书名页上出现"by…","prepared by…"(提供),或"sponsored by…"(主办)等字样的,常作为主要款目标目处理。

AACR$_{2R}$和《西文条例》用"责任"的概念代替机关团体"著者"的提法。为了代替团体著者(Corporate authorship)这一概念,AACR$_{2R}$和《西文条例》规定"源于一个或几个团体的一本书"可以"按照适合的团体标目"进行著录,就是说,团体名称作主要款目标目仅仅限于那些"发源"自机关团体并且属于下列范围的出版物:

1. 那些论述机关团体本身行政事务的出版物

如:记载其内部的方针政策(Internal policies)

措施(Procedures)

业务(Operation)

财政预算及报告(Finances)

干部及工作人员情况(Officers,staff)

或该团体本身的资源(Resources),例如:

目录(Catalogues)

报表(Inventories)

人名录(Membership)和

会员指南(Directories)等。

2. 某些法律的和下列类型的政府著作

法律(Laws)

有法律效力的行政首脑法令(Decrees of the chief execu-
tive that have the force of
law)

行政管理条例(Administrative regulations)

条约(Treaties)

法院裁决(Court decisions)

立法机关听证会(Legislative hearings)

3. 那些记录一个机构集体思想的

如:委员会或专门委员会的报告(Reports of commissions,Com-
mittees)

政府关于对外政策的声明(Official statements on external
policies)

政党的纲领(Party constitution)

4. 那些报导有关会议、考察队及特设临时组织等机关团体的
集体活动的

如:会议录(Proceedings)

论文汇编(Collected papers)等

探险队的考查结果(Results of exploration)

调查报告(Investigation)

或某一机关团体的重要事件,如:

展览会(Exhibition)

博览会(Fair)

节庆活动(Festival)等

5."超出单纯表演、执行等范围之外,承担团体责任、以表演团体为整体而进行集体活动所产生"的录音、影片以及录像资料

6.出自一个机关团体(并非只负责出版发行,还对文献的制作负主要责任的机构)的测绘制图资料,如绘制地图和地球仪

应当指出,一些出版物虽是由机关团体发出,但如不属于上述范围内的出版物,则不得按机关团体处理,需视出版物本身情况确定主要款目标目。

由上述可见,AACR₂和《西文条例》从著者定义中摒除了"团体著者"的概念,虽然仍采用团体名称做主要款目标目,但它已不是确定该原则的有关根据,而限于列举了各种团体名称做主要款目的情况,将个人著者与机关团体从定义上和著录标准上予以彻底分开。

二、团体名称的标目形式

依据条例规定,一经确定了团体主要款目限于的某些类型所适用的资料范围,该团体便可在目录中作主要款目标目使用。但是,如何选择恰当的名称形式的问题尚须解决。有关团体名称在许多方面与有关个人名称标目所遵循的原则是一致的,如无论是个人还是团体都应当著录在其最为大家所熟悉的名称形式之下。

团体名称常常以不同的形式出现在出版物上,团体的类型繁多,成分复杂,这是著录团体名称时常常遇到而又感到比较困难的问题。为使标目具有明确的专指性,即某一标目形式仅代表某一特定的团体,在使用团体名称作标目时,须注意著录标目的形式问题。

决定团体名称形式,AACR₂和《西文条例》的基本原则是选用能够识别该团体的最显著的名称形式,其形式通常依据该团体使用的官方语种名称"在其出版"("出版"系指作为文献责任者的团体所发出的文献,并非指作为文献出版家的出版)的文献上所使

用的形式,并试图使政府团体和非政府团体接近于一致。

正是因为条例强调直接选用出现在文献主要信息源中最显著的团体名称做标目,才引起了很多团体标目名称和目录中已选用的团体标目名称的不同。

在著录政府团体或非政府团体名称时,有些机构名称需要加上其较高一级或主管单位的名称。

就政府团体(包括中央和地方政府)而言,有十种情况需要以国名或地名做主要款目的第一级标目(即主标目),其本身名称则做从属标目著录。其中,前三种情况是根据团体名称的性质而定。它们是:

1. 不足以识别而又明显为一政府机构下属单位的团体名称

如:Arizona. Department of Education.

　　Vermont. Department of Water Resources.

属此种情况的下属单位在名称中常含有 division,department,branch,section 等字样。

2. 隶属于政府行政部门的团体名称

如:United States. Committee on Retirement

　　Policy for Federal Personnel.

　　United States. Commission on Civil Rights.

上述情况的团体名称常含有 Commission,Committee,Bureau,Office 等字样。

3. 隶属于政府的团体,但具有通用性

如:United States. Environmental Protection Agency.

　　United Kingdom. Department of Environmental Protection.

其他七种是按团体的职能确定从属著录的。它们是:

1. 中央政府各部门或者类似的主要行政部门

例:Australia. Ministry of the Interior.

　　United Kingdom. Home Office.

2. 立法机关

如：国会议会 Parliaments

城市理事会 City Councils

政府立法机关 State legislatures

例：United Kingdom. Parliament.

New York (State). Legislature.

3. 司法机关

例：United States. Supreme Court.

United Kingdom. Hight Court of Justice.

4. 国家的武装部队

例：United States. Army.

Australia. Royal Australian Navy.

5. 国家元首及政府首脑

例：United Kingdom. Sovereign (1952—：Elizabeth Ⅱ)

Canada. Prime Minister.

6. 一国的驻外大使馆及领事馆

例：Canada. Embassy (U. S.)

United States. Consulate (Shanghai)

7. 国际或政府间的机构代表团

例：China. Delegation to the United Nations.

如果某政府机构不符合上述所列举的任何类型,则直接的以出现在出版物中机构所用名称著录。

就非政府团体而言,有五种情况在著录时需用其上级机构作一级标目,它们是:

1. 明显为一机构下属单位的机构名称

例：Biackwell's. Antiquarian Department.

University of Chicago. Department of Education.

2. 隶属于行政部门的下级机构名称

208

例:American Library Association.

Committee on Accreditation.

National Council. of Teachers of English.

Committee on the Elementary School Booklist.

3. 不能鉴别其所属,具有通用性的机构名称

例:Harvard College. Class of 1916.

University of Couthern California. Friends of the Libraries.

4. 属于大学某个专门研究领域的机构

如大学的系(Faculty)、研究院(School)、学院(College)、研究所(Institute)、实验室(Laboratory)等,例:

Syracuse University. College of Medicine.

University of North Carolina (Chapel Hill Campus). School of Library Science.

5. 名称中包含有上一级机构的名称

例:University of New Mexico. Library.

Wuhan University. Library.

上述五种类型,即指从属或含有从属之意的团体名称,也指由上级机构管辖的团体名称。著录时,从属机构著录于上级机构之后,以从属标目形式出现。

如若非政府团体不属于上述五种情况,则按照总的原则直接将出现在出版物中的团体名称取作标目。

团体的标目名称应取自文献的主要信息源。在著录团体名称时,还会遇到下述几个问题:

1. 团体异名

同一团体异名有两种情况:

a. 全、简称异名

在西文出版物中,同一团体的名称,时而用全称,时而又用简称,这是常见的现象。如联合国教科文组织,它的全称是 United

Nations Educational Scientific and Cultural Organization，简称为Unesco；又如（美国）电气与电子工程师学会，全称是 Institute of Electrical and Electronics Engineers，简称为 IEEE。像上述的全称、简称都会在出版物中出现。就全称与简称两种名称的形式比较，简称虽然简短，便于排检，但容易产生雷同，即不同的团体其简称相同的可能性较大。因此，并非所有的团体名称的简称都宜取做著录标目。在同一团体的全、简称名称中，只要一团体的名称按同一形式出现在其出版物中，就按其所出现的名称形式著录。然而，有时虽然该机构的名称未变，但在其出版物中却使用了不同形式的名称，首先选择在主要信息源上出现的名称形式；如果全、简称形式同时提供在主要信息源中，则选择显著标明的名称形式；无显著标明的名称形式时，可选择简略的形式，但简略的形式应能区别采用同一简略形式的别的团体，否则，应选择全称形式。

b. 不同拼写形式异名

同一团体名称有不同的拼写形式时，首先选择反映官方正音规范变化的拼写形式；若不能确定官方正音规范标准，则选择显著的拼写形式；无法确定显著的拼写形式，就使用编目单位用该团体名称首次编目的标目形式。

2. 团体名称语种

关于团体标目名称所采用的文字，原则上应与出版物正文相同；如遇一团体在其出版物中使用几种不同的文字形式，则选用其官方所使用的语言文字作著录标目；对于用一种以上的官方文字（如加拿大等国），如其中一种是英语，则选用英语形式；如官方语言没有英语形式，或对其官方语言不了解，可选其出版物上显著标出的语言名称；在无法确定较显著的语言名称时，可按英语、法语、德语、西班牙语次序或者采用本馆读者熟悉的一种语言名称形式。注意：无论采用哪种文字形式，都应为其他不用的文字作参照。

3. 团体译名

如果团体的官方语文属非罗马拼音文字,其标目名称应选用该团体在文献上标出的正式对外的罗马文字译名;如正式对外的罗马文字译名有一个以上,则选择文献上显著标出的译名形式;无显著标出的译名形式,应选择意译名称。

中国团体译名,如若译名中的人名已有其惯用罗马拼法,则以其习惯拼法作著录标目,如:Sun Yat – sen University,注意,应为其汉语拼音形式的名称形式做参照。

中国团体名称中如含有地理名称,无论其是否有惯用的罗马文字的译名形式,均使用该地理名称的汉语拼音形式的团体名称标目。如:

Zijinshan Observatory.

就应当为其惯用的罗马文字的译名形式 Purple Mountain Observatory 做参照。

4. 团体更名

机关团体因为调整、合并、分设等情况,在其出版物中,名称也随之变化。对于变化了的名称,如何看待及怎样著录,过去是不统一的。美国图书馆协会(ALA)1949 年的条例曾规定无论一机构在历史上使用过多少名称形式,应将其所有的出版物像处理个人著者那样,在目录中集中于一处。

1953 年柳别斯基(Seymeur Lubetzky)在他的《编目条例与原则》(Cataloging Rules & Principles)一书中指出:作为著者看待的机关团体与个人著者不能完全等同。对于一个人来说,尽管他或她的名字可以随意改变,但毕竟还是同一个人;一个机关团体的寿命较之个人著者要长得多,并且,在组织与结构方面可以发生各种变化,而这些变化则往往在其名称的变化中得到准确的反映。因此,问题就在于怎样看待一个在名称上已发生了变化的机构,从著录的目的来说,即是将其看作同一机构还是另一不同的机构。

AACR$_2$ 和《西文条例》所持的态度是将名称变化了的团体确

认是另一个不同的实体,其款目须著录于该团体在出版物上出现的名称(变化了的名称)之下,并为其不同的名称作参见。例如:Midwest Inter‑library Center 后改名为 Center for Rearch Libraries,改名后的出版物著录标目发生了变化,则分别为两个不同的名称编制参见片。

5. 多层次团体标目的取舍

团体名称出现在西文出版物中,有时层次很多,但不一定都一一著录,有时又过于简略,需要补充。为了确保标目的一致性,对于三级层次的从属单位,一般只取首末两级作著录标目。这样,著录标目既简明,又不致遗漏其中主要含义。例如:"美国标准局"的层次是 U. S. Department of Commerce. National Bureau of Standards(美国·商业部·国家标准局),取其首末两级作标目,即是美国标准局 U. S. National Bureau of Standards,在著录标目中,中间一级"Department of Commerce"省略。但是,做这种省略后,如果另有同名团体,则中间一级不能省略。如:

U. S. Treasury Department. Bureau of Accounts.

(美国·财政部·统计局)

U. S. Interstate Commerce Commission. Bureau of Accounts.

(美国·州际商业委员会·统计局)

上两个机构的首末两级名称完全相同,如果都省去中间一级,则不同机构的标目形式完全相同,即都是:U. S. Bureau of Accounts.。所以像这种情况,三级机构都应著录。

如遇四级层次的从属机构,著录标目时,一般将第二级省略。这样,既可使标目具有识别性,又使标目不致与其他标目混淆。

由于团体层次的关系比较复杂,在主要信息源中所提供的情况又常常不够充分,所以在著录时,除了主要信息源中提供的信息外,还需参考有关的参考资料,以便给予准确的著录。

6. 标目名称省略

在著录标目时,通常,对处于团体名称之首且无语法影响的冠词予以省略。如:

Club (London).

不用 The Club (London)

Library Association.

不用 The Library Association.

团体名称中用以表示股份和产权所属、社团的结合方式等法人性质的用语,如 Inc. 、Ltd.(以及其他语种与之相对应的词语),予以省略。如:American Ethnological Society. 省略了 Inc. ,Metropolitan Applied Research Center. 省略了 Corporation。

对于出现在船只等团体名称之前表示种别、国别等的标志词,如:L. S. S.(救生船)、U. S. S.(美国船)、H. M. S.(英国舰船)等,也予省略。

7. 标目名称的附加

为了确保标目的唯一性,条例要求我们对团体标目名称做补充说明。但是,并非所有团体标目名称都需如此,只有当团体名称不能显示其本身性质或当两个或更多不同团体标目名称形式相同时才用括号做补充说明,以示区别。

a. 补充识别词用来说明性质不明确的团体

Apollo Ⅱ (Spacecraft).

Bounty (Ship).

Friedrich Witte (Firm).

b. 用国名、州名、省名做补充说明

National Gallery (United Kingdom).

National Gallery (South Africa).

Republican Patty (Ill.).

Republican Patty (Mo.).

c. 用团体所在地做补充说明

    Roosevelt Junior High School（Eugene）

    Roosevelt Junior High School（San Francisco）

d. 用团体所在机构做补充说明

    Newman Club（Brooklyn College）

    Newman Club（University of Maryland）

e. 用创始年做补充说明

    Scientific Society of San Antonio（1892—1894）

    Scientific Society of San Antonio（1904—）

第三节　会议名称标目

　　AACR$_{2R}$和《西文条例》为取团体名称作标目的资料规定了范围,显然,团体一词已经限定包括会议名称、代表大会、会议等。

　　会议的类型较多,就其组织规模来说,可以分为国际性的、地区性的、全国性的、专题性的会议等。此外,对一些重要的活动,如:研讨会、座谈会、现场会、纪念庆祝会、展览会、博览会、训练班、考察队等,在著录时,也作会议看待。就其会议形式来说,常见的有:

    Annual conference　年会

    Colloquium　（学术）讨论会

    Conference　大会;专业性会议

    Congress　代表大会

    Convention　非常会议

    General assembly　常会;全会

    Meeting　会议(泛指)

    Seminar　研究班;学术讨论会

    Session　小型会议

Symposium　讨论会;学术报告会

Workshop　业务讨论会

Council　政务会

Course　讲座

Exhibition　展览会

Exposition　博览会

Expedition　探险考察活动

Fair　展览会

Festival　庆祝会

会议就其内容性质来说,有党政机关、社会科学和自然科学三类;就其整理后编辑出版的会议录的出版形式来说,多半是以普通图书形式出版,也有以期刊、科技报告等形式出现的,现在也有不少直接发行录音、录像资料的。本节侧重讨论图书型的会议录的著录方法问题。

仅就图书型的会议录来说,其版型也是多种多样的。例如,有的以具体书名汇集成册,有的为丛书或多卷书,有的是科学进展丛书,有的则是期刊专号、特刊等。同时,会议录外表结构及印刷方式也很不一致,给著录会议录带来了一定的困难。

一、会议名称标目选取原则

随着会议录入藏量的增加和出版形式的变化多样,人们在编目和检索工作中,进一步感到会议录的主要特征是会议名称,无论在揭示藏书和检索服务工作中,会议名称都起着较为重要的作用。这是因为:

1. 会议名称直接反映会议的活动和内容、性质;在形式上又往往是书名的组成部分。因此,取会议名称作主要款目标目,就能更确切地反映出会议录内容特征。

2. 在会议录的各种外表特征中,会议名称通常最为明显突出。

因而它是读者常用的检索途径。

3. 会议名称一般比较固定,取会议名称作著录标目,能使著录标目保持相对的稳定性。

4. 会议名称一般比较专门具体,取会议名称作主要款目标目,可以使其专指性更强。

AACR$_2$ 和《西文条例》规定:一会议标目可以是记录该会议集体活动的著作的主要款目,例如:它的会议或者论文集。用作主要款目标目的会议名称必须显著地出现在主要信息源中。

由上所述,会议录主要款目标目,基本上遵照如下原则来确定:

1. 凡有正式会议名称的会议录,取其正式会议名称作主要款目标目;

2. 如果没有正式会议名称,取机构会议名称(内容须论及其机构的内部政策、程序及活动)作主要款目标目;

3. 既没有正式会议名称,又没有机构会议名称,则取该会议录的题名做主要款目标目。

二、会议名称标目的形式

遵照上述原则,试看以下各类型会议录的主要款目标目。

1. 在主要信息源中,提供了正式的会议名称和会议的主办机构,为使同一会议在字顺目录中集中,均取正式的会议名称做标目。

Lunar Science V

Abstracts of Papers Submitted to the

Fifth Lunar Science Conference

Sponsored by

NASA Through The Lunar Science Institute

and The Johnson Space Center. March 18—22,1974

Compiled by the Lunar Science Institute

3303　　NASA

Road 1,Houston, Texas 77058

该书主要款目标目应是:

Lunar Science Conference (5th：1974：Houston,Tex.)

2.在主要信息源中提供有正式会议名称和个人编者,因编者只是将会议集体活动的内容加工整理,对内容本身不负有责任,因此,应取正式会议名称做主要款目标目。

**Theory and Practice
of Software Technology**

Proceedings of the International Seminars
on Software Engineering, Capri, Italy, 1982

Edited by
Domenico Ferrari
Computer Science Division
Department of Electrical Engineering and
Computer Sciences of University California, U. S. A

North – Holland Publishing Company
AMSTERDAM. NEW YORK. OXFORD
1983

该书主要款目标目应是：

International Seminars on Software

　　　　Engineering (1982 ：Capri, Italy)

3. 主要信息源中提供的正式会议名称之前冠有机构的缩写名称或机构名称是正式会名不可分割的组成部分, 遇这两种情况则把其作为正式会议名称的组成部分取做主要款目标目。

20th AIAA Aerospace

Sciences Meeting

held at Orlando, Fla.

May 3—4 1982

Vol. 1

New York

Ameriacan Institute of

Aeronautics and Astronautics

1982

该书主要款目标目应是：

AIAA Aerospace Sciences Meeting(20th ;1982 :

Orlando,Fla.)

4. 在主要信息源中提供有正式会议名称和机构会议名称的，则取正式会议名称做主要款目标目,同时为机构会议名称做附加。见下例：

Mössbauer Effect Methodology

Volume   8

Proceedings of the Eighth Symposium on
Mössbauer Effect Methodology
New York City, January 28, 1973

Edited by
Irwin J. Gruverman
and
Carl W. Seidel

Plenum   Press
New York and London

在该书半书名页上,注明该会议录是:

Proceedings of the Annual Symposium of the New England
Nuclear Corporation, Boston.

该书主要款目标目应是:

Symposium on Mössbauer Effect Methodology
  (8th : 1973 : New York City)

5. 主要信息源中未提供正式会议名称,但指出是某机构的会议,著录时,取该机构本身的名称做第一级标目,会议标识词"Conference"、"Symposium"等作为第二级标目。

Contributions of Business Cycle
Surveys to Empirical Economics

Papers Presented at the 18th
CIRET Conference proceedings
Zurich 1987

Edited by
KARL HEINRICH OPPENLANDER
IFO Institute for Economic Research
Munich

and
GUNTER POSER
University of Darmstadt
Darmstadt

Avebury
Aldershot. Brookfield USA. Hong Kong

该书主要款目标目应是：

CIRET. Conference (18th : 1987 : Zurich, Switzerland)

6. 主要信息源中提供的正式会议名称之前冠有表示会议频率的词，如 Annual, Biennial 等著录标目时，应做省略。

COLOR AERIAL
PHOTOGRAPHY

IN THE PLANT SCIENCES
AND RELATED FIELDS

Proceedings of the Tenth Biennial
Workshop on Color Aerial Photography
in the Plant Sciences

Sponsors
Eastern Great Lakes Region, American
Society of photogrammetry and Remote
Sensing
American Society of Photogrammtry and Remote
Sensing

Held at
The University of Michigan
School of Natural Resources
Ann Arbor, Michigan
 May 21—24, 1985

该书主要款目标目应是:

 Workshop on Color Aerial Photography in the Plant
 Sciences（10th : 1985 : Michigan）

 有些会议录,会议的正式名称出现在书的序言、导言等部分,
在书名页内仅有表示会议的标识词,如:

222

会议录书名页

Applied Time Series Analysis

Proceedings of the International Conference

held at Houston, Texas, August 1981

Edited by O. D. ANDERSON

and

M. R. PERRYMAN

1982

North – Holland Publishing Company

Amsterdam New York　Oxford

上列书名页中只有 Proceedings of the International Conference 的记载,而正式的会议名称则出现在该书的序言中:Proceedings of the International Conference on Applied Time Series Analysis。

对于会议名称的信息源是局限在书名页内还是扩大到正文之前的部分,看法不一。AACR$_2$ 和《西文条例》的规定也不尽相同。AACR$_2$ 关于信息源的规定除书名页外,也包括来自资料正文及资料以外的信息。而《西文条例》关于会议录的信息源却规定:3.5.2.4"凡在主要信息源(题名页)找到正式会议名称的均以正式会名作为主要款目标目。""如会议录的题名页上没有会议名称的记载,或仅在版权页、序言、封面等处提到,著录时以题名作为主要款目标目。"很显然,《西文条例》把会议名称标目的信息源完全框定在"题名页"上。这就不仅与《西文条例》本身的导则 3.1"确定检索点的依据是文献的主要信息源。只有在主要信息源没有提供必要的信息时,才可采用文献本身其他部位或文献以外的信息源"相悖,而且与会议录出版的实际情况也不相符。会议录出版版式极不规范,正式会议名称除出现在书名页上,有时还载于版权页或前言里,或者出现在在版编目数据中。即便是同一会议的各届次会议录,也常常随届次与开会地点的不同而各异。会议录的信息源仅局限在书名页上,势必造成同一会议的各届次会议录因版式的不同而无法集中。

综上所述,会议录一般都是以正式的会议名称做主要款目标目。

7. 对一些重要活动,如:展览会、考察探险队活动、博览会、节庆会等,著录时,也作为会议类型看待,主要款目标目的结构与上述会议名称标目相同。例如:

International Fiber Optics and Communications Exposition
    (2nd : 1979 : Chicago)

8. 政党和政府会议文件以会议名称作为主要款目标目。通常,标目结构是:

政党
各国政府名称 + 会名(届次 : 日期 : 会址)

例如:Communist Party of China. National Congress (12th : 1982 :
    Beijing)

9. 有些会议录是以科学进展丛书的形式出版的,我们称其为会议进展丛书。

如上所说,会议录一般是以正式会议名称做主要款目标目,科学进展丛书则因其是有固定书名的连续出版物,一般以书名为主要款目标目,而会议进展丛书,则既是会议录,又具有科学进展丛书的特点,因此,对这类出版物的处理比较复杂。就目前所见,会议进展丛书的出版情况多种多样,大体上有如下几种:

(1)会议的召开届次与会议进展丛书的卷期次是一致的,即某会议的第一次会议录作为某科学进展丛书的第一卷出版,此后一直按这种方式继续出版。如:

Advances in the Chemistry
of the Coordination Compounds

Volume 6

Proceedings of the Sixth International
Conference on Coodination Chemistry
held at Wayne State University , Detroit ,
Michigan , August 27 to September 1 , 1967

Edited by Stanley Kirschner
Professor of Inorgranic Chemistry
at Wayne State University

THE MACMILLAN COMPANY
NEW YORK 1967

　　（2）有些会议录，是在某会议举行过多次之后才开始用科学
进展丛书的形式出版的，但此后连续出版该会议的会议录。如：

Advances in X – Ray Analysis

Volume   19

Proceedings of the Twenty Fourth Annual
Conference on Applications of X – Ray Analysis
held at Denver, August 6,1975

Edited by
R. W. Gould, University of Florida

KENDALLHUNT PUBLISHING COMPANY
Dubuque,Lowa

　　上述两种情况的会议录,从出版的情况看,都是以会议录为主
的,会议进展丛书名,一般是会议录的专题书名,而且各卷都标明
会议名称、届次、时间等,为了使同一会议的各届次会议都集中在
一起,应取会议名称做标目。

　　(3)有些会议录只是作为某科学进展丛书中的一卷或几卷出
版,像这种情况,既要考虑到整套进展丛书的完整性,同时,也应使
同一会议名称的各次会议录集中反映出来。对于这种会议录,应
当以进展书名做主要款目标目,然后为会议名称做附加。如:

Advances in Cryogenic Engineering

Volume　　21

Proceedings of the 1975 Cryogenic
Engineering Conference
held at Queen's University, Kingston,
Ontario, Canada July 22 – 25, 1975

Edited by

K. D. Timmerhaus

Plenum　　Press
New York　　and London

　　但是,如果科学进展作为某套丛书的书名出现,其各卷分别有具体书名,则应视文献本身具体情况著录。如 225 页图示。

三、会议名称标目的附加部分

　　著录会议名称标目时,均应附加会议届次、会期和召开地点;三者之间均用冒号相隔,并用圆括号括起。

**Biological Characterization
of Human Tumours**

Editors ：Walter Davis

Cesare Maltoni

Advances in Tumour and Characterization 3

Excerpta Medica　　　Amsterdam
1977

附加会议届次、会期和召开地点时应注意下述几点：

1. 会议届次

如果会议的届次作为正式会名的第一词出现,著录会议名称时省略,而作为第一补充说明提供在括号内,会议届次用英语序数词的缩写形式提供。如：

　　第一次　First 用 1st

　　第二次　Second 用 2nd

　　第三次　Third 用 3rd

　　第四次　Fourth 用 4th

2. 会议日期

多数情况下,补充说明会议的日期只著录开会年代。只有当相同名称的会议在同一年举行两次或两次以上,才著录开会月份。

3. 会议地址

指会议召开所在的地区名称。有时出版物上仅提供会议的会址(如在某大学、学院召开),而无地区名,则采用所在机构名称作会址;如会议在两个地方召开,则两个地方名称都著录;如开会地区名称已出现在正式会议名称中,作补充说明时,可省略此种成分。

四、关于书名的描述

与普通图书比较,会议录有关书名的记载较为复杂多样。虽然本章集中介绍主要款目标目问题,但考虑到学习的方便,仍将此问题作一概括性的介绍。

著录会议录书名时,应视具体情况作出不同处理。概括地说,大致有如下几种情况:

1.有些会议录在主要信息源中提供有显著的专题书名,"某会议的会议录"仅作为副书名出现。著录时,在书名责任者项内照录书名(即专题书名),副书名则以"proceedings of the ? th..."这一省略形式表示。如图例:

```
Call    International Seminars on Software Engineering ( 1982 : Capri,
no.     Italy )
        Theory and practice of software technology : proceedings of
        the… / edited by Domenico Ferrari. —Amsterdam : North - Hol-
        land Publishing Co. ,1983.
        258p. : ill.
        Includes index.
                              ○
```

2.有些会议录没有提供专题书名,"某正式会议的会议录"也就是书名,因正式会议名称、届次、时间、地点等已作主要款目标目使用,所以,在书名责任者项内,书名部分只著录"proceedings of the ? th…"这一省略形式。如:

PROCEEDING OF THE

FIFTH ANNUAL
PRINCETON CONFERENCE

ON
INFORMATION SCIENCES AND SYSTEMS

Papers Presented
March 25 – 26 , 1971

Conference Chairman: M. E. Van Valkenburg

Department of Electrical Engineering
Princeton University

Princeton , New Jersey 08540

图例：

Call	Princeton Conference on Information
no.	Sciences and Systems（5th ：1971）
	Proceedings of the fifth annual
	⋯ ／ sponsored by the Department of
	Electrical Engineering , Princeton Uni –
	versity. —[S. 1. ：s. n.]，[1971?]
	532 p.

○

3. 有些会议录,既没有提供专题书名,也没有"proceedings"字样,其正式会议名称也就是书名。著录时,会议名称虽已作主要款目标目使用,但其顺序和作为书名的会议名称不尽相同,因此在书名责任者项内重复会议名称。如下面图例:

```
Call    AIAA Aerospace Sciences Meeting
no.        (20th : 1982 : Orlando, Fla. )
        20th AIAA Aerospace Sciences
        Meeting, held at Orlando, Fla.  May
        3—4, 1982 ; v. 1. —New York : Ame-
        rican Institute of Aeronautics
        and Astronautics, 1982.
        279 p.
                    ◯
```

鉴于会议名称就是书名,《西文条例》依据图书馆现时采用卡片目录的实际,提供了供选择使用的做法,即"将主要款目标目当作题名用,用悬行著录"。上书可著录为下列图例:

```
Call    AIAA Aerospace Sciences Meeting
no.        (20th : 1982 : Orlando, Fla. ) ; V. 1.
        —New York : American Institute
        of Aeronautics and Astronautics, 1982
        279p.
                    ◯
```

应当指出,关于会议录书名著录的几种格式("Proceedings of the ? th…")是根据我国目前采用单元卡空间有限为前提的,$AACR_2$ 无此规定。

第四节　题名标目

在标目选取上，AACR$_2$ 和《西文条例》规定除电影、录像资料以外的一切文献载体，一律以著作责任者为主要款目的标目。著作责任者不明确的，则用题名作主要款目的标目。"著作责任"的强调，使得以题名作主要款目标目的文献愈来愈多。

一、题名标目的选择和著录

属于下列情况的著作通常以题名作主要款目标目：

1. 著者名称不明确、无法肯定或无著者的著作。如：

题名页

> Author anonymous
> GO ASK ALICE
>
> PRENTICE – HALL, INC
> Englewood Cliffs, N. J.

2. 一著作有三个以上同等关系的责任者，其中没有标明主要负责人的。如：

题名页

> Beyond the Workplace
> Managing Industrial Relations
> in the Multi – Establishment Enterprise
>
> Paul Marginson, P. K. Edwards
> Roderick Martin, John Purcell, Keith Sission
>
> Basil Blackwell

3. 在编者指导下编辑出版的多人文集或著作,因编者是"为他人的作品准备出版的人,他的劳动只限于为出版该资料做准备工作或包括审编和附加导言与评注。"如:

题名页

**Legal Aspects of Introducing Products
to The United States Market**

John Richards MA, LLB
Member of New York Bar
(General Editor)

Robert Alpert BA, MFAJD
Member of New York Bar
Richard P. Berg BSEE, JD
Member of California and Texas Bars
Linda L. Berkowitz BA, JD
Member of New York Bar

Thomas J. Gioia MS (Tax)
Certified Public Accountant
Daniel F. Zendel AB, JD
Member of New York Bar
KLUWER LAW AND TAXATION PUBLISHERS
DEVENTER · ANTWERP
LONDON · FRANKFURT · BOSTON · NEW YORK
1988

---

4. 多卷著作,有总书名但无总的责任者。

5. 某些专题会议文集,无正式会议名称,不属于团体标目的范围。如:

The Economics of Public Debt

Proceedings of a Conference held by
the International Economic Association
at Stanford, California

Edited by

Kenneth J. Arrow
and
Michael J. Boskin

in association with the
MACMILLAN INTERNATIONAL ECONOMIC
PRESS ASSOCIATION

1988

6. 供检索、查阅用的工具书,包括字典、百科全书及人名录,其多数是由编者编辑而成。如:

ENCYCLOPEDIA
OF POETRY
AND POETICS

ALEX PREMINGER
EDITOR

FRANK J. WARNKE AND O. B. HARDISON, JR.
ASSOCIATE EDITORS

PRINCETON, NEW JERSEY
PRINCETON UNIVERSITY PRESS

1965

以题名作为主要款目标目,悬行著录的样例:

Call Encyclopedia of poetry and poetics /
no. Alex Preminger, editor, Frank J.
  Warnke and O. B. Hardison, Jr. , associ –
  ate editors. —Princeton, N. J. : Prin –
  ceton University Press, 1965.

 ......

    ○

二、统一题名

对统一题名(Uniform title)，AACR₂和《西文文献著录条例》的解释为：一是编目中用于识别题名不同的同一著作的特定题名，二是用于排列某个著者、作曲者或机关团体的若干著作或作品选（如全集、一些特殊文学或音乐体裁的作品等）所采用的通用总题名。

（一）统一题名的职能及其形式

统一题名的职能主要表现在两个方面：

1. 集中同一著作的不同版本和译本

即：以不同的正题名出版的同一作品，或一个作品的不同文种的译本，均可用统一题名集中。

2. 集中同一责任者的同一体裁或同一类型的不同文献

关于统一题名的著录规则，AACR₂ᵣ和《西文条例》都提出供选择使用。因此，对于是否采用统一题名和如何采用统一题名，各编目机构可根据自己的实际情况做出决定。

一般来说，采用统一题名的依据如下：

（1）本馆是否收藏了一种作品的不同版本或文本；

（2）馆藏是否供学术研究之用；

（3）所编文献的主要款目是否以题名作标目；

（4）所编文献的原版本是否为另一种语言；

（5）所编文献是否著名以及著名程度如何。

此外，编目人员的语言水平，对文献版本渊源的熟悉程度等，也应作为参考依据。

根据具体情况，统一题名可采用不同的形式来著录：

（1）所编文献主要款目实际上不属于以个人著者或团体名称为标目著录的范畴，如古典佚名作品、各种宗教经书、某些多国条约，以及主要款目应以题名著录的其他文献，可以考虑以统一题名作主要款目标目。例如：

```
Arabian nights.
    The book of a thousand nights and a night…
```

```
Arabian nights.
    Stories from the Arabian nights. . .
```

（2）如果待编文献主要款目是以个人著者或团体名称为著录标目的，统一题名则应在主要款目的标目与正题名之间另起一段著录，并加方括号。例如：

```
Twain. Mark.
    Adventures of Huckleberry Finn.
```
（以 Adventures of Huckleberry Finn 这一题名出版的一种版本）

```
Twain, Mark.
    [ Adventures of Huckleberry Finn ]
    Huckleberry Finn…
```
（另一种文字版本）

```
Twain, Mark.
    [ Adventures of Huckleberry Finn. German ]
    Huckleberry Finn;ein Mississippi roman…
```
（一种德文译本）

（二）统一题名的使用范围与选择方法

一般说来，在下列情况下，可以选用统一题名。

1. 具有以下特点的一般文献

（1）图书馆收藏有以不同的正题名（修订版除外）出版的同一文献，选择该文献中为大家最熟悉的题名作统一题名。例如：

```
Dickens, Charles.
    [Oliver Twist]
    The adventures of Oliver Twist / by Charles
Dickens ; illustrated by Barnett Freedman…
```

```
Dickens, Charles.
    [Oliver Twist]
    Oliver Twist, Or, The parish boy's progress…
```

（2）待编文献有一不易被读者注意的正题名，而又有一个容易被作为检索途径的常见书名时，应考虑取常见书名作统一题名。例如：

```
Melville, Herman.
    [Moby Dick]
    The waling story from Moby Dick…
```

```
Twain, Mark.
    [Tom Sawyer]
    The adventures of Tom Sawyer…
```

（3）待编文献属某一著者的作品的全集或选集，可以考虑以文献类属词作为统一题名。例如：

```
Lenin, V. I.
    [Works. English]
    Collected works of V. I. Lenin…
```

```
Shakespeare, William.
    [Works]
    The complete works of Shakespeare…
```

> Poe , Edgar Allan.
>
> [Selections]
>
> Selected prose and poetry / Edgar Allan Poe;
>
> edited with an introduction by W. H. Auden⋯

常用的类属词有 Works、Selections、Novels、Collections、Poems 等。

2. 古典佚名著作

该类著作多为史诗、剧本、寓言、传奇等作品。它们经世代流传,版本和译本形式颇多,以统一题名作主要款目标目,可使各种版本和译本得以在目录里集中。例如:

> Defoe , Daniel.
>
> [Robinson Crusoe]
>
> The life and adventures of Robinson Crusoe / by
>
> Daniel Defoe ; illustrated by Roger Duvoisin⋯

> Arabia nights. German.
>
> Die Erzählungen aus den Tausend and Ein Nächten⋯

3. 各种宗教经书

该类著作长期流传,版式甚多,并以各种不同题名出现,应以统一题名作主要款目标目。例如:

> Bible. English , Authorized. 195 –
>
> The Holy Bible : Authorized king James Version /
>
> edited by john Stirling ; drawing by Horace Knvwles⋯

Koran. English.

The Holy Bible…

常见宗教经书所用的统一题名有：

圣经　Bible.　基督教经典

旧约　Bible. O. T.（O. T. 代表"旧约全书"，Old Testament）

新约　Bible. N. T.（N. T. 代表"新约全书"，New Testament）

波斯古经　Avesta. 琐罗亚斯德教和印度祆教徒的经书

可兰经　Koran. 伊斯兰教经典

三藏　Tripitaka. 佛教经典

犹太教法典　Talmud.

吠陀经　Vedas. 印度教经典

应当指出，在确定一文献的统一题名时，可根据有关的参考资料、目录以及该文献的不同版本，选取其最为人所熟知的题名（习见题名）。若无从查考或难以断定其习见题名，则以最早的版本的正题名作为统一题名。

统一题名所用语言，应该是该文献原用语言的题名。但是，若原用语言是非罗马文字的作品，处理的方法有：

（1）古代文献的统一题名，选用英文参考资料中的习见题名。

（2）中文单部文献的西文译本需用统一题名时，采用汉语拼音，并在括号内附加汉语题名。如：

Yi Jing（易经）. English.

A translation of the Confucian Yi King, or, The

"Classic of change"…

为便于书目信息交流及不同读者检索的便利,中文文献译本的统一题名可根据具体情况,编制由韦氏拼音(Wade – Giles system)引见汉语拼音的"名称/题名"参照或题名参照。

(3)其他原文非罗马文字的近、现代文献的统一题名,应选用其习见题名,但要根据国际通用的罗马化音译转化表转译成拼音题名。

4.法律文献

为了使以不同正题名出现的同一文献的各版本和译本的所有款目在目录内集中于一处,在使用传统的统一题名时,AACR$_{2R}$和《西文条例》还把这一原则扩展到法律、宪法、条约等法律文献。

(1)法律

①属于一个管辖范围的法律及法律汇编用"Laws,etc."作统一题名。例如:

> Pittsburgh(Pa.)
>> [Laws,etc.]
>
> Digest of the general ordinances and laws of the
> city of Pittsburgh to March 1,1938 / compiled and
> edited by Hiram Schock

②单项法律、法令文献,按下列顺序选择统一题名:

正式简略题名或引用时用的简略题名;

在法律文献中使用的非正式简名;

颁布时的官方正式名称;

其他正式标识(如文献号、发行日期等)。例如:

```
Pennsy Ivania.
    [Library Code]
    The Library. Code : the Act of June 14, 1961,
P. L. 324…
```

（2）宪法

属于一个管辖范围的宪法、宪章等根本法使用"Constitution"、"Charter"等作统一题名，如一个国家或地区制定过两部以上宪法，则应附加制定年予以区分。例如：

```
Nigeria.
    [Constitution (1979)]
    The Constitution of the Federal Republic of
Nigeria 1979…
```

```
United Nations.
    [Charter]
    Charter of the United Nations…
```

5. 条约

条约文献的统一题名用"Treates, etc."。若是两国单项条约或条约集，主要款目标目按有关国家或方面名称的字顺顺序选择，另一方则作为统一题名的第二部分内容著录，而后，注明订约的年、月、日。若为四方或四方以上缔约国的条约，则以条约专有名称作统一题名并以之作主要款目标目，后接缔约年并置于圆括号内；若此种条约无专有名称，则以题名著录。例如：

Denmark.

    ［Treaties,etc. Great Britain, 1966 Mar. 3］

  Agreement between the government of the United
Kingdom of Great Britain and Northern Ireland and
the Kingdom of Denmark…

Treaty of Paris（1763）

  The definitive treaty of peace and friendship
between His Britannick Majesty,the most Christian
king,and the king of Spain…

（三）统一题名的附加成分

  为了识别相同的统一题名,或区别统一题名与其他相同形式
的标目,可对统一题名作附加说明。

  若所编文献的语言非该作品原用的语言（如文字作品的译
本,配音译制的影片等）,应在统一题名后加上所编文献的语种
名,前置以句点、空格,不加括号。见前例。

  若所编文献包含两种语言,其中之一是原文,则将原文的语种
名称置于第二位;如两种语言均非原文（或均系原文）按英、法、
德、西、俄的语言顺序安排。例如：

Koran. English and Arabic.

  The holy koran : the Arabic text with parallel
English translations…

  有关法律文献、宗教经书等统一题名的附加说明,按前各有关
该文献的介绍处理。

思 考 题

1. 对混合责任者的著作,应如何选择主要款目标目?

2. 简述多姓名著者的标目选取原则及方法。

3. 个人著者姓名结构有哪些特点? 如何著录?

4. 哪些出版物应选取团体名称作主要款目标目?

5. 多层次团体名称作标目时,应如何著录?

6. 选取会议文献的主要款目标目,有哪些基本原则?

7. 以题名为主要款目标目,适用于具有哪些特点的文献的著录?

8. 谈谈统一题名的适用范围与选择方法。

第十章　附加款目和参照

在西文文献编目的实际作业过程中，编目人员在编制主要款目同时，还必须进行与之相联系和配合的附加款目的著录，并将其中部分结果记录在主要款目里。除此之外，还要运用参照法来揭示出标目与标目之间、标目与非标目之间以及目录与目录之间的各种关系。本章介绍的是最常用的附加著录法和参照法。

第一节　附加款目著录法

通过附加著录产生与主要款目使用的标目不同的附加款目（Added entries），主要包括题名附加款目、责任者附加款目和分析附加款目，当然还有分类附加款目和主题附加款目。附加款目向目录使用者提供除主要款目标目以外的其他检索点。它与主要款目共用同一描述著录单元，不同的是，一部文献只能有一个主要标目，而可以拥有多个附加标目，这就是说，一部文献只有一张主要款目，但可以有多张附加款目。

与基本著录一样，附加款目的主要著录信息来源是西文文献的题名页和版权页，主题或分类则需参考文献其他部位的信息。

关于附加款目标目的选取规则，《西文条例》与 AACR$_{2R}$ 是相同的，但表述方式不同。《西文条例》将主、附两类标目不同规定分散在各具体条款之中,在某一条款里,既有相应的主要款目标目的选取规定,也有附加款目标目的选取,而且条文说明比较详尽。AACR$_{2R}$不仅在各主要款目标目的条款下涉及附加标目,而且用了第21.29~21.30,共20款的篇幅专门规定附加标目的原则与要求。这些是编制附加款目的基本工作依据。

一、主要款目对其他检索点的记录

主要款目是通过根查(Tracing)来完成对附加款目标目的全面记录的。按照AACR$_{2R}$的解释,"Tracing"是文献在目录中所采用的诸标目的记录。一般的根查只包括主要款目标目以外的主要款目及其他附加、分析款目标目的记录。根查的实质是一种对检索点的全面记录。

《西文条例》在第1.5.1.1款中,规定了主要款目单元卡片著录格式里的根查项内容及其顺序(AACR$_{2R}$没有这方面的规定)。这也是西方编目界在卡片目录中普遍采用的方法,即把关于一文献的所有附加款目标目作为主要款目根查项内容集中反映在主要款目的最下端。此种方法的优点是多方面的,其中最重要的是在主要款目上完成了对一文献所有检索点的全面记载,并且,这种主要款目可以与任何一种性质的目录相吻合,便于组织和管理目录。下面是按《西文条例》规定的著录格式对《图书馆技术工作导论》一书编制的主要款目例片(见P.247)。

该主要款目的最后一段对该书的所有检索点作了详尽的记录。其中:

主题款目的标引词一个:Processing—Libraries

其他附加款目标目三个:Evans, G. Edward

Title

Series

此外还提供有LC分类号、杜威分类号和LC的目录卡片号。

应该注意的是,主要款目标目(Bloomberg, Marty)不能在根查项重复反映。如果是一张题名主要款目,那么,Title 就不应再出现在根查项。

Bloomberg, Marty.

Introduction to technical services for library technicians / M. Bloomberg, G. Edward Evans. —3rd ed. —Littleton, Colo. : Libraries Unlimited, Inc. , 1976.

298p. : ill. ; 28cm. —(Library science text series)

ISBN 0 – 87287 – 125—8

1. Processing (Libraries) Ⅰ. Evans, G. Edward, joint auther Ⅱ. Title. Ⅲ. Series. Z 688. 5. B5 1976 025. 02 76 – 43291

注:在根查项中,阿拉伯数字 1. …2. …等,表示可为文献编制的主题款目的主题标引词;罗马数字 Ⅰ. … Ⅱ. …等,表示可为文献编制的题名、个人、团体等附加款目的标目。

二、附加款目的著录格式

关于附加款目的著录格式,各国的图书馆还没有统一,AACR$_{2R}$ 也未对此作明文规定。我国的《西文条例》在第 1.5.1.4 ~ 1.5.1.8款中,用格式框架和例片规定了一种"提上法"及机读目录的记录格式。

目前,在实行单元卡片制的图书馆,卡片目录附加款目的著录格式可以概括为两种:

1. 提上法

即在单元卡将需要编制附加款目的事项(标目)提出,著录在主要款目的最上端,从比主要款目标目缩进两格处起行,回行时再比起行处缩进两格。方法虽然使附加标目醒目,但由于需重复反映,增加了制片的难度。

《西文条例》的格式框架

```
*
********** Added entry
************ Second line of added entry [if necessary]
* Call    Main entry heading
   no.  ** Title proper * [GMD] * = * Parallel title * : * other title * / * statement
        of responsibility. * — * Edition statement * / * statement of responsibility
        relating to edition. * — * Place of publication,distribution,
        etc. * : * Publisher,distributor,etc. ,date(Place of manufacture * : *
        Manufacturer,date of manufacture)
        ** extent of item * : * other physical details * ; * dimensions * + * accompanying
        material. * — * (Series * ; * numbering)
        ** Notes.
          ISBN
        ** 1. * Subject heading—Subheading. ** 2. * Subject heading—Subheading. **
        1 . * Added entry. ** I . * Title. ** II . * Series.
```

○

2. 划红线法或打勾法

如果作为附加款目标目的人名、团体、题名、主题词,甚至分类号,已经著录在主要款目的所有项目(包括根查项)之中,并且是以标目的著录形式出现的,则可以在其之下划一红线,或者在其第一词之前打一红勾,一张款目划一项。被划线或打勾部分即可作为排片依据的附加标目。这种方法可以直接利用主要款目,而无需对其再作加工,避免了"提上法"的多次印刷、重复反映和浪费人力等弊端。它易于掌握,操作简便灵活,出片迅速,也比较醒目,

248

是流行于我国西编界的一种最常见的方法。要注意的是,不以标目形式出现的事项,是不能采用这种方法的。例如,如果需要编制责任者附加款目,一般只能考虑在根查项里划线或打勾,但不能直接在描述项目中的责任说明下划线或打勾,因为责任说明中的人名或团体名称一般都不是以标目的形式著录的。

例片:

附加款目

```
Bloomberg, Marty.
    Introduction to technical services for library technicians / M.     题名附加
Bloomberg, G. Edward Evans. —3rd ed. —Littleton, Colo. : Li-    (划线法)
braries Unlimited, Inc., 1976.
    298p. : ill. ; 28cm. —(Library science text series)
    ISBN 0 – 87287 – 125—8


    1. Processing (Libraries) Ⅰ. √Evans, G. Edward, joint      责任者附
author Ⅱ. Title. Ⅲ. Series. Z 688. 5. B5 1976 025. 02     加(打勾
76—43294                                                       法)


                          ○
```

在实际工作中,上述两种方法有时是交替配合使用的。在采用全国统编卡时,如果特定图书馆需要对有些主要款目中没有反映的责任者或团体进行附加时,如第四责任者、封面题名等等,一般应用"提上法",其他则可以运用"划线法"。

过去还有一种脱离主要款目另行编制附加款目的方法,根据附加标目,重新编制附加款目,其标目之下的内容从简。此法可用于非单元卡制的手工编目情况,但不符合单元卡制的原则,并且增大了文献编目的工作量。因此,目前采用者极少,也不宜推广使用。

三、题名附加款目

以题名作为附加款目标目的著录款目,称为"题名附加款目"。

例:

题名附加款目

A book of bits.
Milligan,Spike
   A book of bits,or,A bit of a book ╱ by
Spike Milligan. —London : Tandem,
1967.
   95p. : chiefly ill. ; 18cm.

   Ⅰ. Title   Ⅱ. A bit of a book*

○

1. 除已用题名作基本著录标目的文献外,必须为其他所有文献作题名附加款目。

2. 遇取统一题名进行著录的文献,如果取统一题名作为主要款目标目,则还应为其他不同的题名(包括原题名等)作附加款目。若以责任者作主要款目标目,除用方括号将统一题名置于原题名上一行外,还应为统一题名、原题名等作附加款目。遇一文献内含几部各自独立的著作,并以责任者作为主要款目标目的,以第一部著作的题名作统一题名,为该统一题名和原题名(如有的话)作题名附加,为第二部和第三部著作作责任者╱题名附加款目。(参见 AACR$_{2R}$第 25 章)

例如:

250

> Gibbons, Orlando.
>
> 　[O Lord, how do my woes increase⋯]
>
> 　Two anthems for four and five voices : from
>
> Leighton's Teares or lamentations⋯

该书内含 O Lord, how do my woes increase 和 O Lord, I life my heart to thee 两部著作,应为第一部著作编制责任者/题名附加款目。其款目标目为:

Gibbons, Orlando. O Lord, I life my heart to thee.

3. 遇有多个题名的文献,除对正题名作附加外,还要为交替题名、并列题名、封面题名等不同的题名作附加。其方法是在各题名的下方划横线。

例如:

Bhagavad Gita = The song celestial

Bhagavad Gita = The song celestial

4. 遇对丛编分散著录,没有编制丛编综合款目者,视需要为丛编总题名编制附加款目,以集中反映全套丛编。其方法是在丛编项中的第一题名下方划横线。

例如:

. —(American woman : images and realities ; no.2)

5. 对于多次更名的连续出版物,一般是取最新的题名作主要款目标目,如需要将改名前后的连续出版物在目录里集中反映,则可以在所有不同的题名中选定一种题名编制题名附加款目。如目录中已有全面的参见,则可不作此种附加款目。

6. 分析著录中的"名称/题名附加款目"(也称"分析附加款目")著录原理上属于附加款目格式的范畴,可以用于对作为整体文献中的一部分的分析著录。例如对章、节、有分卷题名的分卷文献等,可编制"名称/题名附加款目"。

7. 不少文献是以习见的引导语作为正题名开头词的,这类题名因数量较大,集中排列后便失去了其明确的检索性,所以,一般可以视具体情况将这类题名前的引导语省去,再为题名中能反映文献内容的关键题名部分作题名附加款目。如有说明参照配合指导则更好。

习见的引导词主要有:

A study of…

Proceedings of…

Introduction to…

Advances in…

Progress in…

Report of…

例如:

主要款目中的题名为:Introduction to reference work

附加款目标目的关键题名应为:Reference work

四、责任者附加款目

以个人、团体,包括会议等的名称作为附加款目标目的著录款目,称为责任者附加款目。

例(见 P.253 上):

为全面地提供每种文献的检索点,《西文条例》和 $AACR_{2R}$ 规定了与编制责任者附加款目相关的若干细则(详见 $AACR_{2R}$ 第 21.29～21.30 条)。其主要内容是:

1. 对以题名作主要款目标目的文献,应考虑为一些主要责任者编制附加款目。

2. 遇两人或三人合著的文献,在取第一人为主要款目标目之后,应为第二和第三人编制责任者附加款目。

例（见 P. 253 下）：

Joeckel, Carleton Bruns

AMERICAN LIBRARY ASSOCIATION. <u>Committee on Post</u>

<u>War Planning</u>

Post war standards for public libraries / prepared by the Committee on Post – War Planning of the American Library Association; Carleton Bruns Joeckel, Chairman. —Chicago : ALA. ,1943.

92 p. ; 23 cm. —(Planning for libraries ; no. 1).

Ⅰ. Joeckel, Carleton Bruns Ⅱ. Title Ⅲ. Series

Johnson, Edgar Nathaniel, jt. auth.

Thompson, James Westfall.

An introduction to medieval Europe, 300 – 1500 /

James Westfall Thompson & Edgar Nathaniel

Johnson. —1st ed. —New York : Norton, c1937.

xii, 1092p. , [38] p. of plates : ill. (some col.) ; 25 cm.

Includes bibliographical references.

Ⅰ. Johnson, Edgar Nathaniel. , jt. auth. Ⅱ. Title

---

3. 遇四人或四人以上的合著，或合编，或合译的文献，在取题

名作主要款目标目之后,应为文献题名页上第一个责任者或第一篇作品的责任者编制附加款目。必要时,也可为其他合作者作附加款目。

例：

```
Macdonald , H.  Malcolm , ed.
Outside readings in American government / the
   editors , H.  Malcolm Macdonald. . . 〔et al.〕. —
   2nd ed. —New York ：Crowell ,1955 ,c1952.
   x, 884 p. ; 22 cm.


   I. Macdonald , H.  Malcolm. , ed.
```

Outside Readings in American Government

Second Edition

Thomas Y. Crowell Company

New York   1955

Title page	The Editors
	H. Malcolm Macdonald
	Wilfred D. Webb
Facing title page	Edward G. Lewis
	William L. Strauss

4. 集多种责任方式(混合责任)于一体的文献,或者有相关著作的文献,如同时有著者、助理著者、编者、插图者,或者有译者、修订者、改编者等,除取作主要款目标目的以外,还应为其余的各个责任者编制附加款目。插图者一般是在插图特别多的情况下才予以附加。

例：

```
Stickney, J. H. ,ed.
Kingsley, Charles.
  The water babies : a fairy tale for a land
baby / by Charles Kingsley ; edited and abridged
by J. H. Stickney. —Boston : Ginn. 1892.
  vii. 192 p. : ill. ; 18 cm. —(Classics for children)
  Ⅰ. Stickney, J. H. ,ed. Ⅱ. Title. Ⅲ. Series
```

5. 如机关团体对文献负有一定责任,若其未被取作主要款目标目,应为其编制附加款目,格式与个人附加款目相同。

6. 多人文集、团体出版物、综合性工具书等文献,应为编者或总编作编者附加款目,但附加数不能超过三个。

7. 传记或纪念文集,可为被传人或纪念人物编制附加款目。

8. 分析著录中的"名称/题名附加款目"也属此方法范畴。

前面已经提及,如果责任者附加款目的著录格式采取单元卡划红线或打勾方法,一般只限于主要款目的根查项,不能对描述项目中非标目形式的责任者直接划线或打勾。

AACR$_{2R}$规定,在必要时为人名附加款目标目加注责任方式(团体名称标目之后不需反映责任方式),如共同责任者 Joint author,编者 Editor,编纂者 Compiler,译者 Translator,改编者 Revised editor,插图者 Illustractor,这些责任方式可以分别缩写为 jt. auth. ,ed. ,comp. ,tr. ,rev. ed. ,ill. ,例如:

Moore,C. Bradley,ed.

Robinson,J. Hedley,jt. auth.

Churchill,Ruel V. ,tr.

Ellenwood,Frank,ill.

在我国图书馆,规定对除著者和团体名称标目之外的人名标目,必须加注其责任方式。

责任者附加款目对卡片目录带来的影响是编目人员工作量加大、目录体积膨胀、耗资较多。这样就产生了附加款目增多与实际目录组织难于控制的矛盾。因而，国内外不少中、小型图书馆，甚至有些大型图书馆只是在极少数情况下编制这类款目。现在，从图书馆目录主要是方便读者检索的总原则来看，利于扩大检索途径的附加款目应该增多，而不应受到忽视或因种种顾虑不作编制。机读目录和联机目录数据库的出现，解决了目录容载量和经费的难题，为增加附加款目创造了优越的条件。

第二节 参照法

参照法（Reference）是指在目录中通过关系说明法，指引使用者从某一标目或一种目录去查找另一个（些）相关标目或另一种目录的方法。

参照法是著录和目录组织中不可缺少的内容，其宗旨是提高目录检索的成功率。但因为它不是对具体文献的各种特征描述，不能构成完整的书目记录，所以，按照传统的编目理论，根据参照法编制的参照片不能称为参照款目。一般来讲，参照片是对目录中的检索点及各种款目间关系的注释和说明，其作用主要有：

（1）提供目录中正式采用的标目以外的各种相关的名称形式，并使它们形成相互补充和有机联系的关系，由此提供尽可能多的文献检索途径，并确保目录检索的准确性和灵活性；

（2）在沟通和联系目录中各种相关的正式标目及其款目和解决著录标目选取不一致的问题等方面起着一定的作用，一定程度上保证检索的全面性；

（3）在很大程度上起着目录使用指南的作用；

（4）间接地使目录中的检索点规范化，并便于各种规范档的建立。

参照片按形式可分为单纯参照、相关参照和一般参照等三种。《西文条例》第六章和AACR$_{2R}$第二十五章均是参照法的专章。

一、单纯参照(See reference)

指引目录使用者从不被采用作标目的个人责任者名称、机关团体名称、题名去查找被采用作著录标目的个人责任者名称、机关团体名称、统一题名的方法,称之为单纯参照。

在编目工作中,确定有些文献的著录标目往往可以有几种不同的选择形式,例如,同一著者的署名在其不同著作中,可能会以真名、假名、绰号、全名、简写姓名等形式出现,遇到这种情况,就应该根据标目的一致性原则,选取其中一种形式作正式标目。但由于未被采用的其他名称形式也有被读者作为检索根据的可能性,因而,必须为这些形式编制引见正式标目的单纯参照片,既使之成为目录中不直接反映具体款目的非正式标目,又使之与正式标目联系起来。因这些名称形式与正式标目间用"See"相连,所以,图书馆将单纯参照片简称为"见片"。

通常,在下列情况下必须制见片。

1.个人责任者方面:同一著者的不同名称;同一著者姓名的不同形式;姓名的其他组成要素等。

例如:

不同的姓名:

Saint – Aubin, Horace de(假名)   See Balzac, Honoré de(标目用名)

不同形式的姓名：

> Embletom, G. A.（不同形式中的一种）
>   See
> Embletom, Gerry（标目用形式）

其他组成要素：

> Annunzio, Gabriele d'（前缀置后）
>   See
> D'Annunzio, Gabriele（标目用形式）

2. 团体责任者（包括会议名称）方面：同一团体的不同名称及不同形式；多级机构；联合机构；地区性机构和大学名称中的地名著录位置不同等。

例如：

不同的名称：

> Chinese Communist Party
>   See   （译名不同）
> Communist Party of China

不同的形式：

> Nations Unies
>   See   （文种不同）
> United Nations

多级机构：

> U. S. Dept. of Commerce. National
>   Bureau of Standards
>   See   （省略层次）
> U. S. National Bureau of Standards

大学名称：

> University of Oxford
>   See   （地名的位置不同）
> Oxford University

258

3. 在题名方面:同一文献有不同的题名及不同的形式;著录时如选用了统一题名(Uniform title)的,应将未用的题名引见统一题名;分析著录时被析出的题(篇、章、卷)名亦可简单引见文献出处。

例如:

(1)题名单纯参照

```
Red book of Hergest
      See        (译名不同)
Llyfr Coch Hergest
```

(2)名称/题名单纯参照

```
Dickens,Charles.
  The personal history of David Copperfield
      See        (不同的题名)
Dickens,Charles.
  David Copperfield.
```

(3)名称/题名单纯参照:文集的实际题名与传统的著录用题名不同时,引见著录用题名

```
Balzac, Honoré de
      Due studi donna e altri racconti
         See
Balzac, Honoré de
   Selections.  Italian.
```

(4)题名单纯参照:被析出的篇名引见整部书的书名

```
On practice
         See
Selected works of Mao Tse – tung, V. 1.
```

（5）题名单纯参照：刊名的缩写与全名

```
RSR
     See
Reference service review.
```

二、相关参照（See also reference）

在著录文献的过程中，经常遇到一些著录标目不同，但内容有一定联系的文献。图书馆目录通过设置相关参照片，指引使用者从一个正式标目参见另一个或一些正式标目，从而把标目各异、内容相关的文献在目录中相互联系起来，达到帮助使用者扩大检索范围，增大检索成功的可能性的效果，这就是相关参照法。图书馆将此法简称为"互见"。它的突出特点是每一个标目之下均有具体的文献款目，所以，互见各方均为正式标目。

一般在下列情况下可以考虑编制互见片：

1. 在个人著者方面

（1）一个人的所有著作以不同的两个或更多的标目分散出现在目录中时，在其所有的标目间进行互见。例如：

```
Wright,Willard Huntington.
     See also
Van Dine,S. S.
……
```

```
Van Dine,S. S.
    See also
Wright,Willard Huntington
......
```

（2）为人们所熟悉的和不熟悉的同一著者的不同名字（包括职务）同时出现在目录中时，为它们编制互见片。

例如：

```
Pseudo – Brutus
    See also
Brutus,Marcus Junius
```

```
Brutus,Marcus Junius
    See also
Pseudo – Brutus
```

2. 在团体责任者（包括会议名称）方面

（1）更名的机构，为目录中使用的不同时期的新旧名称编制互见片。

例如：

```
Defense Technical Information Center
    See also
Armed Service Technical Information Agency.
Defense Documentation Center for Scientific
and Technical Information.
```

```
Armed Service Technical Information Agency.
    See also
Defense Technical Information Center.
……
```

（2）为两个或两个以上相互有联系的团体编制互见片。
例如：

```
British Iron and Steel Research Association
    See also
Iron and Steel Institute.
```

```
Iron and Steel Institute
    See also
British Iron and Steel Research Association.
```

3. 在题名方面

在遇到两部或两部以上的著作相互有密切的联系（改编、修订、重写等），但又不尽一致，在目录中是以不同的题名出现时，要为它们做互见片或名称/题名互见片。例如：

```
Kerr, Orpheus C.
    The cloven foot. (是 Edwin Drood 一书的改写本)
        See also
Dickens, Charles.
    Edwin Drood.
```

```
Dickens, Charles.
        Edwin Drood.
            See also
Kerr, Orpheus C.
        The cloven foot
```

由上述例片可见互见片（即相关参照）的数量必须要和互见的标目数相等，二个标目的互见应编制二张参见片，三个标目则应编制三张，余类推。相关参照法特别适用于主题目录和分类目录，其意义较之在著者目录和题名目录中更为重要。

三、一般参照或解释参照(Explanatory reference)

一般参照是一种用文字集中说明著录标目选取原则和款目排列组织的方法，图书馆称一般参照片为说明片。与上述两种参照法不同之处在于，它不仅揭示目录中两个或几个具体著录标目间的关系，而且主要是说明目录排检的通例，解释的内容更为详细。一般参照具有减少目录中附加款目和见片、参见片的数量，详细指导使用者查找文献和熟悉目录组织原则等作用。一般参照中的说明文字用英文或中文均可，但在目录中应保持所有说明文字的一致。

在下列情况下可以考虑编制说明片：

1. 在个人著者方面

（1）若某一责任者用多个姓名发表著作，著录时选用了其中一个最通用的姓名作标目，可为这一著录方法做说明片。

例如：

> Paine，Lauran.
>
>   该著者还用如下假名发表著作：
>
> Andrews，A. A.
>
> Benton，Will.
>
> Bosworth，Frank.
>
> Bradford，Will.
>
> etc.

> Benton，Will.
>
>   凡欲查找该著者的著作，请用其真名：
>
> Paine，Lauran.
>
>   该著者还有如下假名：
>
> Andrews，A. A.
>
> Bosworth，Frank.
>
> Bradford，Will.
>
> etc.

如需要，还可为该著者的其他假名做类似的说明片。

（2）对于一些常见的，且读者较难掌握的姓氏前缀等，可视需要编制说明片。

例如：

> De la
>
> 个人著者前缀姓氏，一律作为姓氏部分著录，如
>
> Dé la Fosse，Maurue 又如 Pierre de，Walter.

2. 在团体责任者方面

大都用在指明标目的范围、机构名称变更、机构缩略词或首字母、连续性会议的更名等情况下。

例如：

Technical Thick Film Symposium (1st:1967:Palo Alto and Los Angeles)

　这一连续会议的出版物还可按下列著录标目查找：

Symposium on Hybrid Microelectronics (2nd:1967:Boston)

Hybrid Microelectronics Symposium (3rd:1968：Rosmont)

International Hybrid Microelectronics Symposium (5th:1970：Beverly

　Hills)

　也可以为第一次会议以后的各次会议名称编制类似的说明片。

3.在题名方面

　多用在说明选用统一题名和指出一部著作中的部分资料独立出版后与该著作的关系等方面。

　例如：

Proust,Marcel.

　A la recherche du temps perdu

　这部著作中有以下部分已经独立出版：

Du coté de chez Swann

A l' ombre des jeunes filles en fleurs

Coté de Guermantes

etc.

　也可以为各独立部分编制名称/题名说明片。

4.在目录排检方面的说明

　例如：

Mc

　此种前缀姓氏,在目录中一律按 Mac 的字顺排列。如 McBride,
Lloyd 按 MacBride, Lloyd 的字顺排入目录。

四、参照记录片（References record card）

参照记录片是采用参照和反参照的方法，对目录中编制的单纯参照和相关参照的系统记录。与前面所述参照法不同的是：

1. 记录片的第一行均是已经取作正式标目的规范名称（人名、团体名称、题名等），以下才是其他未被用作正式标目的名称形式或相关的正式标目；

2. 记录片用的是说明性联系符号"×"和"××"，而不是联系词"See"和"See also"；

3. 记录片集相关的多种参照片于一体，而不是将"见片"与"互见片"分开。

参照记录片是《西文条例》根据我国的实际情况推荐使用的，其他条例中并无此规则。它是在建立规范档之前的一项过渡性措施，并且也为建立规范档创造未来的转换条件。

思 考 题

1. 编制附加款目的格式有哪几种？
2. 附加款目与主要款目在编制上有何同异？
3. 编制参照卡应注意哪些事项？
4. 参照卡有哪些类型，各有何特点？

第十一章　分析著录法

AACR$_{2R}$用专章、ISBD用专则对分析著录加以规范,表明了分析著录具有较强的实用价值和作为一种方法在整个文献编目体系中的重要性。但是,我国《西文文献著录条例》中没有相应的规则,本章主要就AACR$_{2R}$的规则进行介绍,并且将其结合ISBD$_{(CP)}$进行简略的比较分析。

第一节　分析著录的应用条件

分析著录(Analysis)是将一文献整体中某一具有价值且较为独立的部分(一章、一卷、一首或一件),从主体文献中分离出来,作为"单独的"一种文献加以著录,在主要款目的基础上形成分析款目的一种编目过程或方法。其意义就是加深对文献内容层次的描述,它的作用可以归纳为:

第一,向读者突出推荐作为文献组成部分的非整体文献,以宣传文献,充分发挥以不同方式出现的文献的应有作用;第二,在目录工具中更全面地集中和揭示某一责任者或主题的文献;第三,使一些较重要的文献不至因其只属于文献的一部分而被淹没。

一、分析著录在不同类型图书馆中的应用

分析著录是深入揭示文献内容,宣传并推荐文献的有效措施,对于作为原始资料(一次文献)出版的期刊、报纸等连续出版物,以及大量文选、汇编等进行这种著录,作用就显得更为突出。

收藏有大量原始资料的专业研究性图书馆、高校资料室,由于特别需要集中而又深入地揭示本专业或与本专业相关的文献,向具有相当学术水平的且阅读需要较专一的读者及时而又精准地推荐所需文献,所以分析著录使用得最为广泛。

在大型公共图书馆和高校图书馆,由于读者需求广泛,文献量太大,除了承担有特定的长期业务任务外,一般只是根据具体的需要对某些知识门类和某些著者的文献加以分析著录。在特定形势下,及时分析提供配合社会需求的系统文献,是大型图书馆为公众服务的一大特色。

在小型图书馆(室),虽然馆藏量太小,专题较少,但也有通过分析著录从广度揭示馆藏内容,最大限度地满足读者阅读需求,提高馆藏利用率的必要。

二、控制分析著录的原则

理解分析著录的重要性,并不意味着应该无原则地滥用分析著录,否则,就会失去分析款目的推荐性和宣传性,同时也会给编目人员带来繁重的负担,膨胀目录体积。这样就需要对采用分析著录的条件作出原则规定,这种规定可能因各图书馆由其任务和特点所决定的编目政策的不同而异,因此,图书馆应根据实际情况慎重地加以制订。在通常情况下,决定是否采用分析著录的原则是:

1. 根据图书馆的读者阅读需要而定

在学者、专家、技术人员、制订或执行国家政策的机关干部较集中的地方,应主动进行分析著录。

2. 根据编目机构的人力、物力、财力条件而定

全面开展分析著录的工作量和成本可能会几倍甚至几十倍地超过对主体文献的编目工作(在有自动化设备的条件下,情况可能会好一些),图书馆应在慎重考虑这一情况之后,有选择地对特定主题或特定文献类型进行分析,做到人尽其能,物尽其用。

3. 根据已有检索工具的完备程度而定

如果馆藏中已经配有完整的学科或主题检索工具体系,其范围覆盖了本馆文献,则无需再做或尽量少做分析著录。

4. 根据文献类型的特点而定

除可以考虑对本专业的一次文献进行分析著录外,对于那些信息容量大、涉及内容面宽,特别是读者阅读不便的部分非书资料(如光盘、磁带、缩微品、硬盘等文献类型),绝大部分图书馆都应尽量多作分析。

值得注意的是,编目政策是随着历史的推移而变化的,某一时期为配合形势教育或宣传编出的分析款目,过一时期可能就变得作用不大了,甚至是多余的。因此,为控制卡片目录体积,方便读者检索,编目机构应坚持按时期、按需要地剔除卡片目录中过时的分析款目,或者只是将它们保留在信息容量特大的机读目录数据库之中。

三、分析著录的对象

分析著录分析的是主体文献,揭示分析出来的对象是主体文献的"组成部分"(主文献和组成部分的定义见本章第三节)。由于条件有限,对组成部分的分析在图书馆是受到一定的应用限制的,所以,一般来讲,图书馆只有在遇到以下几种情况的文献时才可以考虑进行分析著录:

1. 多人文集(Composite books),即一书内包括数个责任者的各自独立的作品,如论文集、会议录、文学作品总集、期刊、报纸等,

图书馆可以为它们编制篇名或著者分析款目。

2. 多主题多学科文献(Multifocal items)。对那些同时涉及几个学科或主题方面的文献,以及有内容与本文献主要论述学科或主题不相同或不接近的部分的文献,可以编制分类或主题分析款目。这在图书馆没入藏该学科或主题资料时作用更为突出。

3. 一文献内包括一部分原始的、有争议性的、具有一定长度的新资料,而且这些资料具有很大的参考作用,可为其编制分析款目。

4. 如果某一人物的传略(Brief biography)、年谱(Chronicle)是作为一书的一章或一部分出版的,且可能是关于这一人物的唯一可得到的传记资料,可为其编制人物被传人分析款目。

5. 对于某一特定主题的独有的或高质量的论文、剧本、诗歌、书目、索引、表格、报告单、申请书、结构图,以及特别有价值的序言、导言等,无论其出现在何种类型的文献中,也可编制责任者或题名分析款目。

6. 文献的附件如有一定的独立使用价值,可为其编制各种相应的分析款目。由此,读者可以作为独立的材料在图书馆借到附件。

7. 根据社会形势和政治、经济领域对图书馆的要求,编目部门有时还需对特定学科或主题的文献进行阶段性的分析著录。

8. 对于录音、录像、电影资料中的特别事件、人物、技术等新闻资料,也可编制标题或主题分析款目。

第二节　几种主要的分析著录方法

分析款目包括责任者分析款目、题名分析款目、主题分析款目和分类款目。本书只介绍前两种款目的编制方法。

一、AACR₂ᵣ提供的分析著录方法

AACR₂ᵣ在第十三章里,集中归纳了五种具有分析著录意义的方法,其中有几种在前面论述的描述项目著录规则中已有涉及。带有普遍适用性的是该章新提出的"In"式分析法,它与 ISBD₍ₛ₎ 提供的分析方法也比较接近。下面逐一介绍,并标明它们在 AACR₂ᵣ 中的规则编号。

1."In"式分析法

"In" Analytics,第 13.5 条。

这是一种很重要的分析著录法,适用于对各类型文献中重要的组成部分进行分析著录,也是本课程要求学习者重点掌握的一种格式。

AACR₂ᵣ规定,"In"式分析款目的项目包括析出部分和出处部分两大块:

析出部分,即组成部分:析出部分的标目,析出部分的题名、副题名和责任说明,版本(必要时),与主文献不同的出版事项,当期卷、期标识(如果是对连续出版物的整期进行分析),析出部分的起讫页码或所在部位,与主文献不同的载体形态描述;

出处部分,即主文献部分:In(黑体或斜体),主要款目标目,统一题名(如有),正题名与责任说明,版本项,卷、期标识,全部出版事项。

例一 多卷集的题名分析:在著者主要款目上进行

Miss Mapp / E. F. Benson. —Vol. 2 (310p.) ; 23cm.

In Benson, E. F. All about Lucia. —New York:
Sun Dial Press, 1940.

例二　专著的责任者分析:在著者主要款目上进行

Swanson, E. B.

   A view of information system evolution ∕ E. B.
Swanson. —P. 55 ~ 62 ; 28cm.

   In IFIP TC8 Working Conference on Evolutionary
Information Systems (1981 ; Budapest). Evolution –
ary information systems : proceedings of the… ∕
edited by John Hawgood. —Amsterdam : North –
Holland, c1981.

例三　专著的题名分析:在题名主要款目上进行

The moving toyshop : a detective story ∕ by Edmund
   Crispin. —P. 210 ~ 250 ; 30cm.

   In The Gollancz detective omnibus. —Londan ;
Gollancz, 1951.

例四　专著的责任者分析:同上

Crispin, Edmund.

   The moving toyshop : a detective story ∕ by Edmund
Crispin. —P. 210 ~ 250 ; 30cm.

   In The Gollancz detective omnibus. —London : Gollancz, 1951

例五　连续出版物的题名分析:在题名主要款目上进行

The Loved one ∕ by Evelyn Waugh. —P. 78 ~ 159 ; 17cm.
   In Horizon. —Vol. 17, no. 98 (Feb. 1948).

例六　唱片的题名分析:同上

Bob wills and his Texas Playboys [sound recording].

—side 4 of 2 sound discs (ca. 17 min.) analog,

33 1/3 rpm. , Stereo ; 12 in.

In Texas country. — Los Angeles : United Artists, P. 1976.

2. 目次分析法

Note Area,第 13. 4 条。

这是一种在主要款目附注项列举文献目次或分卷,在一张款目上更全面地揭示文献内容的方法。遇到大部头文献,特别是多人文集、多卷集等,单靠主要款目标目和题名往往难于全面反映文献的内容。这时就可以采用目次分析法。AACR$_{2R}$规定,在采用这一方法时,对于各组成部分一般只在主要款目的附注项里用"Contents"引出卷次号、组成部分题名及其责任者。各组成部分之间用"空格 破折号 空格"隔开。这种方法更适合于与下面将要介绍的"附加分析法"结合使用。例如:

Advances in librarianship, v. 11 / edited by Michael

H. Harris. — New York : Academic Press, 1978.

209 P.

Includes index.

Contents:The cultural role of the public library / by

M. E. Monroe. — Networking and School media cen-

ters / by J. V. Rogers. — Advances in reference sevic-

es / by kay Murray. — Music librarianship in the U-

nited States / by G. Stevenson.

I. Harris, michael H, ed.

3. 分析附加法

Analytical Added Entries,第 13.2 条。

这是一种采用附加款目格式的原理在主要款目上进行分析著录的方法。如果上述目次附注中的某一组成部分比较重要,可在主要款目的最上端,添加"责任者/题名分析附加"标目,形成"名称/题名附加款目"。例如,上面一书的分析附加款目可以有:

Murray, Kay. Advances in reference services. 并将其著录在上一主要款目的顶端。

编制这种款目一般应该先在主要款目中作有"目次分析"。

4. 多级著录分析法

Multilevel Description,第 13.6 条。

这是一种将主文献,特别是多卷集、丛编、多盘(合)文献等,分成若干级次,在主要款目的附注项里逐级著录的一种分析方法。它类似多卷集、丛编的集中或综合著录法,但较之更为深入详细。一般来说,这种方法将主要款目分成两级或更多级著录,第一级是对主文献的著录,第二级是对作为主文献的组成部分的著录,第三级是对第二级文献的组成部分的著录,以下类推(如有必要)。AACR$_{2R}$ 原则上要求每一级都有不同的编排方式或打印方式,以示区别。

例一 分析主文献中的组成部分:

The sacred books of the East / translated by various oriental scholars and edited by F. Max Müller. — Oxford: Clarendon Press, 1879—1910.

50 v. ; 23cm.

Vol. 39—40: the sacred books of China: the texts of Taoism / translated by James Legge.

Pt. 1: The Tao teh king. The writings of Kwang – tsze Books XVII. —1891. — xxii, 396p.

I. Müller, F. Max, ed.

○

例二　用开口式分析法著录未出完文献中的组成部分：

Proust, Marcel.

Remembrance of things part / Marcel Proust ; translatded by C. K. Scott Moncrieff. — London : Chatto L. Windus, 1957 ~

Translation of : A la recherche du temps perdu.

Vol. 1 ~ : Seann's way / illustrated by Philippe Jullian. — Translation of : Du cotd de chez Swann. — This translation originally published in 1922.

Pt. 1: 1957 (1973 printing). —303p. ; 4 leaves of plates: ill. ; 19cm. — ISBN 0 – 7011 – 1048 – 1

I. Moncrieff, C. K. Scott, tr. II. Title.

○

例三　非书资料的分析（录音盘）：

American folklore [sound recording] / co – ordinated for the
Voice of America by Tristram Coffin. — Washington:
United State's Information Agency [Production Co.],1966 ~
1969.

24 sound tape reels : 7 1 / 2 ips. mono. ; 7in. —(Forum Series)
8 The American traditional ballad [sound recording] / G. M.
Laws. —1967. —1 sound tape reel (35 min.). — Includes illustrative
excerpts.

Ⅰ. Coffin, Tristram.

○

5. 丛编分析法

Analysis of Monographic Series and Multipart Monographs, 第
13. 3 条。

这种方法与丛编分散著录法完全相同。一种丛编的子目是一
套总文献的组成部分,但各子目题名与丛编总题名不同,内容具有
明显的独立性,宜作分散(单独)著录,全套丛编的说明在"丛编
项"内反映。从分析著录的角度理解,主要款目中的"丛编项"具
有揭示子目所属(出处)的功能,相对丛编综合著录而言,丛编分
散著录就是分析著录法的一种。

二、我国传统的分析著录格式

几十年来,我国西文文献编目部门所采用的分析方法已经定
型。现在看来,它与 AACR$_{2R}$ 提供的"In"式分析法,在著录原理和著
录事项方面是基本一致的,不同的是著录格式。可以肯定,我国现
行的分析方法将随着 AACR$_{2R}$ 和 ISBD$_{(CP)}$ 的被广泛认可而修改更新。

276

我国的责任者分析款目和题名分析款目有两种著录格式：

1．单元卡式

在主要款目上端著录析出的组成部分，并用"of："连接主文献的主要款目，表示以下是文献出处。

例如：责任者分析款目

Witzell，W．E．
    Temperature effects on fracture ／ by W．E．Witzell．
P．70～113，of：
Liebowitz，H．
    Fracture，an advanced treatise．v．4 ：engineering
fracture design．— New York ：Academic press．，1969．
    344p．：illus．；Ref．

    Ⅰ．Title．

题名分析款目

    Temperature effects on fracture ／ by W．E．Witzell．
      p．70～113，of：
Liebowitz，H．
    Fracture，an advanced treatise，v．4 ：Engineering
fracture design．— New York ：Academic Press．，
1969．
    344p．：illus．；Ref．

    Ⅰ．Title．

2. 简化分析片

即脱离主要款目，独立著录。第一部分是析出的组成部分，第

二部分用圆括弧"（ ）"著录主文献——文献出处，括号中用"In"
起头。

例如：责任者分析款目

Witzell, W. E. & Adsit, N. R.
  Temperature effects on fracture. (In Liebowitz, H.
Fracture, an advanced treatise. —1969. —v. 4, p. 70 ~ 113)

题名分析款目

Temperature effects on fracture.
  Witzell, W. E. & Adsit, N. R.
  (In Liebowitz, H. Fracture, an advanced treatise. —1969. —v. 4,
p. 70 ~ 113)

由"简化分析"的例片可以看出，这种方法与 AACR$_{2R}$ 的"In"
式分析法有某些共同之处。

另外，中国国家标准《检索期刊条目著录规则》也根据 IS-
BD$_{(CP)}$ 草案提供有一种分析著录的方法，详见本书第十三章第五
节"报刊论文著录法"。

第三节　AACR$_{2R}$ 的分析法与 ISBD $_{(CP)}$ 比较

前面已经谈到 AACR$_{2R}$ 和 ISBD 分别用专章（第十三章）和专
则 ISBD$_{(CP)}$ 规定了对整体文献中的部分内容进行分析著录的方
法，它们在分析原则，与标准描述方法的统一，对传统分析法的部

278

分沿袭等方面是相同的,但是,两者在术语选用、内容范围和可比方法的细节规定等方面存在着一定差异。因为我国的《西文条例》中没有分析著录规则,所以有必要在这里说明 AACR$_{2R}$ 和 IS-BD$_{(CP)}$ 的基本区别,以便在我国西文编目的实际工作中有目的地选择使用其中一种具体的方法,或者取两者所长,综合成一种新的不违背标准的分析方法。

一、名称术语不同

AACR$_{2R}$ 沿用的是"Analysis"这一名称术语,它主要是特指一种著录的过程,或者说是一种特殊著录的方法。

ISBD$_{(CP)}$ 使用的是一个新的术语——Component parts(组成部分),它是指一个特定著录过程中的主要描述对象,即分析出来的对象及这一对象与整体文献的关系。

ISBD$_{(CP)}$ 赋予"组成部分"的定义是:"作为主文献的一部分,在书目识别与检索上需要联系主文献的文献。"它包括普通书刊中的篇章和其他印刷品或非书资料的组成部分。

这一定义中还出现了一个新的名词——Host document(主文献),其定义是:"包含所著录的组成部分的文献。"

使用"组成部分",ISBD 的理由有二,第一,ISBD 各专则的名称均指的是规定的文献类型,如连续出版物、非书资料等,而"分析"是一种著录方法,所以用"组成部分"不仅专指性强,并且也与其他专则的命名原则一致。ISBD 还认为,"分析"在英文上的含义较模糊,很难准确转译成其他语文的相应术语。第二,可以通过"组成部分"这一术语一目了然地发现 ISBD$_{(CP)}$ 所规定的文献范围,而且也容易找到其他语文的对应术语。

由此看出,"组成部分"的用语显得更贴切一些。"分析"虽符合传统用语,编目人员一看便得知其指的一种特殊的著录方法,但由于过去分析法更多是用于期刊论文的著录,所以也可能会给人造成一种狭义的理解,特别是在平列文献类型章节或专则的编目条例中,将分析法与文献类型平行规定,就会使整个体例不协调。所以,AACR₂R只能将分析章勉强置于各类型之末。

二、方法范围不同

AACR₂R将具有分析意义的五种著录法集中在第十三章中论述,概括性强,选择余地大,比较适合对不同情况的文献作不同方法的分析,给人一种全面、系统的感觉。实际上,除了"In"式分析法外,其他几种分析法在有关描述项目(如丛编项、附注项等)的规则中已经作了规定,AACR₂R只是从分析意义的角度将它们再次集中在第十三章,所以,该章的规定比较简略。

ISBD(CP)只规定一种分析方法,即"∥In"式分析法,规定性强,编目人员无需进行方法取舍,给人一种标准性强的感觉。但是,应该承认,描述项目的著录详简与分析法的使用之间是存在一定关系的,例如,附注项已经详列了一文献的全部目次(Contents),那么,分析的量就应该有所限制,反之,已经决定一文献的组成部分作较细的分析,那么,目次附注也应作相应的节制。所以,像ISBD(CP)那样,只规定一种分析法,而避开其他意义的分析,便显得规定性太强,灵活性不足,在应用于对所有重要程度不同的组成部分的处理中,有时就会变得过于勉强。

三、"In"式分析法的著录区别

ISBD(CP)的规则与 AACR₂R中的"In"式分析在著录方法上十分相似,两者只有较少的差异。

1. 在组成部分(析出部分)与主文献(出处部分)的描述项目之间,AACR₂R用的是斜体字"*In*";ISBD(CP)则用了"∥In",格式为"句点 空格 双斜线 In 冒号"。

AACR₂R的方法更简单一些,但在使用打字机印制款目的编目部门,是打不出斜体字"*In*"的。所以,它又规定可以在"In"下面划横线,或者用其他突出"In"的方法。

ISBD$_{(CP)}$则更显突出,而且可以在任何一种设备上自如打印。这也可能是因为 ISBD$_{(CP)}$ 的描述项目不分段落的缘故。

2.组成部分的载体形态部分(包括所在页数或部位、所在期数等),AACR$_{2R}$将其著录在析出部分之末,然后才是用"In"引出的主文献描述段落;ISBD$_{(CP)}$则将其著录在主文献描述部分的载体形态项之后。

AACR$_{2R}$认为,分析款目既然已经明确分成组成部分和主文献两大段落部分,那么,组成部分的载体形态信息应与在组成部分的项目区内著录。

ISBD$_{(CP)}$是在广泛征集各国编目界的意见,取多数倾向性的建议而定的,并且逻辑性似乎更强一些,但可能在实际使用中会遇到一些具体的逻辑理解问题,特别是在对不同载体类型合成的文献进行分析的情况下,将会遇到一些困难。

3.尽管两种规则都没有在相应部位提供检索点规则,但均可与责任者标目和题名标目配合使用,而且由标目决定的款目格式是相互有别的。

AACR$_{2R}$分为责任者分析款目格式和题名分析款目格式(见本章第二节),从而保持了与主要款目格式规定的一致。

ISBD$_{(CP)}$更适合于交替标目款目格式,与中文文献编目中的在通用款目之上添加不同标目的原理基本相同。

思 考 题

1.控制分析著录有哪几条原则?

2. AACR$_{2R}$提供了哪几种分析著录方法?

3. AACR$_{2R}$ 与 ISBD$_{(CP)}$ 比较,二者在分析著录法上有何异同?

4.在我国文献编目工作中,如何加强和提高分析著录法?

第十二章　多卷书、丛书著录法

多卷书、丛书与单行本图书有所不同,它们在著录上也有些特殊的要求。在 AACR$_{2R}$ 和《西文文献著录条例》中,都没有对多卷书的著录方法作集中论述,可在相关著录事项查到著录规则;对丛书著录,则有相应的丛书项细则。

根据我国西文文献编目的实际情况,从西文多卷书、丛书的特点出发,介绍在不同情况下对多卷书、丛书的特殊处理方法,是很有必要的。

第一节　多卷书的著录

多卷书是一种分两卷(部、册)及其以上出版的图书。它的各卷多有固定的主题,探讨的范围一致、研究的内容相同。通常包括有关问题的发展历史和现状、作者本人的观点和见解、不同学者或学派的讨论和存在的问题,以及今后发展的方向。多卷书一般由个人或集体编著,在一个总的书名之下,按类别或时期以多卷形式分期或同时出版。除统一的总书名外,各卷可能另有单独书名、著者和卷册号,也可能只有卷册号。但各卷册彼此之间皆有内在的、密不可分的联系。

西文多卷书主要款目标目的选取和著录与单行本书完全相

同,都是根据著作者的责任原则和具体标目规则来进行的。在著录方法上,多卷书与单行本书虽有许多共同之处,但因为是多卷出版,在形式上也还有着许多不同点。

多卷书中,就内容来看,彼此紧密相关;就出版发行情况看,有些整套一次出版,有些则分几次出齐,有按卷次顺序出版,也有不按卷次顺序出版;就入藏的情况看,有些整套一次到馆,有些则分期多次到馆。所有这些因素,都对多卷书的著录有一定影响。

西文多卷书的著录,根据上述特点,分别采用整套著录或整套著录分卷编卡的方法。

一、整套著录

一套多卷书如同时出版,一次到馆,可采用整套著录的方法。主要款目标目应视文献本身决定。

例如:

Call	Redfern, Brian.
no.	Organising music in libraries / by Brian Redfern. —London: Clive Bingley, c1980.
	2v.
	Contents : v. 1. Arrangement and Classification, v. 2. Cataloging.
	I. Title.

由上可见,整套著录的著录格式与单行本的著录相同,只是在载体形态项著录了多卷书的实际卷册数;对于分卷有具体书名的多卷书需在附注项内说明馆藏情况。

正在陆续出版的多卷书,可使用"开口式著录法",表示著录未完成,待出版完毕后,应注明出版的起讫年;在载体形态项著录

数量标识时,如各卷册未出齐,应在单位标识前空三格,出齐后将卷数总量记录于单位标识前。例如:

```
Call   Wieckert,Jeanne E. ,1939 ~
no.    Medial classroom skills : games for the middle school /
       Jeanne E. Wieckert,Irene Wood Bell ; illustrated by Jay
       Conley. —Littleton,Colo. : Libraries Unlimited , 1981 ~
       v. : ill. : 25 cm.

       Includes indexes.
       ISBN 0 – 87287 – 227 – 0(v. 1)

       I. Bell,Irene Wood,jt. auth. II . Conley, jay, ill III . Title.
```

二、分卷著录

一套多卷书如逐卷出版、多次到馆,我国图书馆多采用分卷著录的方法,即:将到馆的每卷作为单行本著录。

例如:

```
Call   Dover, Kenneth Jame.
no.    The Greeks and their legacy : collected papers / K. J.
       Dover. —Oxford : Basil Blackwell,1988.
       334 p.

       Includes indexes.

       Contents : v. 2. Prose literature, history, society,
       transmission,influence.

       I . Title.
```

或者：

```
Call    Dover, kenneth James.
no.        The Greeks and their legacy : collected papers ; v. 2. Prose
        literature, history, society, transmission, influence.
        Oxford : Basil Blackwell, 1988.
        334 p.

        Includes indexes.

        I. Title.
```

第二节　丛书的著录

一、西文丛书的特点

丛书是根据一定的对象和范围，选择和汇集许多单独的作品编辑而成的，它一般都有一个总的丛书名，各单独作品不仅具有独立的书名，而且多为不同著者所编著；版式装订大多一致，同时或逐册出版；有时各册还有丛书编号；但内容彼此很少有内在联系。

西文丛书大体上可分为三种类型：

1. 著者丛书。一套丛书可能为一个著者所作，它包括许多装帧一致的单册书。

2. 出版商丛书。一套丛书也可能由一家出版商所编，它由出版商拟定编辑计划和主题内容，由多个著者写出各个单册书。

3. 专著丛书。这类丛书通常是有规律地出版，其中的每一部论著，通常都有编号。对许多读者来说，丛书的名称与其中各册的编号是重要的识别因素。

丛书名一般包含以下类属词：

　　Series　（丛书）

　　Library　（文库）

　　Monograph　（专著）

　　Classic　（著名丛书）

但是,也有不少的英文丛书在书名中并不包括上述词语。

应当明确,丛书与多卷书,主要不是从字面上而是从内容上区分;图书馆对某一种著作在决定按多卷书或丛书处理后,一定要坚持前后一致,以保持著录的一致性。

二、西文丛书著录法

西文丛书著录以分散为主,即:以丛书中的每一单行本为一个著录单位,将丛书的总名称与其中论著的编号在丛编项内反映出来。

例一:

> Call　Studies in syntactic typology / edited by Michael Hammond,
> no.　Edith Moravcsik and Jessica Wirth. — Amsterdam ： J.
> 　　Benjamins,1988.
> 　　xiv, 394 p. —(Typological studies in language, ISSN 0167 –
> 7373 ； v.17)
>
> 　　ISBN 90 – 272 – 2892 – 2 (Pb.)
>
> 　　Ⅰ. Hammond, michael, ed. Ⅱ. Moravcsik, Edith, ed. Ⅲ. Wirth,
> Jessica, ed. Ⅳ. Series.

例二：

```
Call    Rangnekar, S. B.
no.     Imperfeck competition in international trade / by S. B.
        Rangnekar ; edited by J. J. Anjaria. — Bombay : Geoffrey
        Cumberlege, Oxford University Press, 1947.
            xvi,187 p. : ill. ; 23 cm. —(University of Bombay
        Publications. Economics series ; no.1)

            Oxiginally presented as the author's thesis (doctoral Bombay)
            Bibliography : P. [185] ~187.
            Includes indexes.

            I . Anjaria, J. J. ,ed.   II. Title.   III. Series.
```

在作上述著录后，一般情况下，应为丛书总名编制附加，尤其是对学术性较高的丛书。

我国一些专业性图书馆，为了研究人员使用的方便，在一套丛书收藏较多时，常常在以丛书中的每一本书为一个著录单位（分散著录）时，又以整套丛书为单位，编制丛书的综合著录。丛书综合著录时，一般以丛书名为著录标目，如下片：

```
        Contemporary Interpretations of Shakespeare. — Besingstoke,
        Hampshire : Macmillan Press,1989 ~
        v.
call    Levith, Murray J. Shakespeare's Italian settings and plays,
no.         1989. 112 p.

call    Cohen, Derek. Shakespeare motives.
no.

call    Elliott,Martin, Shakespeare's invention of othello.
no.
```

上述一套丛书的综合著录著录在一张卡片上,如在一张卡片上写不下,可续写在第二张卡片上。一般说来,一套丛书如是同时到图书馆,可采用此法。但是,对于不按顺序先后到馆的丛书,采用此法很不方便。基于此,有些图书馆为了便于将逐本到图书馆的丛书插入目录内的合适位置,对单行本的款目作子目片,按顺序附于丛书总片后面。例如上述丛书。

丛书综合著录总片:

Contemporary interpretations of Shakespeare. — Basingstoke,

Hampshire ; Macmillan Press,1989 ~

  v.

(For its induvidual books see the following entries)

该丛书各分册请看下面各著录卡片

丛书中各单行本的主要款目:

Call Levith,Murray J.

no. Shakespeare's Italian setting and plays / Murray, J. Levith.

  —Basingstoke,Hampshire : Macmillan Press,1989.

  112 p. —(Contemporary interpretations of Shakespeare)

  Includes index.

  Ⅰ. Title Ⅱ. Series.

应当指出:丛书的综合著录无论是采用哪种方法著录,皆以综合著录为辅助著录。

思 考 题

1. 西文多卷书与丛书各有何特点？二者有哪些区别？
2. 多卷书有哪些著录方法？
3. 多卷书的整套著录与丛书的综合著录法有何异同？

第十三章　连续出版物著录法

第一节　连续出版物的范围

连续出版物(Serials)是现代文献中的一种主要类型。据不完全统计,不包括那些性质介乎连续出版物与普通图书之间的出版物,以及大量的广告性和内部刊行(非正式出版物)的连续出版物在内,标准的连续出版物的数量已达 20 万种以上。这类出版物内容新颖专深,出版连贯迅速,数量庞大,加之目前仍以每年新增加千余种左右的速度发展,现已成为人们从事科学研究、技术创新、生产学习和日常生活不可缺少的重要文献资料,自然也就成为图书情报部门着重收藏的对象。图书馆如何科学地管理如此繁多复杂的连续出版物,编目工作是十分关键的一环,应有足够的重视。

一、定义

关于连续出版物的定义与范围经历了长时间的确认性争议。在 ISBD 和 AACR$_2$ 问世前,连这类文献的名称都未得到统一,有人用期刊(Periodicals),有人用报刊(Periodicals and newspapers),有人用连续出版物,还有不少用其他术语的。1977 年,随着 ISBD$_{(s)}$ 和 AACR$_2$ 的出版和广泛应用,这种争议基本归于统一。ISBD$_{(s)}$ 对连续出版物的定义为:"连续分册发行,通常配有数序或编年顺序(Chronological)标识,并且计划无限期地连续出版下去的印刷或非印刷形式的出版物。"这个定义已为国际范围所广泛接受，并得到 ISO 的认可（ISO4 – 1984（E）），AACR$_2$ 也采用了这个定义，只是将"编年顺序"具体为"卷、期或年、月、日期等"。在这方面历来存在较大争议的我国，已逐步按此达到了对定义认识上的统一。

二、特征

实际上，连续出版物和普通图书之间存在着许多本质共性，它们相互影响，相互渗透，因此很难绝对地划分出它们的界限。要准确地区别两者间的差异，必须首先掌握它们各自的特征。连续出版物的本质特征可归纳为"三性"。

出版的连续性：这是最根本的属性，连续出版物也因此而得名。就出版计划来讲，它是用一个稳定的总题名长期地或无限期地分册（期）出版，只有在特殊情况下才终止。由于科学技术的发展或出版环境的变化，可能需要某些连续出版物在内容和方式上作一定幅度的调整和改革，但出版却是不间断的，变化一般只表现在出版物题名或出版周期方面。连贯的标号系统也是出版物连续性的另一表现形式，通过连贯不断的卷、期等标号，把同一出版物按编年关系联系起来，使之形成一个整体，既便于历史地了解同一出版物，也利于管理（编目、装订、排架等）和使用。所以，连续性是连续出版物区别于其他出版物的最本质特性。

内容的原始性：早期狭义的连续出版物几乎全部刊载原始文献（一次文献），内容具有新颖性和较强的学术性或实用性，是二次文献和三次文献的主要来源，并且一般不作重印，如期刊、报纸、会刊、会议录等。现代连续出版物的概念中增加了非书非刊型出版物，特别是一些期刊型二次和三次文献，如文摘、索引、提要、综述，甚至油印本、复印论文集等，尽管因此冲淡了连续出版物的原始性特征，然而，二次文献所占比重极小，而且它们的内容与形式和原始文献有较大差异（除复制品外），有人也称其为新的文献，所以,原始性仍属于连续出版物的本质特性之一。

外表的稳定性:这里指的是版式设计方面的稳定性,连续出版物的版式设计一般是以历史的统一为原则,同一出版物各卷、期(册)的题名、标号、封面、开本、色彩、篇幅、内容范围等基本是一致的。这样既利于识别和查找,也利于装订和保管。此外,同一出版物不仅长期出版,而且其编辑单位一般也是不变的。因此保证了它的连续出版和内容范围的一致性。所以,稳定性也是连续出版物有别于其他类型出版物的内在特性。

连续出版物的三大本质特性决定了这类文献在所有文献中的特有地位,也因此而引出了它们的外在特征,这些外在特征为人们提供了从外表形式来区分连续出版物与其他类型出版物的依据。

1.固定、统一的题名(如刊名、报纸名称等)和同样风格的封面设计,因此有比较明确的目标读者群;

2.大多是定期地、无限期地出版,各册均配给有卷、期或编年顺序号;

3.大多是辑多作者的多篇文章而成,个人专辑极为少见;

4.编辑和出版单位比较固定;

5.各册篇幅比较固定,所以售价一般也是一致的;

6.所载文章一般不再重印;

7.大多配有统一的国际标准连续出版物编号,即 ISSN,只有少数非书非刊既有 ISSN,也有 ISBN,甚至只有 ISBN。

划分连续出版物与其他类型出版物的依据是多方面的,而且也不是一成不变的,上述外在特征只是一般而言,没有也不可能反映各种连续出版物的全部特色。在识别过程中,要避免教条行事,死搬硬套,应以符合本质特性为基本原则,以出版计划、标号系统和 ISSN 为主要依据,历史地、客观地、实用地处理连续出版物及与之有联系的其他类型出版物。

三、范围和种类

在明确连续出版物范围方面,ISBD$_{(s)}$规定:"连续出版物包括期刊、报纸、年刊(年鉴、指南等)、报告丛刊及学会会刊、会议录丛刊和专著丛刊。不包括在一个预定有限期间内以连续分册形式出版的著作,但它包括有标号的丛刊。"应该说明的是,上述各类连续出版物可以是定期出版,也可以是不定期出版,专著丛刊一定要具有配有标号,且计划无限期出版等特征。也就是说,预定在一定时期内连续分册出齐,无论标号还是不标号的专著丛刊,都不在连续出版物之列。

所谓连续出版物丛刊(Series),是指一组计划无限期出版的互相关联的出版物,其中每一出版物均有自身的正题名,又有适用于整体出版物的总题名,丛刊一般应该设有标号。从内容联系上看,丛刊与第十二章介绍的"丛书"一词具有相近但不是同等的意义。

连续出版物的种类可以从多个角度来划分:

1. 按内容、性质划分:有通俗性、科普性出版物;学术性出版物;技术性、数据性出版物;信息报导性出版物;宣传性出版物;检索性出版物等。

2. 按出版规律划分:有定期出版物和不定期出版物。定期出版物包括日刊、半周刊、周刊、半月刊、旬刊、月刊、季刊、四月刊等;不定期出版物包括增刊、特辑、索引卷(部分)等,还包括按需要,无固定出版时间连续出版的一些年刊、会刊、会议录丛刊、专题统计等,但它们每年一般要出版一期(册)以上。

3. 按文献内容的及时程度(级别)划分:有一次文献、二次文献和三次文献。

4. 按编辑单位划分:有学术机构出版物、商业社团出版物、政府(社会)机构出版物、技术部门(企业)出版物、出版部门出版物等。

5. **按文献载体形式划分:**有印刷型、缩微型、视听型、机读型等。

连续出版物数量庞大,种类复杂,既为图书情报提供了重要的资源,同时也给开展相应的图书馆业务工作带来了许多困难。明确其定义,了解其特征,掌握其范围,对于做好连续出版物的著录和目录组织工作,最大限度地提高它们的利用率关系重大。

第二节　连续出版物的著录要求与著录信息源

根据文献著录标准化的要求,无论是 ISBD、还是 $AACR_{2R}$ 都已经明确指出,各类型出版物的著录原则是一致的,它们应共同遵守文献著录的总则(即 $ISBD_{(G)}$ 和 $AACR_{2R}$ 第一章著录总则)。所以,普通图书的著录原理和基本方法同样适用于连续出版物的著录。

然而,如第一节所述,连续出版物毕竟存在着与普通图书不同的特征,正是这些特征,导致了连续出版物在著录细节上与其他出版物的差异。这些均反映在连续出版物的著录条例(或)标准中。目前,关于西文连续出版物的著录条例和标准有:$ISBD_{(s)}$,$AACR_{2R}$ 第十二章,《西文文献著录条例》的有关章节,《西文期刊著录条例(试用稿)》(北京图书馆编)等。上述条例和标准在细则上各有特色,是我国各图书馆进行西文连续出版物著录的重要参考资料。

一、连续出版物著录的要求

为了达到著录标准化,著录包括连续出版物在内的各类出版物有着必须共同遵守的原则和方法,同样也有最基本的要求。但具体到某一特定类型的出版物,在著录的具体要求方面都有各自的特色。关于连续出版物的著录要求,在现在使用的国内外编目规则中都没有作专门的论述,但在1967年的AACR中曾作过明确说明(见AACR英国版第183页),而且,实践表明,这些要求至今还有一定的指导作用。下面将这些要求概括为三点:

1. 为整套连续出版物提供一个完整的书目记录;

2. 揭示并描述图书馆的具体收藏情况;

3. 在目录中详细反映每一种连续出版物在出版过程中发生的各种变化,即编目工作虽重点在于对现期出版物的加工,但也必须对与之相关的已经或曾经停止出版的或更名的出版物作出反映。

二、连续出版物著录与普通图书著录的区别

1. 著录是连续性的,编目工作随着连续出版物的入馆开始进行,款目中使用"开口式著录法",表示著录未完成,随着出版物的停刊而终止;而图书著录是一次性的,无长期或无限期性。

2. 款目体现的是整套出版物的出版情况及收藏情况,对象为整套出版物的各卷、册,而图书的著录款目则多以一书为对象。

3. 著录依据较之有固定书名页的图书复杂得多。

4. 款目中的主要事项不再是像图书款目中那样的责任者项,而是题名项和标号项,以及馆藏项。

5. 题名变化、创刊、停刊、复刊、刊期,以及索引、专刊、特辑等情况均须反映,特别要表明改名刊物之间的相互关系;图书著录很少有这些内容,特别是一书在改名后一般仍按同一书处理,不像连续出版物那样,按新刊著录。

6. 编辑单位(责任者)有变化,但刊名不变,这不是将变动后的刊物作为新刊著录的根据,图书著录一般则与其相反。

三、连续出版物的著录信息源

了解连续出版物在版式上的组织结构,确定著录的信息来源及主次关系,是达到著录标准化的首要任务。然而,与图书相比,

连续出版物在组织结构上要复杂得多,其特点是由分期出版导致的不固定,著录信息出现的位置也经常被编辑出版者任意变化,无规律可循,这种结构上的不统一,给著录信息源的确定带来了很大的困难。

《西文条例》在这方面作了比较具体的规定,连续出版物著录的信息源依次为:题名页或代题名页,版权页,封面,文前栏目,出版或印刷说明,出版物本身以外的信息。

AACR$_{2R}$也为连续出版物提供了一套完整的著录依据,分为印刷型和非印刷型两大系统。后者可参考 AACR$_2$ 第三章至第十一章的有关规定进行。下面综合介绍这两部条例有关印刷型连续出版物的著录信息源。

1. 主要著录信息源(Chief Sources of information)

首先应该确定该连续出版物采用现刊名后的第一期作为主要著录对象,以手中待编的那一期作为补充。

2. 题名页或代题名页(Title page or title page substitute of first issue)

题名页通常是连续出版物每一期开头的一页,代题名页是用以代替题名页的某一页,或某一页上的一部分,如版权页、版权说明页等,它们载有最齐全的题名信息及全部或部分的版本说明。遇到同一期出版物上反映的同一信息(如题名、出版说明等)不一致时,应以题名页或代题名页为主要著录信息源。

很多连续出版物并无固定的题名页或代题名页,遇到这种情况,应按以下顺序选定著录信息源:

3. 封面(Cover)

往往刊载有题名,卷、期号或数序号,出版说明和 ISSN 等,在没有题名页的情况下,它是主要著录信息源。但是,有的封面上,突出题名中的几个词或编辑单位,或将题名缩写、略写,这就要根据其他地方提供的信息综合考虑。

4. 标题页(Caption)

每一期出版物中的每一页或者每一篇文章的开头一页,顶边(天头部分)反映有该出版物的题名,卷、期或年、月、日等。

5. 标头(Masthead)

多称刊头、报头栏等,往往在正文中的第一页或目次页的上方或顶边以固定的形式反映题名,卷期,年、月、日等。但标头的位置不固定,经常变化。

6. 编辑说明页(Editorial page)

各种编辑说明页多印有编辑单位及地址,ISSN,订购事宜等内容,但多数情况下不是占一整页的篇幅,而是作为某一页中的一部分,如与版本说明在一起,或与目次在一起。

7. 末尾题署(Colophon)

出版物末页的编者陈述,反映出版情况,更名情况,出版特色等内容,有时还载有其他信息。

如果从提供的这些著录信息源中找不到所需的信息,或者出版物中没有这些依据,还可以在出版物的封底、书脊、底边(地脚)、累积索引中查找。此外,还应通过参考工具书来查找,如利用 Ulrich's International Periodicals Directory 或《西文期刊联合目录》等专门工具书查找,但所查结果须在款目中用方括号加以注明。

第三节　连续出版物描述事项的著录特点

本节所述的特点,主要是指连续出版物与普通图书在著录上的不同之处,对于它们之间的共同点,或予以从略,或在必要时加以指明。

《西文文献著录条例》和 AACR$_2$ 为连续出版物安排有八大描

述事项,与著录图书不同的是增设了卷、期、年、月或其他标识项。但有不少编目部门在八个大项之后加设有一个"馆藏项",所以也可以说,连续出版物的描述内容有九大项。下面按照规定的著录顺序,分别扼要介绍它们在著录上的特点。

一、题名与责任说明项

包括正题名、文献类型标识、并列题名、其他题名和主要责任说明、其他责任说明。由于连续出版物的责任者众多,方式多样,变动频繁,所以在实际编目中,责任说明限于对整套出版物负责的团体或个人,并且往往是有选择地著录。

1. 关于大、小写

著录字母、缩略词、专有名词等应按原样照录。

例如:原题名:FILMS IN REVIEW

　　　　著录形式:Films in review

　　　　原题名:ACM Transactions on Mathematical Software

　　　　著录形式:ACM transactions on mathematical software

2. 关于属类术语

属类术语是指那些只能表示出版物类型,不能体现其内容特征的连续出版物专门术语,如 Bulletin(通报)、Transaction(会刊)、Annual Report(年度报告)、News(快讯)等。著录仅以属类词作为题名的连续出版物时,其正题名可以就是一个属类术语。

例如:正题名的著录形式:Transactions

　　　　　　　　　　　　　　Newsletter

3. 关于题名的全称与缩写

若一连续出版物的题名在著录信息源中既有缩写形式,又有全称形式,著录时应采用主要著录信息源上反映的形式。

例如:封面题名:RSR

　　　　题名页题名:RSR：Reference Services Review

298

著录形式：RSR：reference services review

4.关于多语言文字的题名

不少连续出版物同时用有数种不同文种的题名形式。遇到这种情况,应按出版物主要部分所用的语言文字著录题名,其他文种的题名作并列题名处理。若正文并行使用有几种文字,则以英、法、德、西等顺序选择著录。AACR$_2$规定一律取英文题名著录是不妥的。

例如：著录形式：Archives europèennes de

Sociologie = European journal

of sociology = Europäisches

archiv für soziologie

5.关于其他题名

一般应按题名页或者其他著录信息源上所反映的顺序依次著录。

例如：著录形式：Chemiefasern, Textilindustrie ：Zeitschrift für

die gesamte Textil – Industrie ：internation-

ale

6.关于部分题名

即一种连续出版物的几个部分分开出版,它们既有共同使用的总题名,又各自有表示从属总题名的分册题名,如分辑、特辑、增刊、补编等。遇到这种情况,应先著录总题名,后接分册题名,之间用句点分开。

例如：Journal of polymer sciences. Part A,

General papers

Journal of American Chemists'

Association. Supplement

如果从著录信息源的印刷方式(或其他方式)看,分开部分的题名比总题名更突出,更重要,并且从内容上看,分开部分可以独

299

立出来。则应视分开部分的题名为正题名予以最先著录,将总题名置于丛刊项,并注明分开部分的编号。

例如:British journal of applied physics

　　　……

　　　……—(Journal of physics ; D)

如果一连续出版物在出版过程中,只是在极少数情况下才偶尔出现该出版物的特辑、增刊、补编等,遇这种情况,可以按具体图书馆的实际情况将这些附刊在馆藏说明项内注明,但这种方法要严格控制使用。

7. 关于题名的变更

如果连续出版物更改题名,一般视改名后的连续出版物为另一新的出版物著录。更改之前的题名应在附注项内反映。但是,某些题名变化十分微小且编号标识连贯的连续出版物,可不作新的出版物处理,只是在附注项作一说明即可。

8. 关于责任者说明

(1)遇到多语言文字的题名和责任者时,按它们的逻辑关系进行著录。

例如:Statistical yearbook / Statistical Office
　　　of the United Nations = Annuaire
　　　statistiyue / Bureau de Statistique des
　　　Nations Unies　　　(不同文字的题名和责任者)

　　　Bibliographica belgica / Commission
　　　belge de biblographie = Belgische
　　　commissie voor bibliografie. (不同文字的责任者)

　　　Canadian copper = Cuivre canadien
　　　　/ Canadian Copper and Brass

300

Development Association(不同文字的题名)

(2)遇到有多(混合)责任方式的连续出版物,应按主要著录信息源反映的次序或印刷格式来著录。如果这些责任方式是取自主要著录信息源之外的其他地方,则应按它的逻辑顺序进行著录。除突出人物或主编外,其他个人编者一般不在款目中反映。

例如:Studies in natural history / State University

of Iowa ; G,W. Martin,editor

(3)分部分出版的连续出版物,如果有总责任者,或不能确定是否为分册责任者时,应将责任者著录在整个题名之后。既有总责任者,又有分册责任者,则将它们分别著录在正题名和分开部分的题名之后,两项用句号隔开。

例如:Physical review. D, Particles and

fields / American Physical Society

Bulletin / Institute of Classical

Studies,University of London.

Supplement / …

(4)如果题名中出现有责任者的全称,则责任者说明项内无须重复反映。

(5)如果是政府出版物,一律取该出版物所属的机构、部门或团体作为责任者。

(6)如果责任者以缩略语形式作为题名中的一部分或全部,在该出版物中可以找到该责任者的全称,则应在责任者说明项著录其全称。

例如:NATFHE journal / National Association

of Teachers in Further and

Higher Education.

CASH / [Consumer Association of South

Humberside]

二、版本项

这一大项在内容与方法上与普通图书的著录无甚差别。按不同情况,其著录格式有以下几种:

版本说明 = 并列版本说明

或.—版本说明/该版责任者说明

或.—版本说明/该版责任者说明;第二责任者说明…

或.—版本说明/该版责任者说明 = 并列版本说明/该版责任者的说明

或.—版本说明,后继版本说明

或.—版本说明/该版责任者说明,后继版本说明/该版责任者的说明

三、卷、期、年、月或其他标识项(Numeric and / or alphabetic, chronological, or other designation area)

这是著录连续出版物独有的一大特色项目。关于这一事项的名称,ISBD$_{(G)}$和AACR$_{2R}$的总则把它和地图资料著录的第三大项统一称为:"文献特殊细节说明项"(Material or type of publication on specific details area),ISBD$_{(S)}$将其特称为"编号项"(Numbering area),本节这里使用的是AACR$_{2R}$第十二章:连续出版物著录中第三大项的称谓。ISBD$_{(S)}$同AACR$_{2R}$第十二章在名称上的不同,是由于各种连续出版物给予分册复杂的且极不统一的编号标识而引起的,这些标识有的用编号法(卷、期),有的用字母法(A、B、C、D…),有的用编年法(年、季、月、周、日),还有其他用法(如:Part,Study,Supplement 等),或几种标识法同时使用,从能概括反映这一事项的全部内容来看,AACR$_{2R}$第十二章所用的名称要相对妥贴一些。

卷、期、年、月或其他标识项的著录内容为该连续出版物现用

302

题名的第一期编号标识至最后一期的编号标识,如仍在出版,则用开口式著录,以此反映连续出版物的出版状况。依据现用题名的第一期进行著录,就是将新的题名(或更名后的题名),作为新的连续出版物处理。

开口式著录的方法是在第一期编号标识之后,用一短横符号,并随后留出适当长度的空格,待该连续出版物停止出版后将最后一期的编号标识填入。

1. 遇一般情况,卷、期标识著录在前,出版时间用圆括号著录在后。卷、期、月份要求用缩写形式。

例如:. —Vol. 1, no. 1(Feb. 1958)~

. —No. 1(Apr. / May 1961)~ no. 96(Apr. / May1968)

. —Vol. 1, part 1(Dec. 1969 / Feb. 1970)~

2. 如果只有年、月标识,则应直接著录在". —"之后,不用圆括弧。

例如:

. —Spring 1939(Mar. 1939)—winter 1941(Oct. 1941)

. —15 Jan. 1960 ~

. —1971, no. 1 ~ 1976, no. 6.

3. 有的连续出版物同时采用几种编号标识法,从而使一种出版物中出现多个标号系统。遇到这种情况,著录前二个标号系统,但必须在它们中间加进" = ",其余的情况可视需要在附注项反映。

例如:. —Vol. 9, no. 1(Jan. 1962)— = No. 97 ~

. —No. 1(Spring 1970)—no. 24(Winter 1975)= Vol. 1, part A – vol. 6, Part D

4. 连续出版物更改题名,但标号系统仍然连贯。著录更名后的出版物应从采用新题名的第一期的标号开始。

例如:. —Vol. 23 no. 1（Jan. 1981）~

5. 如果一连续出版物停刊一段时间后,又以相同题名复刊,无论其采用的编号标识系统有无变化,均应分段著录,两段之间用";"隔开。

例如:. —Vol. 1, no. 1（Jan. 1941）~ vol. 4, no. 5
（May1950）; vol. 5, no. 1（June 1956）~
. —Bd. 1（1972）—Bd. 6（1977）; Bd. 1（1980）~

6. 连续出版物题名未变,但中途改用另一新的标号系统。著录时,先反映被更改的标号系统的起讫编号标识,然后再反映新的第一次编号,或者新的标号系统的起讫编号标识,并且要在不同的标号系统之间注明:

new series 即新的标号系统,也可用首字母 n. s.

或 2nd S.（即 Second Series 第二套标号系统）

或 3rd S.（即 Third Series 第三套标号系统）等等。

例如:. —Vol. 1, no. 1（Jan, 1920）~ vol. 10, no. 12
（Dec. 1930）; 2nd s. Feb. 1931 ~
. —Vol. 1, no. l（Jan, 1952）~ vol. 6, no. 6（Oct
1955）; new series vol. 1, no. 1（Jan. 1956）~ vol. 4,
no. 5（July 1957）.

7. 有的连续出版物由于创始年太早或更名情况复杂,致使在著录时无法确定其创始年等情况,除可能按出版规律推算出确切的年、卷、期外,其他情况可以记录一个大约的年或卷。

例如:. —1970?（不能肯定）
. —197 ~ ?~（可能自 70 年代起）
. —19 ~（在 20 世纪内）
. —197 ~（在 70 年代内）
. —ca. 1960 ~（大约自 1960 年起）
. —Vol. 1, no. 1（1961?）~（不能肯定）

8.如创始年、卷、期根本无法估计或考查,这个大项可以省去不作著录。

应该注意:第三大项中的创始年与出版发行项中的出版年、馆藏项中的年代可能相同,也可能不相同,著录时不能因它们相同而省略其中之一。

四、出版、发行项

这一项与普通图书的著录内容与方法差别不大。除了要求掌握著录普通图书出版、发行项的规则外,还要掌握对以下四种情况的处理方法。

1.如果出版地以多种语文出现在同一信息源上,其地名一般应按正题名所使用的语文著录。如遇有多处出版地,则应取处在显著位置的那一个或者第一个地名。

2.对于更改题名之后的连续出版物,其出版年按采用新题名后的第一期的出版时间著录。一般应该与第三大项中的首期年代相同。

3.若连续出版物尚在继续出版,只著录创始年,用开口式著录法。

若已经停止出版,则应著录其起讫年,即对开口式作封口。

例如:. —London ：Penguin，1960 ~

　　　. —New York ：Ankho International，1972 ~ 1979.

4.无法确定出版地,用 S. l.（sine loco,拉丁文）;无法确定出版者,用 s. n.（sine nomine,拉丁文）表示。

例如:. —[S. l.] ：F. Nathan，19 ~

　　　. —Berkeley ：[s. n.]，1970 ~

　　　. —[S. l. : s. n.，1905?] ~ 1913.

五、载体形态项

著录格式为：

文献数量：插图说明；文献尺寸 + 附件。

对于还在出版的连续出版物的数量用前开口式著录，空 3～4 格后著录"v."。在该出版物停刊后，再将其总卷或期数填在"v."之前。

例如：… v.：ill.；30cm.

　　　105v.：maps.

关于附件

能证实附件是作为连续出版物的组成部分，并固定发行时，应将其在本项著录。若无规则地发行，只是在偶尔出现，则应在附注项著录或不予反映。

其他情况可参用普通图书的著录规则。

六、丛刊项

与普通图书丛书项著录方法一致。但应反映丛刊和副刊的 ISSN 和编号。详细著录格式为：

．—（丛刊题名 = 丛刊并列题名/责任说明，丛刊 ISSN；丛刊的编号．副丛刊 ISSN，副丛刊的编号）

七、附注项

附注项对待编连续出版物起着修饰、形容和进一步描述的作用，当上述著录项目不能包括某些信息，特别是连续出版物出版过程中出现的各种变化情况时，则用附注加以补充。所以，附注项是连续出版物最有特色的著录项目之一。附注项的内容一般包括：出版频率注、题名与责任者注、语言文字注、特辑注、题名变化注、编号注、出版与发行注、形体描述注、附件注、丛刊注、索引注、合订注、著录信息源注、内容注等。当附注的内容不止一个时，应该按每一附注内容重新起行，单独组成一段的格式来著录。由于附注内容复杂繁多，这里不能——列举。下面扼要介绍常用的四个方面的规定。

1. 出版频率注

题名中没有表明出版频率的，附注项必须说明，题名中有的，也可以在附注项重复。中途改变出版频率的情况也需反映。例如：

Daily　　　　　　日刊（报）

Weekly　　　　　周刊

Semi – monthly　半月刊

Monthly　　　　　月刊

Issued every month except Aug. 除八月外每月一期

Bimonthly　　　　双月刊

Quarterly　　　　季刊

Three times a year　一年三期

Semiannual　　　半年刊

Annual　　　　　年刊、年鉴

Irregular　　　　不定期

Frequency varies

（unknown）　　出版频率不一（或不详）

Quarterly（1960 ~ 70）; Monthly（1971 ~ ）

2. 多种语言文字注

正文使用了多种文字的连续出版物，著录时可在附注项加以说明。

例如：

Text in English, Swedish, French（表示正文用的全部语言文字）

Text also in German & Italian(表示除题名用语文之外的语言文字)

Text both in English & Spanish(表示两种语言文字对照)

必要时,可以对正文以外的部分进行说明。例如:

Contents also in Russian Summaries in English, Hungaian and German

3. 题名变化注

附注项必须注明连续出版物的沿革变化情况,如改名、合刊、分刊、并入等。若不同题名的出版物有各自的 ISSN,也须反映出来。例如:

Continues : Association of College Research Libraries = ISSN...(前题名为:……)

Continued by : College research libraries news = ISSN ⋯(改题名为:……)

另外还有一些类似的用语,诸如:

Subtitle varies. (副题名有变化)

Merger of :⋯ (由……与……合并)

Mergered with:⋯ (与……合并为:……)

Split into:⋯ (分为……几种)

Absorbed by:⋯ (已并入:……)

Absorbes:⋯ (将……吸收或收进)

Separated:⋯ (已分出题名为:……)

Separated from:⋯ (本刊从……分出)

4. 索引注

连续出版物的累积索引和索引分册(卷)必须注明。例如:

Indexes : vol. 1(1935)~20(1945)in vol. 21, no. 1.

Indexes : vol. 10 ~ 17 issued as vol. 18, no. 3.

Indexes : subject index, vol. 1 ~ 11 in vol. 13; Author – titleindex, vol. 1 ~ 11 in vol. 14

Indexes : published separately every Dec.

八、ISSN 和获得条件项

本大项包括 ISSN、关键题名、价格等内容,格式为:

ISSN = 关键题名 : 订购事项

例如:

ISSN 0335 – 0859 = Norscope : ＄30 (Libraries and institutions ＄25)

九、馆藏项

馆藏项是连续出版物著录所独有的一大事项,它用于揭示具体图书馆对某一连续出版物的收藏情况。ISBD$_{(S)}$ 在其序言里指出:ISBD$_{(S)}$ 不提供与有关馆藏的著录单元,这些内容可以作为馆藏注明附加在基本著录事项的后面(见 ISBD$_{(S)}$ 第 0. 1. 3 款)。AACR$_{2R}$ 和《西文条例》都规定将馆藏信息作为馆藏附注说明著录在附注项的结尾部位(分别见 12. 7B20 款和 2. 7. 2. 17 款)。但是,在编目实际中,由于馆藏说明多用开口式著录,而且变化较大,一般须留一定的空位,所以,不少图书馆宁愿将其著录在 ISSN 和获得条件项之后,作为一个大项来著录。无论将馆藏说明著录在何处,它们的著录方法都是相同的。

如果图书馆对一连续出版物有完整的收藏,一册(期)不缺,可以在款目中省略该项,或者用 Has:(藏有)著录该出版物收藏起讫卷和年。仍在出版的可用开口式著录,停止出版的必须封口。

例如:Has:vol. 1 ~ 1975 ~

Has:1976:1 ~ 1982:10.

如果图书馆对某一已停止出版的连续出版物的收藏并不完整,则要视实际收藏情况选用两种方法中的一种。如果收藏的多,

缺藏的少,应用 Lack(缺藏)来表示缺藏情况。例如:

    Lacks:vol. 5,no. 2~3　1967　2~3

如果缺藏的多,收藏的少,应用 Has:或 incomplete(残存)来表示已藏情况。例如:

    Has:vol. 2,no. 6~vol. 5,no. 12　1959. 6~1962. 12
        vol. 20,no. 5~no. 12　1978. 5~12
    Has:1981:Jan. (no. 62) May (no. 66)
    Incomplete:vol. 10~15 1951~55.

如果一连续出版物仍在出版,图书馆也可以同时采用上述两种方法对其进行全面揭示。总之,应该根据实际情况来决定著录时采用的方法。

第四节　连续出版物著录标目的选择及其款目著录格式

我国编目界对连续出版物的著录历来是取题名作为主要款目标目,这是由连续出版物特殊的创作方式和构成方式决定的,也基本上与 AACR$_{2R}$ 和《西文条例》的规定一致。但是,对有些在责任方式和出版方式上很特别的连续出版物,如果在著录上一味地取它们的题名作主标目就显得不适合了,而且也与 AACR$_{2R}$ 和《西文条例》所采取的"责任者原则"相违背。据调查,在西方国家的连续出版物目录中,虽有 90% 的款目是取题名作主标目,但还有 10% 的款目是取责任者作为主标目的,这种情况,在 AACR$_{2R}$ 中也有明确的反映,因此,应根据每种连续出版物具体的责任情况,采用统一的标目选取原则进行主要款目标目的选择。

在连续出版物的目录中,允许出现两种主要款目格式,即题名主要款目和以重要责任者作主标目的著者主要款目。下面根据一些常见的实际情况,介绍几种不同的选择主要款目标目的方法,并以此编制完整的著录款目。

1.一般的连续出版物,应取题名作主要著录标目,采用题名款目格式。对于责任者,可为团体责任者作附加,个人责任者一般不予反映,如无团体者,也可为个人责任者作附加。例如:

Call The new Hungarian quarterly. —vol. 1 , no. 1
no.   (Feb. 1959) ~ . —Budapest : Lapkiado. Pub –
      lishing House , 1959 ~
      vol. ; ill. (some col.) ; 28cni.
      Quarterly.
      ISSN 0028 – 5390
      Lacks: vol. 1 , No. 1 ~ 3.
      Has: Vol. , no. 4 ~

        ○

2.如题名仅有一个属类术语,在主要著录信息源上明确反映有对该连续出版物负主要责任的机构,应取该机构名称作主要款目标目,采用著者款目格式。例如:

题名页

NEWSLETTER

A Monthly Report to Members Issued by the Midwest

Inter—Library Center

················

Call Midwest Inter – Library Center.

no.   Newsletter : a monthly report to members / Issued
by the Midwest Inter—Library Center. —no. 1
(Oct. 1949) ~ no. 102 (Feb – 1966). —Chicago : The
center, 1949 ~ 1966.

102 vol. ; 28 cm.

Monthly.

Subtitle varies.

Continued by : Newsletter : A quarterly report
to members / Issued by the Center for Research
Libraries = ISSN 0004 – 3927

I. Title.

3. 如题名仅有一个属类术语,出版物中没有明确反映主要团
体责任者,尽管主要著录信息源上反映有负一定责任的主编或该
出版物的主要创办人,仍应取题名作主要款目标目,并为主编等人
作附加。例如:

封面

LETTER

vol. 1   Janunay 1943   No. 1

Published Monthly, III Olive Rood, Tucson

Editor – Ada P. McCormick

```
Call    Letter. —vol. 1 , no. 1 (Jan. 1943)—vol. 5 , no. 9
no.        (Aug. 1949). — Tuoson , Ariz : A. P. McCormick ,
           1943 ~ 1949.
           5 vol. : ill. ; 25 cm.
           Irregular.
           Editor : Ada P. McCormick
           Has : vol. 2 ~ 3 1944
           I. McCormick , Ada P. , ed.

                              ○
```

4. 缩写题名, 以主要著录信息源上提供的信息为主。若缩写和全称同时出现在主要著录信息源上, 一般取全称作主要款目标目, 缩写作为副题名跟在其后。缩写题名作标目, 是在读者极为熟悉的情况下才予以采用。另一种方法是按著录信息源上的次序, 取缩写作正题名, 全称作为副题名。

5. 连续出版物在更改题名的情况下, 一律取最新的题名作为主要款目标目, 并且必须在附注项反映与新题名有直接关系的变化情况。这种著录法, 既将更名后的连续出版物作为新的出版物处理, 又体现了更名前后的几种出版物之间的关系, 同时也减少了目录中参见片的数量。

例如:

```
Call    Armed forces journal. — vol. 108 , no. 1 (1970)
no.         ~ Vol. 110, No. 5 (1973) = No. 5580 – 5618. —
        Washington, D. C. : Army and Navy
        Journal , 1970 ~ 1973. 3vol. ; 16cm.
        Semimonthly ( vol. 108, No. 1 ~ No. 23 (1970));
        Monthly ( vol. 109 , no. 1 – Vol. 110, No. 5
        (1971 ~ 1973)).
        Continues : Journal of the armed forces.
        Continued by : Armed forces journal
        international.
        ISSN 0004 – 220x.
        Lacks : Vol. 110, No. 4.

                      ◯
```

6.非书非刊,即介于普通图书与期刊之间的一类特殊出版物,也可称为似书似刊。它的出版频率慢(快者一年一期,慢者数年一期),篇幅大,多以图书的形式装帧,但以不变的题名连续出版,并有连贯的标号系统,有的还同时有 ISSN 和 ISBN。对这类出版物的著录,外国多按连续出版物处理,我国则多按图书处理。实际上,著录工作应根据具体图书馆对非书非刊在管理上的历史和读者的检索习惯来进行。真正实行了集中编目的国家,这一问题就会得到统一处理。对这类出版物,如按书处理,则可取其著者或团体责任者作标目(除非没有主要责任者);如按连续出版物处理,则应根据主要著录依据上反映的原样,以题名作标目,并为责任者作附加,不可人为地加以变动。

例一　题名页

按书著录

> Call   Library Association（British）
>
> no.   The library Association year book / 1982 / Library
>
>   Association—London：The association，1983.
>
>   240p.；24 cm.
>
>   ISBN 0 – 85365 – 525 – 1
>
>   Ⅰ. Title.
>
> ○

按连续出版物著录

> Call   The Library Association year book / Library Association.
>
> no.   —19 ~ . — London：The association，19 ~
>
>   vol.；24 cm.
>
>   Annual.
>
>   ISSN 0075 – 9066
>
>   Has：1976 ~
>
>   I. Library Association（British）
>
> ○

例二 题名页

ADVANCES IN LIBRARIANSHIP
Edited by M. H. Harris
V. 9
New York Academic Press
ISBN 0 - 12 - 785009 - 0

按书著录(多卷书整套著录)

Call   Advances in librarianship / edited by Michael H. Harris.
no.   —New York : Academic Press,1971 ~
            vol. : ill. ; 25 cm.
        Includes indexes.
        Contents:
        vol. 9:1979. —1979. —294p. — ISBN 0 - 12 - 785009 - 0

        I. Harris,Michael H. ,ed.

                        ○

按连续出版物著录

```
Call    Advances in librarianship / edited by Michael H. Harris.
no.     —Vol. 1（1971）~. —New York：Academic Press，1971 ~
        Vol. ：ill.；24 cm.
        Annual.
        Description based on vol. 9（1979）
        Has：vol. 9 ~          1979 ~

        I. Harris，Michael H.，ed.
                              ○
```

第五节　报刊论文著录法

　　著录连续出版物中登载的论文,实际上也就是对连续出版物内容的分析著录。这种著录法的工作成果,在图书情报部门通常称为报刊论文目录或报刊论文索引。

　　图书馆的报刊论文目录可以包括所有连续出版物上的全部论文,也可以只反映其中的一部分论文,或者是专题论文目录,或者是报刊检索工具中未被反映的论文的目录。

　　按编排方式和检索途径,报刊论文目录可分为篇名目录、著者目录、分类目录和主题目录,以及专题目录。图书馆可根据实际需要选设其中一种或几种。

　　对连续出版物中论文的著录与图书的分析著录一样重要,但这种方法更具有内容上的新颖性和及时性,因此得到更为广泛的使用。在什么样的情况下编制报刊论文目录,一方面取决于具体图书馆读者的阅读需要（多用在专业图书馆或资料室、情报室），另一方面取决于图书馆收藏报刊检索工具的完备程度。

关于论文款目的著录事项与著录格式，AACR$_{2R}$第十三章分析著录法中提供了一个模式（即第 13.5 条），本书第十一章分析著录法中也对此作有专门介绍，这就是"In"式分析法。这种方法的基本著录事项包括：论文篇名、资料类型总称（如果是非印刷型资料）、著者、所在页码、连续出版物题名、卷、期、年、月或其他标识，其著录格式可分为篇名款目格式和著者款目格式两种。例如：

论文篇名款目格式

Call	Fedeal depositony libraries / by H.
no.	Wexler. — P. 39—50 ; 17 cm.
	In American education. — vol. 15 , no. 2 （Feb. 1979）
	◯

论文著者款目格式

Call	Choudhury, G. W.
no.	China's policy toward South Asia / by G. W.
	Choudhury. — P. 155—158 ; 16 cm.
	In Bibliography of current history. —Vol.
	76 , no. 4. （Aug. 979）
	◯

与其他文献类型的分析著录不同的是，论文著录款目中，并不反映连续出版物的出版发行事项，文献出处的内容也比较简单。

我国全国文献工作标准化技术委员会第六分会的专门小组，按照我国图书情报部门读者的检索需要与习惯，结合国际上标准的著录方法草案,于 1983 年制订了《检索期刊条目著录规则》,并被国家标准局批准为国家正式标准(GB3793 – 83)。这是一部与国际标准方法接近,具有中国编目特色的规则。这种著录方法虽是我国的著录标准,但是,它是在 ISBD$_{(CP)}$(1984)正式出版之前制订的,是否适合图书馆实际工作和能否完全合乎国际标准书目著录的规范,其结论应该经过一定时期的实践检验,并与其他标准或条例进行比较分析后才能得出。

《检索期刊条目著录规则》的著录格式见下例:

分类号
顺序号　国际交流中的翻译工作 = Translations
〔刊,美〕/ linder, leroy H. //Special libraries(US).
1970, 61(10) 551—553
　　概述了……
　　　　　　　　图与表 4　参 2
(文摘员)
主题词　　　　　　　　　　　　　　索取号
　　　　　　　　○

根据这种著录格式,《检索期刊条目著录规则》对连续出版物、图书、会议录、汇编、科技报告、专利、学位论文、技术标准、产品样本等文献均作有分析著录规定,可见,这是一部全面系统的分析著录国家标准。但是,它与 AACR$_{2R}$ 和 ISBD$_{(CP)}$ 提供的分析方法存在着明显的不同,如题名翻译、责任者倒置、出版国别、提要、所在页码等方面都存在差异。这些只需对上述几种款目例片进行对比便可看出。

思 考 题

1. 西文连续出版物具有哪些特征?
2. 连续出版物著录与普通图书著录有什么区别?
3. 简述连续出版物著录中标目的选取原则。
4. 如何揭示连续出版物中刊载的论文?

第十四章　非书资料著录法

　　非书资料(Non – Book materials)是指不按传统的印刷方式，而是通过现代技术方法与手段将知识记录和贮存在纸张之外的物质载体上的所有文献，诸如磁带、录像带、幻灯片、机读资料、电影等，其中还包括所有反映一定知识或信息的标本、实物等。"非书资料"与"非印刷型资料"(Non – Print materials)在概念的外延上有着某些区别，前者是指除普通书、刊、报等常规出版物之外的所有文献资料；后者则不包括采用特殊印刷方式出版的地图、乐谱等。但在国内外图书情报界的实际使用中，两个术语是通用的，所指的对象多以非书资料的概念外延范围为准。从人们接受知识方式的角度出发，有人将两者统称为"视听资料"(Audio – Visual materials)，还有人从文献的载体构成考虑，将它们称为"非印刷型载体"(Non – Print media)。

　　作为特殊形式的文献载体，非书资料大多只是在 19 世纪末才被发明和有限使用，二次大战后的五六十年代得到迅速发展和广泛应用。作为公认的图书馆正式收藏对象则是在此之后（少数资料，如地图、影片、乐谱等入藏图书馆已有近一个世纪的历史）。与传统的印刷品相比，非书资料具有以下特点：①能直接、生动、形象地表达所载知识；②传递情报迅速、及时；③记载信息量大，能节约图书馆有限的空间，如缩微品、计算机文档等；④易于保存，使用寿命长；⑤能增加和扩大图书馆的读者成分与范围，如残疾读者可利用;⑥某些资料成本较之印刷品经济,可以节约图书馆开支,而且这种趋势越来越明显;⑦大多需要设置配套设备。正是由于非书资料在很多方面具有比普通书刊更优的特点,目前它们不仅越来越受到社会的广泛欢迎,而且,作为重点收藏对象也愈加得到图书情报部门的重视。同时,对于如何在各国图书馆界实行非书资料的标准化编目,仍然是国际编目界着力研究的课题之一。

第一节　非书资料的种类及其形式

构成非书资料的物质媒体繁多复杂,而且随着科学技术的进步,新的成分还在不断地被发明和应用。从整体上看,非书资料的种类可以从多个角度划分,如按材料性质分为胶质品、磁质品、金属品、胶木品及光磁等的合质品等;按用途分为视频资料、声频资料、混合资料等;按外形与配套设备的结合可分为唱片、影片、缩微品、幻灯片、计算机文档等。目前,西方国家一般将非书资料分为如下几类。

一、舆图资料(Cartographic materials)

舆图资料亦称地图资料,是采用测绘、照相或观察的方法,并按一定的形象化符号、影像和数学原理,部分或全部地反映地球或其他天体的图形信息载体,以勾勒出社会区域或自然现象的空间分布、组合、联系及其在时间中的变化和发展。其中主要包括:

Map	单幅地图
Atlas	地图集
Globe	地球仪
Bird's – Eye View	鸟瞰图
Survey	测量图

| Chart | 航海图 |
| Remote – Sensing image | 遥感图 |

此外,一些专业图书馆还收藏有以下形式:

Aerial chart	航天图
Block diagram	立体图
Celestial chart	天体图
Celestial globe	天体仪
Computer map	自动成图
Hydrographic chart	水文图
Map profile	纵断面图
Map section	横断面图
Photo mosaic	镶嵌地图
Photomap	照相地图
Relief model	地形立体模型
Topographic drawing	地形素描
Topographic painting	地形色描

二、录音资料（Sound recordings）

录音资料是一类采用声频技术记录声音信息,以播放方式通过人们的听觉接受知识的文献资料。它们从载体上可分为普通唱片、激光唱片、磁带、胶带。从录音内容上可分为音乐资料和非音乐资料,后者包括有声读物和现场录音资料。这类资料的常见形式有:

Sound cassette	盒式磁带
Sound cartridge	匣式循环带
Sound compact disc	激光唱片
Sound disc	普通唱片
Sound tape reel	盘式磁带

Sound track film cartridge	匣式循环胶带
Sound track film cassette	盒式胶带
Sound track film reel	盘式胶带

三、影片与录像资料（Motion pictures and videorecordings）

这是一类采用电子光学或电磁方式，直接记录图像或文字信息，借助放映机或录像机播放，在银幕或电视机上再现运动图像和伴音的文献资料。它们不仅是众所周知的艺术资料，而且也是进行科学研究和开展文化教育的重要资料，因此越来越受到图书情报界的重视。其常见形式有：

Film cartridge	匣式循环影片
Film cassette	盒式影片
Film reel	开盘式影片
Stereograph reel	立体影片
Videocartridge	匣式循环录像带
Videocassette	盒式录像带
Videodisc	激光录像带
Videoreel	盘式录像带

从内容上可分为以下形式：

Complete film	全片（完整带）
Programme	节目片
Compilation	编辑片
Trailer	预告片
Newscast	新闻节目带
Newsfilm	新闻片
Stock shot	影片片段
Unedited material	未剪辑带

四、图像资料（Graphic materials）

图像资料是指所有平面的或有长宽高尺寸的绘画资料，也包括通过光电装置显示静止画面的透明或不透明资料。这类资料种类繁杂，其中常见的形式有：

Art original	艺术原作
Art print	艺术印刷品
Art reproduction	艺术复制品（临摹品）
Blue print	蓝图
Chart	图表
Filmslip	幻灯条片
Filmstrip	幻灯卷片
Flash card	闪视片（声画卡）
Photograph	照片
Picture	图画
Postcard	明信片
Poster	广告
Radiograph	射线照片
Slide	幻灯片
Stereograph	立体图片
Technical drawing	工程图，技术图
Transparency	透明图片
Wall chart	挂图

五、缩微品（Microforms）

缩微品是指采用缩摄技术，将文献内容全部集成在特制的载体上，借助阅读器放大阅读的文献原件复制品。近期产生的那些并非复制原件而成的原始缩微件也属此列。它们是现代图书馆最

重要的收藏对象之一,被广泛用于珍本书、报刊、各种目录、科技报告等文献的保存,并且很受读者欢迎。这类文献的主要形式有:

Microfiche	缩微平片
Microfilm	缩微胶卷
Microstrip	缩微条片

另一些较传统的形式是:

Aperture card	穿孔式缩微片
Microfolio	缩微胶粘版
Micro – opaque	不透明缩微片
Microfilm roll	缩微影片
Microslide	缩微幻灯片
Microtape	缩微影片条带

六、手稿(**Manuscripts**)

包括手写、打字、泥版书等手制文献和手稿集。常见形式有:

Manuscript book	书稿
Manuscript disertation	学位论文稿
Manuscript letter	信函
Manuscript speech	演讲稿
Legal paper	法律文稿
Manuscript collections	手稿集

七、乐谱(**Music**)

乐谱是指由音符构成的、专供器乐演奏或演唱时使用的印刷型曲谱。乐谱手稿、乐谱缩微品和普通图书形式的歌曲集不在此列(分别按手稿、缩微品和图书处理)。乐谱的形式主要有:

Chorus score	合唱总谱
Condensed score	简谱

Part	分谱
Piano score	钢琴总谱
Score	总谱
Vocal score	器乐总谱

八、计算机文档（Computer files）

这是一类通过对输入信息进行编码处理后，贮存在特定载体上，须借助计算机输出信息内容的文献资料。它们与现代技术联系密切，换代频率快，具有强劲的生命力，特别是能够解决图书馆长期面临的空间有限、查检速度慢、远程传递不便等问题，因此成为图书馆的重点收藏对象。计算机文档的主要形式有：

Compact disc	光盘
CD – ROM	只读光盘
WORM	一写多读光盘
WMRA	可抹重写光盘
Computer disc	普通磁盘
Computer tape	计算机磁带

接近被替代的形式有：

| Aperture card | 计算机穿孔卡 |
| Punched paper tape（card） | 计算机穿孔带（卡） |

九、立体人工制品与直观教具（Three – Dimensional artefacts and realia）

这是一类以立体形象供陈列或教学科研之用的立体模型或形象缩制品。常见形式有：

Diorama	立体布景模型
Exhibit	展品
Game（puzzle and simulation）	智力玩具

Model	模型
Object	标本
Realia	实物教具
Sculpture	雕塑品

目前,收藏这类资料的图书馆还为数不多。

十、配套资料（Kits 或 Multimedia）

配套资料是指由两种或两种以上的文献载体的混合配套物,通常是关于某一主题或课程,作为一套完整文献出版发行,所以各组成部分一般无主次之分,但也可以单件使用。例如,视听配套教材、歌曲配套资料等,更常见的是 Teaching kit（教学配套资料）、Laboratory kit（实验配套资料）、Language kit（语言教学资料）、Programed instruction kit（程序教学资料）等。

第二节　相关条例和描述著录的特点

现代非书资料的产生在时间上远远落后于传统的印本图书,所以,图书馆对它们的编目只是在很晚的时候才开始进行。1949年,西方第一部非书资料编目条例"Manual for Use in the Cataloging and Classification of Audio – Visual Materials for High School"在美国问世,较之第一部系统的图书编目条例《九十一条》晚了整整一个世纪零八年。

五六十年代,英、美等国开始分学术和学校两大片编制各自适用的有关规则,并分别由 LC, ALA, LA 和美国 National Education Association 出版了多部非书资料编目条例。但是,已有条例中没有一部在国际上,甚至在一个国家内得到广泛的认可。尽管 1967年出版的 AACR 用了专门篇幅（第三部分）规定了非书资料的著

328

录规则,但由于该条例自然存在着反映的种类及其形式不全、使用的著录术语不规范、对某些具体情况的处理欠妥当,并与图书著录原则有悖,特别是难以同时满足不同性质的图书馆的特殊要求等问题,所以即使在英、美、加拿大等国也未被普遍使用。编目上的不统一,给图书馆通过计算机网络进行的情报交换和读者依据同一检索途径在不同图书馆查找馆藏非书资料带来了严重的困难。

1970年,加拿大的 Jean Riddle Weihs, Shirley Lewis 和 Janet MacDonald 编制出版了"Non – book Iaterials: the Organization of Integrated collection",该条例在消除图书与非书资料著录之间、学术性需要与教学公共需求之间和地方条例与国家标准之间存在的隔阂作了较成功的尝试,因此,一时被美、英、加拿大的图书馆编目界接受为过渡性的指导文本。1976年,美国的 Alma Tillim 和 William J. Quinly 编制出版"Standards for Cataloging Noneprint Materails: an interpretation and practical application",在放弃全部以题名为主标目,允许采用"责任者原则"方面与图书著录取得统一。1975年和1976年,AACR 先后出版了第十二章特殊直感资料和第十四章录音资料的修订本,基本确定了著录非书资料的事项和顺序,以及主要款目标目的选取原则。

几乎是同时,IFLA 的 UBC 计划又诞生两项成果,即1977年出版的 $ISBD_{(CM)}$ 和 $ISBD_{(NBM)}$,它们在很大程度上使非书资料的术语定义、范围、著录信息来源、标识符号、事项及顺序得到统一,为各国制订非书资料编目条例提供了纲领性和规范性的文本。1978年底,$AACR_2$ 出版,它几乎全部采用了 $ISBD_{(CM)}$ 和 $ISBD_{(NBM)}$ 中的规则,并对非书资料著录标目的选取作了相应的规定。至此,ISBD 和 $AACR_2$ 达到统一,使西方编目工作有了一个相对稳定的标准依据。

1988年,AACR 的修订委员会出版了 $AACR_2$ 的修订本 $AACR_{2R}$,在非书资料部分,着重对计算机资料规定作了更新,改原来的 Machine – Readable Data File,为 Computer Files,增加了大量关于微机软件的著录规定,相应减少了对那些将被淘汰的资料形式的规定和实例。同年,IFLA 又新出专则 ISBD $_{(CF)}$ 规定了对于计算机文档的描述著录准则。这表明了条例的修订将始终伴随着文献载体和形式的变化(当然还有编目技术的革命)而进行的发展趋势。

ISBD 和 AACR$_{2R}$ 都具备实现著录标准化的三大条件:(1)每一款目所包括的基本项目相同;(2)各著录项目在款目中排序始终一致;(3)除题名项(还有标目项)之外的各著录事项之前均冠以固定一致的标识符号。此外,它们反映非书资料的种类较全,除常见的形式外,还包括一些过时或趋于淘汰的形式,使用的著录术语也比较规范。在著录事项中,ISBD 和 AACR$_{2R}$ 为突出反映非书资料的种类、规格、内容、附件等特征,专门新设了文献类型标识项和资料特定细节说明项,对载体形态项、附注项也作了一些特别的规定。

一、可适用的有关规则

目前,ISBD$_{(CM)}$,ISBD$_{(NBM)}$,ISBD$_{(CF)}$ 和 AACR$_{2R}$ 是西方各国图书馆对非书资料进行加工、管理的最新和最重要的依据。由于 AACR$_{2R}$ 拥有 ISBD 所缺少的检索点选取规则,所以它更适合于进行手工作业的编目人员使用。

AACR$_{2R}$ 第一章总则是各类文献资料的著录大纲。第三章至第十二章是著录各特定类型非书资料的细则:地图资料(第三章);手稿(第四章);乐谱(第五章);录音资料(第六章);电影与录像资料(第七章);图像资料(第八章);计算机文档(第九章);立体人工制品与直观教具(第十章);缩微品(第十一章);连续出版物(第十二章),实际中可相互参考使用。

有人认为,非书资料与图书差异较大,而且两者的收藏部门也分为电化教育机构和图书馆,即使是在图书馆,也是为两者分别建立管理系统,所以,两者的编目原则应该是不同的,甚至有些部门已经在用不同的条例进行各自的编目。从标准化要求、全面反映馆藏和书目交流,特别是从两者在本质上均属于"文献"范畴这些方面来认识,分别为非书资料和图书制订原则和结构不同的编目条例是不可取的,也肯定不会与未来文献编目的发展趋势相吻合。

二、描述事项的著录信息来源

与图书不同,非书资料大多没有固定的 Title pages,各类型之间在载体和外形上也有很大差异,就是同一文献,也可能出现主体部分与其他部分提供的著录信息不尽一致,甚至可能确定主体部分或主要信息部位都是困难的。有的主要信息部位没有列全编目所需的书目信息,编目人员得从其他部位或通过其他资料去查找。正如美国学者 C. Frost 所说:"长期以来,题名页宛如一块磁石,像吸铁一样地将各种书目事项的信息吸在上面,而视听资料的制作者或出版者却无此习惯,他们到处寻找任何非书资料中可能的部位来列举书目事项的信息。"这些实际情况使得编目人员在选择和确定著录事项时常常遇到困难,而且难以一致。

为解决这些困难,《西文条例》、$AACR_{2R}$ 和 ISBD 都较统一地规定了选择各著录事项时应该使用的主要信息来源(Chief Source of Information,见下面表 14–1)。这样,不同的编目部门或个人间可能发生的著录分歧便可由此得到一定程度的统一(当然还得依靠个人的知识和判断力)。

表 14 - 1　各项目的主要信息源

描述事项	规定的著录依据(按先后顺序取)
一、题名与责任者说明项	舆图:地图、套袋 录音资料:标签、套盒(袋) 电影与录像资料:附带文本、全本套盒 图像资料:图像主体上的标签、包装物、附本 缩微品:片首(标头)、片顶的印刷字、题名片、套袋、附件 计算机文档:资料档套盒上的标签、生产者随之发放的文件 手稿:书名页、末页题署、标题、已出版过的版本 乐谱:书名页、封面、末页题署 立体人工制品:实物主体、附件、包装物
二、版本项	同上
三、资料特定细节说明项	地图的正面、反面
四、出版发行项	同一
五、形体描述项	任何资料均可
六、丛书项	同一
七、附注项	任何资料均可
八、标准书号及订购项	同上

如果在规定的著录信息来源中得不到所需要的书目信息,条例提出应通过其他参考资料(Other sources - References)查出。

从上表中可以看到,条例根据非书资料结构的复杂性,对规定的信息来源采取了灵活有序的选取原则。实际上,这些规定遵循的是以下三个原则:

1.把与文献不可分离的部分,如题名帧(屏)、标签等,作为主要信息源的第一选择;

2.采用"由里向外"的次序选择法,即从文献主体本身依次到标签、包装物、附件,最后是其他参考资料;

3.完整的描述项目可以由文献多个部分的信息构成,即每个能反映总文献信息的部分都可能成为一个或多个描述项目的主要信息源。

三、描述项目的著录特点

就非书资料的本质而言,它们与书刊没有什么区别,都是记录和传递知识或艺术内容的物质载体,所以编目界对非书资料的描述项目及其次序的规定与对普通图书款目的规定基本相同。这点从上表中便可看到。但是,非书资料的物质特征和构成特征的多样性,又形成了许多与书刊有别的特点,从而导致了编目的复杂性,并在一些描述项目的细节方面与图书著录产生差异。

普通书刊阅读方便,而非书资料的使用却大多需要配套设备,如各种型号的放映机、录像机、阅读机、录音机、电视机、计算机、扩音机、幻灯机、银幕等。非书资料与设备的配套选择要求构成了编目工作的又一显著特点,它要求非书资料的著录款目能尽可能地反映出型号、尺寸、音响等技术规格与参数,以便于读者有效地借用非书资料或选择设备。从这层意义来看,编目人员的非书资料技术和管理知识也是至关重要的。

下面仅就这些有差异的项目简要介绍有关的著录规定。

1.文献类型标识(GMD)应用方括号著录在正题名与并列题名之间。著录时选用相应的类型总称(见第七章第二节的"文献类型标识术语表"),而不是具体的载体形式,如录音资料一律用 sound recording,而不用 cassette 或 dise。方括号内的类型标识全部小写。例如:

Ten – Key［computer film］：the original computer calculator

2.责任说明(Statement of responsibility)　有些非书资料的责任方式较多,责任者或为集体或为众多的个人。为了在有限的篇幅里简化责任说明,著录时需分清主次责任者,将重要的责任承担者,如电影导演和制片人、地图的绘图者等,置于责任说明事项内,视需要将其他责任者著录在附注项。

3. 文献特殊细节项(Material specific details)作为描述事项的第三大项,在本章内只用于对舆图资料和计算机文档两大文献类型的著录。

(1)用于著录舆图资料时,该项也称作数据项(Mathematical data area),其著录内容有"比例尺;投影法(坐标和分点)",其中,坐标和分点是供选择使用的内容。例如:

.—Scale 1:250000. 1 in. to 3.95 miles. 1cm. to 2.5km.

.—Scale [ca.   1:90000]

.—Scale 1:15000 ~ 1:25000   或 Scale varies.

; conic equidistant proj.

; transverse Mercator prof. ,Everest spheroid

(E79° ~ E86° / N20° ~ N12°)

(El 5°00′ 00″ ~ E17°3′ 45″ / N1°30′12″ ~ S2°30′35″)

(RA2hr. / Decl. +30°;eq. 1950)

(RA 16hr. / Decl. —23°;eq. 1950)

(2)用于著录计算机文档时,该项被称作文档特征项(File charateristics area),其著录内容有"文档种类(文档数量:记录或语句数量)"。以下逐单元举例介绍:

①文档种类

包括三个类型,AACR$_{2R}$提供的著录术语是:

—Computer data

—Computer program (s)

—Computer data and program(s)

②文档数量

包括数据文档和程序文档,均用术语 file(s)。

例如:

. —Computer data（1 file）一个数据文档

. —Computer programs（2 files）两个程序文档

③文档的记录或语句数量

数据文档 data 用术语 records 为单位。

单个程序文档用术语 statements 为单位。

多个程序文档用术语 bytes 或 statements 为单位。

综合文档（multipart files），应将数据文档与程序文档分开计数。例如：

. —Computer data（1 file：550 records）

. —Computer program（1 file：215 statements）

. —Computer programs（3 files：3650,4379,0000 bytes）

. —Computer data（2 files：715,1290 records）and programs（3 files：800,4913,7319 bytes）

总的看来，该大项的内容应该是十分详细的，只要信息源中有相关的反映，就应作相应的著录。但是，AACR$_{2R}$也指出，如果信息源中没有反映数量信息，则可以只著录文档种类，不作上述①和/或②项著录。例如：

. —Computer program（3124 statements）

. —Computer data and program

AACR$_{2R}$还指出，若前面已经使用了文献类型标识（〔GMD〕），文档种类处可省略 computer 一词。例如：

. —Data（3 files：3150 records,126000 bytes）

. —Program

关于计算机文档的其他特征，如语种、适用机型、程序语言等，应在附注项内分段反映。

4. 载体形态项（Physical description area）是非书资料著录中最有特色的项目之一。与图书著录不同的是，这里要准确而简明地描述非书资料特有的技术规格与参数等形态特征。尽管各类资料

335

的形态特征不同,但都须围绕这一项目中的四个小项进行著录,即:

数量:其他形态细节;尺寸规格＋附件

各小项一般包括以下著录内容:

(1)数量:数量标识单位(页数或播放时间)。其中,标识单位应著录资料具体形式的术语(见本章第一节),而不是 GMD 中的总称。例如:

1 atlas（350 p.）

10 maps in 1 sheet

1 filmstrip（ca. 75 fr.）

3 sound cassettes（92 min.）

2 videocassettes（120 min. each）

(2)其他形态细节:一般包括插图、声响、转速、声道、色彩或物质材料、制作方式等。例如:

1 atlas(X Ⅵ,97,100p.）：35 col. maps

[20] leaves：col. ill.

2 sound discs（66 min）：analog,33′／3 rpm,mono.,stereo.

1 sound track film reel（10 min）:magnetic,25 fps,centre track

1 Video cassette（21 min）：sd.,b&w,NTSC

2 computer tape reels：6, 250 bpi

1 Computer disk：sd.,col.,single sided,single density, soft sectored

(3)尺寸规格:一般反映资料的宽度或直径或长宽高。例如:

;12 in.　　　　　(录音资料)

;4¾in.　　　　　(录音资料)

;16mm.　　　　　(影片)

;16—35mm.　　　 (影片)

336

; ½ in.　　　　　　　（录像带）

; 40×25cm.　　　　　（地图）

; 12cm. in diam.　　（地球仪）

; 9×19cm.　　　　　 （缩微品）

; in box 25×32×5cm.（模型）

; 150—210cm. high　（雕塑品）

; 5¼in.　　　　　　　（计算机软盘）

（4）附件（Accompanying material）：指文献主体之外附带的有关资料。著录时用"+"引出。例如：

+1 manual　　　　　　（缩微品）

+1 v.（30p.：ill.；22cm.）（缩微品）

+1 teacher's guide　　　（影片）

由上例可以发现，在很多情况下须用术语缩写形式进行著录。《西文条例》和 AACR$_{2R}$ 为此规定的著录用语中较常用的有：

著录形式	全称	译义
b&w	black and white	黑白
cm. / sec.	centimetre（s）Per second	每秒厘米
col.	colour	彩色
diam.	diameter	直径
fps	frames per second	每秒画面
fr.	frame(s)	格
eq.	equinox	分点
in.	inch（es）	时
ips.	inches per second	每秒时
min.	minute(s)	分钟
mono.	monophonic	单声道
proj.	projection	投影法
guad.	guadraphonic	四声道

337

rpm.	revolutions per minute	每分转速
sd.	sound	有声
sec	second（s）	秒
si.	silent	无声
stereo.	stereophonic	立体声

关于非书资料描述项目的著录特点在题名项（资料无题名时）和附注项（需进一步补充说明时）也有所反映。

第三节　常用标目规则及款目实例

显而易见,非书资料的责任方式与普通书刊有很大区别,如播讲(演唱)者、表演者、演奏者、指挥、导演等一些责任方式在图书里几乎见不到,加之非书资料创作和生产的过程比较复杂,这样就加大了选取著录标目上的难度。对此,AACR$_{2R}$在第二十一章提供有一些适用于非书资料著录的标目选取规则,不过,更多的情况只能参照分担责任者、混合责任者、团体、相关责任者和题名等基本规则,作类似情况处理。但是,由于 AACR$_{2R}$对乐谱、录音资料和艺术作品以外的资料类型的标目规则不集中,也较含糊和难于理解,因此遭到部分专业编目人员的异议。我国的《西文条例》对非书资料的标目选择规定,较之 AACR$_{2R}$更为简单和分散。在标目选取和款目著录等方面,国内外编目界目前仍存在着不少争议和不同的处理方法。下面按习见类型举例说明部分通用的标目选取方法,款目实例采用 AACR$_{2R}$的第二级著录,请留意款目中标目项和载体形态项的著录方法。

一、舆图资料

文献类型标识:〔map〕、〔globe〕、〔model〕等。

常用标目规则：

1.明确提供有主要的绘制者,应取其名称作标目。如遇团体在地图绘制和出版发行方面承担主要责任时,也应取其名称作标目。

2.在特殊情况下,如探险中绘制的地图,可考虑取团体作标目。

3.地图中没有提供责任说明,或者提供的团体或个人并非创作的主要责任者,通常应取题名作标目。因为题名一般能反映出地图所表现的地理位置或者主题,所以有些图书馆的编目部门便一律以题名为标目,这与 AACR$_{2R}$ 的标目原则是冲突的。

例一　地图

> Saxton, Christopher
>
> 　Bedford comitatus olim pars Cathifuclanorum ／
>
> Christopher Saxton, descrip. ; Wilhelmus Kip, Sculpsitt.
>
> —Scale ［ca. 1:300 000］. —［London ： Orbis, 1976］.
>
> 　I map ： col. ; 21×28cm. —（Antique maps of Britain ; no. 150）.
>
> 　Reproduction of ： 1607. Scale ： ［ca. 1:180000］.
>
> 　1. Title 2. Kip, Wip, William

例二　地图

> John Bartholomew & Son （Edinburgh, Scotland）
>
> 　Bartholomew one inch map of the Lake
>
> District. — Rev. — Scale 1:63360. — Edinburgh：
>
> Bartholomew, 1971.
>
> 　I map ： col. ; 71×82cm. folded to 21×12cm.
>
> 　ISBN 85152－362－5（paper）. — ISBN 85152－363－3
>
> （cloth）
>
> 　I . Title.

例三　地图集

Call
no.

The Times concise atlas of the world [map]/
edited by B. Winkleman. — Rev. ed. — Scale
1:12000000 to 1:1000000. — London : Times Books,
1978.
1 atlas (148, 84p.):134 col. maps.
Includes indexes.

I. Winkleman, B.　ed.

例四　月球仪

Call
no.

Moom[globe] / Mystic Map Makers. —Scale
ca. 1:6400000. Vertical exaggeration[1:40].
—Mystic,Conn. : Mystic Map Makers,c1973.
1 globe : col. ,plastic,mounted on plywood
cardel ; 31cm. in diam.
Relier globe – Indicates names of major mountains
and plains,and locations and dates of U. S. and
U. S. S. R. landing sites.
Accompanies by book(139p.):The Moon.

I . Moon – Globes　II . Mystic Map Makers.

例五：地图

Call Ohio〔model〕：the Buckeye State ／ Martin – Baxter.
no. —Scale 1：6000000. Vertical exaggeration 1：10 ：
Gnomlc projection. —Memphis，Tenn. ：Martin
Baxter，c1967.
l relief model ：col. ，plastic ；76 × 68 cm.
Shows cities，towns，counties，adjoining states，
highways and bodies of water – colored to simulate
appearance of terrain.
l. Ohio – Relief Models. I. Martin – Baxter
Educational Specialties.

二、录音资料

文献类型标识：〔sound recording〕

常用标目规则：（参见 $AACR_{2R}$ 第 21. 23 条）

1. 录音资料的著录标目选择是由资料本身的创作或责任情况决定的，可视作标目的一般有作曲者、词作者、表演者（含乐团）、指挥、题名等；

2. 录制一个创作者的多部音乐或文学作品及演讲、报告等，著录在该作曲者或作家或报告人的适当标目下，为表演者作附加；

3. 不同人的作品，由一个或一些主要表演者演出的录音资料，取主要表演者（主要演奏者或演唱者）作标目，为第一个创作者作附加；

4. 作曲家与歌词作者协作而产生的作品，按主要信息源上提供的责任说明，取首先的作词或作曲者为标目，为配曲或作曲者作附加；

5. 如遇录音资料的创作者和表演者都超过三个,又无主要者,则以题名作标目;

6. 某些音乐作品还可选用有关的统一题名规则;

7. 录音资料连续出版物一般应参照印刷型连续出版物著录。

目前,国外与 AACR₂ 持不同意见者认为,对于轻音乐、摆摇曲等录音资料,因其演奏者较之作曲者更具有影响,所以应一律取乐队作标目,可为作曲者作附加。

例一　古典音乐唱片

Call　　Schubert, Franz Peter, 1797—1828.

no.　　　　[Symphonies, no. 8, B minor] [sound recording]

Symphony no. 8 in B minor (Unfinished);

Symphony no. 4, in C minor (Tragic) / Schubert.

—New York : Dekadisk, c1975.

1 disc : 33⅓rpm, quad. ; 12 in.

Title on container : Kallenberger Conducts Schubert.

Springfield Symphony Orchestra ; Andre

Kallenberger, conductor.

Program notes on container and in enclosed

booklet (12p.)

Dekadisk : 3A177s.

Ⅰ. Kallenberger, Andre, Conductor.　Ⅱ. Title.

例二　成套音乐磁带

<table>
<tr><td>Call
no.</td><td>Tree, Woody.

Work songs of America [sound recording].
—New York : Tape – o – Sound, 1970.
  6 cassettes : 1 7/8 ips, stereo.
  In container 27 × 30 cm.
  Contents : Logging songs / Woody Tree
—Plantation worksongs / Able Baker—Sea
chanties, parts 1 and 2 / Sailor Beeware—Railread
songs, parts 1 and 2 / Able Baker.
  Enclosed booklet (24p. , ill. , 17cm.) includes
lyrics of songs, guitar chords and photos of
preformers.
  Tape – o – Sound : 409.

  1. Work – songs. 2. Lumbermen – songs and musi c. 3. Ne-
gro songs. 4. Sailors' songs. 5. Railroads – songs and music.
  Ⅰ. Baker, Able. Ⅱ. Beeware, Sailor. Ⅲ. Title.</td></tr>
</table>

例三　多人音乐作品

TEXAS country [sound recording]/Willie Nelson⋯ [et. al.]. —
Los Angeles : United Artists, c1976.
  2 sound discs : analog, 33⅓rpm. stereo. : 12 in.
  Recordings by Willie Nelson (side 1). Bob Willis and his Texas
Playboys (side 2), Asleep At The Wheel (side 3), and Freddie
Fender (side 4).
  United Artists : LA574 – H2.

  I. Nelson, Willie

例四 戏剧录音作品

SHAKESPEARE, William
　　Hamlet [sound recording] / [directed by Michael Red grave ; script
adapted by Michael Benthall]. —Modern abridged version. —London：
Oldbourne Press. c1964.
　　1 sound disc (ca. 50 min.) : analog. 33⅓rpm, mono. ; 12in. +1
text (42 p. ; 31 cm.). —(Living Shakespeare).

　　Cast ：Michael Redgrave, Margaret Rawlings, John Phillips.

　　Credits ：Musique concrete, Desmond Leslie ; narrator Michael
Benthall.
　　Text includes acting version, complete play, notes and glossary.
　　Oldbourne ：DEOB 1AM.

　　Ⅰ. Title* Ⅱ. Redgrave, Sir Michael　　Ⅲ. Benthall. Michael
Ⅳ. Series

三、电影与录像资料

文献类型标识：[motion picture]、[videorecording]
常用标目规则：
AACR₂ᵣ和我国的《西文条例》没有对这类资料的著录标目选
取作专门的规定,但其标目原则与其他文献类型的是基本一致的,
并与 AACR₂ 和 CLA、AECT 的编目手册中有关规定大体相同。归
纳起来,常用规则有如下几条：

1.一般取电影或录像资料的片名作标目,修改片以最新片名为准;

2.根据文学剧本改编的影片,按新作品著录,一般用片名作标目;

3.如果片名不明确或者没有,可考虑取导演或摄影者等主要责任者作标目;

4.如果被著录影片记录的是某一团体的集体活动,而且该团体除演出之外,还担负着影片的其他责任,应取该团体的名称为标目;

5.如果这类资料的主要责任者十分明确、突出,如编剧、导演、制片等同为一人负责,或者由某人拍摄的记录片,就可考虑取个人作标目,为片名等作附加。

上述规则的制订者认为,电影以其表演艺术内容吸引观众,具有很大的独特性,加之其责任方式众多且复杂,往往难以确定何人为主要责任者,故应当取片名作标目。但另有人认为,电影虽然是一种综合责任的艺术,其责任者主要有导演、摄影、编剧、制片等,但因电影通常皆以导演为主要责任者,故应取导演为著录标目。

例一　电影片

Call	The cataloger [motion picture] / Zip Films. — South
no.	Bend, Ind. : Zip Films, c1972.
	1 reel (12 min.) : sd. , b & w ; 16mm. +
	teacher's guide. —(library careers ; no.5)
	Summary : Shows the work of the cataloger
	and the cataloging deparlment, organizing the
	books and constructing the library catalog.
	1 Cataloging. Ⅰ. Zip Films. Ⅱ. Series.

○

例二 录像带

Governance in the academic library [video – recording] : a pro
gram / presented under the auspices of the Committee on Aca-
demic Status of the Association of College and Research Librar-
ies. —Chicago : Distributed by ACRL,1974.
1 videocassette (Sony U – Matic,UC – 60) (ca. 40min.):sd. ,
b&. w ; 3/4 in.

Participants : David Laird,Jane Flener, Ellsworth Mason,Stuart
Forth,and Frederick Duda : moderator,Eldred Smith.
Summary : Patterns of administration in academic libraries,a pan-
el discussion.

I . Association of College and Research Libraries. Committee on
Academic Status.

例三 电影片

McDermott,Gerald.
Arrow to the sun [motion picture] : a Pueblo Indian tale/designed
and directed by Gerald McDermott ; produced by Gerald McDermott &
Texture Films . Inc. —[New York] : Texture Films,c1973.
l film reel (ca. 15 min.) : sd. ,col. ; 16mm.

Credits : Music,Thomas Wagner;camera,Frank Koenig ; voice of the
boy,Joquin Brant ; story and research consultant, Charles Hofmann.
Summary : The son of the sun god is shot on an arrow to the sun. He
successfully passes four trials and returns to earth,bringing the magic of
the sun with him.
I . Texture Films,Inc. (New York. N. Y.) II . Title.

四、图像资料

文献类型标识：〔art original〕、〔picture〕、〔chart〕、〔filmstrip〕、
〔slide〕、〔flash card〕、〔technical drawing〕、〔transparency〕等。

常用标目规则：

著录幻灯资料一般可参照使用电影标目法。艺术作品标目法
详见 AACR$_{2R}$第 21.16 条。

1.合作作品，如有主要责任者，取其名称作标目，如没有主要
责任者，一般取第一责任者作标目，如合作者超过三人，取题名作
标目；

2.由一种载体改为另一种载体的作品，以改作者为标目；

3.复制品按原件著录；

4.不同创作者的作品汇集，取该汇集的集合题名作标目，如无
集合题名，按其中第一件作品选出标目，为编者等人作附加。

例一　古画复制品

Call　Gainsborough,Thomas,1727—1788.

no.　　The blue boy〔art reproduction〕/ Thomas Gainsborough.

—West Hartford,Conn.：Library Art Print Gallery,1980.

　1 art reproduction：photogravure,col.；79×57cm.

　Original owned by Henry E. Huntington Library and Art
Gallery, Pasadena Calif. Painted in 1770.

　Size when mounted：100×75cm.

　Ⅰ.Title.

例二 幻灯条片

Call   Geronimol [filmstrip] : the story of parachu'es /
no.   Mulligan. —New York : Mulligan, c1972.
       2 filmstrips (199 fr.) : col. ; 35mm. + 2 sound discs
(37 min.)
      Narrator : Gregory White.
      Contents : Part 1 : The early days (97 fr.).
—Part 2 : From Crete to skydiving (102 fr.)

      1. Parachutes – History. 2. Parachute troops. Ⅰ. White,
Gregory.

◯

例三 示意图

The Great ages of man [chart] —[New York : Time Inc. ,1967]
1 chart : col. ; 53 ×63cm. folded to 27 ×21cm.
Summary : Shows, in tabular form, principal events in western. central, and eastern civilizations from 4500 B. C. to the 20th century.
Ⅰ. Time Inc. (New York. N. Y.)

五、缩微品

文献类型标识:[microform]

缩微品是我国图书馆所熟悉的一种非书资料形式,其标目法与书刊资料完全一致,即应取被缩原件的标目作标目。

关于缩微品的著录争论主要在载体形态项。AACR 初版及其修订本规定缩微品按被缩原件著录。原件的页数、插图、开本等信息均在载体形态项内著录,再由附注项反映缩微品的各种载体特征。AACR₂ 则将其作为一种特殊文献载体独立著录,主要区别是将 AACR 初版规定的载体形态项和附注项内容互换。此方法是根据英国等欧洲各国图书馆为强调各种形式的非书资料著录一致的要求而定,但却又遭到美、加一些图书馆以"极易引起读者对被缩原件的出版年及其他著录信息的误解,而且改动量太大"为理由的反对,并决定仍沿用 AACR 初版的方法。AACR$_{2R}$依然采用了 AACR$_2$ 的方法。

例一　按 AACR$_{2R}$编制的款目

Ardizzone,Edward

  Tim to the lighthouse [microform]/by Edward Ardizzone. —[Ann Arbor,Mich : University Microfilms,1971?].

  1 microfiche (25 fr.):ill. —(Xerox micromedia classroom libraries = Xedia).

  Low reduction.

  Reproduction of : New York : Walck. 1968. [48] p. ; 26cm.

  I . Title Ⅱ. Series

例二　美国的款目

Tuttle,John B. (John Betley),1882

  The analysis of rubber/by John B. Tuttle. —New York : Book Dept. , Chemical Catalog Co. ,1922.

  155 p. ; 24cm. —(Monograph series / American Chemical Society)

  Includes bibliographical references.

  Microfilm. Ann Arbor, Mich. : University Microfilms,1976. 1 microfilm reell 35mm.

  I . Title. Ⅱ. Series : Monograph series(American Chemical Society)

例三　按 AACR$_{2R}$ 编制的款目

Tuttle,John B. (John Betley) ,1882
　The analysis of rubber [microform]/by John B. Tuttle. —Ann Ar－
bor. Mich ∶ University Microfilms,1976.
　1 microfilm reel ; 35mm.
　Reproduction of original ∶ New York ∶ Book Dept. ,Chemical Catalog
Co. ,1922 (Monograph series / American Chemical Society)
　I. Title.

六、计算机文档

文献类型标识:〔computer file〕

计算机文档以选取对设计程序及文档内容负主要责任的程序员(programmer)为标目原则。当无责任说明或责任不明确时,应取题名作标目。只有符合团体标目的条件时,才考虑取团体作标目。

在以下款目中,请注意文档特征项的著录实例,其有关的规定详见本章第二节。

例一　计算机软盘

Hunter, *Eric J.
　Subject index [computer file]/Eric J. Hunter and John Wil-
litts. —Computer program (4 files ;24,151,107,50statements). —
1986.
　1 computer disk ; 5¼in.
　Enables the setting up of an online index.
　System requirements ∶ Apple Ⅱ ; Applesoft BASIC.
　For use in teaching at Liverpool Polytechnic School of Information
Science and Technology.
　Ⅰ. Willitts,John　Ⅱ. Title

350

例二 计算机光盘

The new electronic encyclopedia [computer file]. —
  Computer data. —Danbury, Conn. : Grolier Electronic Publi-
shine, c1988.

  1 computer laser optical disk : col. ; 4¾ in. + 1 computer disk (5¼
in.) + lusers guide (76 p. ; 25 cm) in container 26 × 23 × 4 cm.

  System requirements : IBM PC XT / AT, PS / 2 or suitable IBM PC
XT / AT compatible ; DOS 3. 0 or later ; 512K RAM.

  Disk title : The electronic encyclopedia ; users guide title : The new
Grolier electronic encyclopedia.

  CD – ROM version of : Academic American encyclopedia. Rev. ed.
Grolier,1985? 21 v.

  Ⅰ. The Electronic encyclopedia…

  Ⅱ. The New Grolier encyclopedia…

  Ⅲ. Academic American encyclopedia.

例三 计算机录音带

Information skills [computer file]/Akersoft. —Computer programs (8
files). —Nottingham : Akersoft,1984.

  1 computer cassette : col. ; 3⅞ × 2½ in. + 1 operating instructions
(2 leaves),14 worksheets,1 map.

  System requirements : BBC B ; cassette recorder.

  Contents : Hello—ABC—Quiz—World—Safari—Newsl—News2—
Index.

  For use in a school library with classes of up to 32 students.

  Issued also on disk.

  Ⅰ. Akersoft

七、立体人工制品与直观教具

文献类型标识：〔diorama〕、〔game〕、〔microscope slide〕、〔model〕、〔realia〕等。

AACR$_{2R}$对这类资料的著录标目也未作专门规定（可参照第21.16条），但其中说明，凡对作品的知识与艺术内容承担主要责任者，包括作者、乐谱作曲者、艺术家、摄影者等，都是其作品的个人著者。按西文编目的著者标目原则可作如下标目选择：

1. 有主要制作者，取其姓名作标目；

2. 艺术真品（包括实物）的复制件，无论大小与原作是否一致，均按原件选取标目；

3. 无创作者，取资料的题名作标目。

例一　雕刻件

Call	Yamashita, Kazuo, 1902—1970.
no.	Wire Composition 3〔realia〕/ Kazuo Yamashita. —1944.
	1 sculpture : stainless steel ; 72cm. high.
	Donated by artist in 1969. —Brass Plate donated by Friends of the Library.
	1. Metal sculptupe.　Ⅰ. Title.

○

例二 立体图型

```
Call     Exploring the surface of the moon 〔diorama〕. —Chicago :
no          American School Diorama,c1970.
            1 diorama ( various pieces ) : cardboard,col. ; 31 ×51 ×5cm.
            + assembly instructions. —( Space age series )
            Contains 2 spacemen,space module. moon buggy and U. S.
         flag.
            1. Moon—Exploration.    I . Series.
                                     ◯
```

例三 实物

```
〔Alerm clock〕〔realia〕. —( Dumbarton : Columbia). 〔1971〕
   1 clock ; 10 ×10 ×5cm.
   Title supplied by cataloguer.
```

八、配套资料

文献类型标识:〔kit〕,英国使用〔multimedia〕

常用标目规则:

无主次之分的多载体文献组合体,其标目选择主要是依靠配套资料本身及其包装物,如套袋、包装盒、说明书等。如遇有提供主要创作者和集合题名的包装物,应取创作者作标目;如无创作者或创作人数过多,则应取集合题名为标目。

如果全套资料中有一占核心地位的部分,且无全套资料的集合题名和创作者,则按核心部分著录,其余形式作为附件在载体形态项内或附注项内反映。当然,这样就不是处理配套资料,而是著录带有附件的文献了。

例一　以责任者作标目的配套资料

Freeman, Keith

　　Computer peripherals [kit]/Certified Accountants Educational Trust. —London : CAET, c1979.

　　22p. : ill. ; 21 cm.

　　1 sound cassette : analog, mono. In container 23 × 17 × 4cm. (Data processing and systems design ; no. D13).

　　"Input, output and storage peripherals, the descriptive features and various applications of each type of equipment"—cassette wrapper.

　　Material in both workbook and cassette prepared for the Trust by Keith Freeman.

　　Ⅰ. Title

　　Ⅱ. Certified Accountants Educational Trust

　　Ⅲ. Series

例二　以题名作标目的配套资料

Call　The North American Indian [Kit]—Gothic

no.　　City, Cal. : Van Deinum, c1977.

　　　　8 filmstrips, 8 sound cassettes, 2 sound

　　　　cassettes of music, 8 study prints, I map, teacher's

　　　　guide ; in container : 33 × 64 × 8cm.

　　　　Contents : (filmstrips + cassettes) 1. Indians of the east— 2. Indians of the plains—3. Indians of the Pacific—4. Pueblo societies—5. The Indian wars—6. Indian sign language—7. Women in Indian societies—8. The future.

　　　　1. Indians of North America.

○

对配套资料各组成部分的著录,AACR$_{2R}$列举了三种方法(第1.10C2条):

(1)对各部分不详加著录,在载体形态项列出各部分的数量形式,并相互用逗号隔开。若有一包装物,最后用分号引出注明"在包装物中"(; in container:或; in binder:等),并著录该套袋的尺寸,例如上一款目。

(2)对各组成部分在载体形态项分别详述,每一部分自成一段,例如:

1 relief ; col. ,plastic,45 ×35 ×4cm.

1 globe ; col. ,wood,12 cm. in diam.

2 maps ; col. ,200 ×300cm.

In container : 47 ×37 ×15 cm.

(3)如成分繁多复杂,可作为不能计数著录,在载体形态项注明"Various pieces"和套袋尺寸即可。

最后,还要注意对于文献附件的处理,普通图书和非书资料在实际中都有可能互为对方的附件,书与书之间、不同的非书资料之间也有可能这样。区别它们中何者为主,主要是根据资料内容间的关系和使用方式,当然还需要编目人员的判断。如果是以非书资料为主,应该用" +"号将图书或小册子作为附件著录在载体形态项之末。例如:

1 computer disk ; 5¼in. +1 user's guide (24p. ,25cm.) + 1 codebook (50p.)

如果是以图书为主,应用" +"号将非书资料作为图书的附件著录在载体形态项之末。例如:

271 p. : ill. ; 21 cm. + 1 atlas (37 p. , 19 leaves col. maps,37cm.)

如果附件情况较杂,难于在载体形态项反映,可以在附注项斟情著录。例如:

Accompanied by autobiographical sketch (2 phograph)

思 考 题

1. 非书资料可划分为哪些类型？
2. 简述非书资料著录的特点。
3. 著录录音资料有哪些常用标目规则？
4. 不同类型的非书资料在标目规则上各有何特色？
5. 非书资料与普通图书相比，在著录上有何同异？

第十五章　目录组织法

文献目录是将一批款目按照一定次序编排而成的一种报道和检索文献的工具。"目录"之所以成为目录，必须具备着两个条件：一是要有一批款目；二是要把款目按照一定的次序编排起来。在学习编制各种款目之后，还必须进一步来掌握目录的组织法。

目录组织，是指按照一定的规则和方法，将各种款目编排成报道和检索文献的有机整体。目录组织包括各套目录的排列和目录体系的建立这两方面的工作。本章主要论述前者，即各套目录的排列。目录组织是款目系统化的必要工序，也是目录质量的最终保障。

由于款目标目的不同，目录组织法可以分成两大类型。一种是按款目标目的类目（号）来排列，即分类目录组织法；一种是按款目标目的字顺来排列，即字顺目录组织法。本章将分别论述这两种组织法，但论述重点放在字顺目录及其组织法上。

第一节　字顺目录的种类和职能

字顺目录（Alphabetical catalog）是依据一定的文字排检法和特定的目录组织规则，将一批款目按其标目的字顺编排而成的一种报道和检索文献的工具。它主要包括责任者目录、题名目录、主题目录等。西文文献的字顺目录,是依据拉丁语系的字母顺序和特定的目录组织规则,将款目按标目的字顺编排起来的目录。

一、字顺目录的种类

对于字顺目录,可从多个不同的角度来划分其类型。

1.按目录排检的文献特征,可以分为责任者字顺目录、题名字顺目录、主题字顺目录等类型。

2.按目录设置的方式,可以分为字典式字顺目录和分立式字顺目录。

(1)字典式目录(Dictionary catalog)是指将题名、责任者、主题等各种款目及其参照混合起来,统一按其标目字顺排列的目录。欧美国家习惯设置这种目录。而仅由责任者和题名款目混排的字典式目录形式,即责任者—题名目录(Author / Title catalog),在国内外都较为流行。字典式目录因其排列方法类似字典而得名。其形式简单,检索时像查字典一样方便,且读者只需查一套目录便知检索结果。但是,因字典式目录将各种款目混排,整套目录款目复杂,体积日益庞大,给排列和检索都带来了不断增多的麻烦。

(2)分立式目录(Divided catalog)是指将标目性质不同的款目,如题名款目、责任者款目和主题款目等,分别组织起来,形成多套按单一文献特征排检的目录。我国图书馆大都采用这种方式,分别设置题名目录、责任者目录和主题目录。采用这种方式的目录,各套目录组织成分简单,款目标目特征明确,排检便捷。但是,因这种方式形成的目录多头,使目录体系较为庞大繁杂,也会给目录的编制和检索带来一定的困难。

3.按目录所反映的文献的文种,可以分为中文文献字顺目录、西文文献字顺目录、俄文文献字顺目录、日文文献字顺目录等类型。

4.按目录使用的对象,可以分为读者字顺目录和公务字顺目录等类型。

5. **按目录的载体形式**,可分为书本式字顺目录、卡片式字顺目录、缩微型字顺目录、机读型字顺目录等类型。

此外,还可用其他划分方法来划分字顺目录的类型。

二、字顺目录的职能

字顺目录是文献目录的一个重要组成部分。它既是读者检索和利用文献的主要工具,也是文献管理人员管理和利用文献、开展服务工作时必不可少的工具。

字顺目录的职能主要为:

1. 提供文献的多种检索途径,便于人们从不同的角度检索文献。字顺目录的款目分别以题名、责任者、主题词等为标目,揭示了文献的多个重要特征,提供各种检索途径。利用字顺目录,人们既可从主要的形式特征(责任者、题名等)来检索文献,也可从重要的内容特征(主题等)来检索文献。

2. 集中具有共同特征的各种不同文献,满足人们多种特定的检索需求。字顺目录把标目相同的款目排列在一起,就集中了某一文献特征相同的文献,如集中同一责任者的各种不同文献,集中同一文献的各种不同版本和译本,集中同一主题的各种不同文献。因此,它能满足人们对特定责任者、特定题名、特定主题文献检索的需求。

3. 揭示文献著录款目在字顺序列中的准确位置,适应人们"以字求书"的一般检索习惯。字顺目录是根据特定文字的检字法排列而成的,每种文献的著录款目在字顺序列中都有一个明确的位置,人们可以方便地从字顺角度查找文献。按字顺来排检文献著录款目,既简单易行,又符合广大读者的一般检索习惯。

4. 辅助工作人员开展各项业务活动,使其顺利地完成文献管理和服务的任务。在图书馆的采购、分编、典藏、流通、阅览、参考咨询等工作中,字顺目录都是工作人员必不可少的得力工具。

字顺目录具有不少的优点,也有一定的局限性。例如,因各种文字的读音或形体结构的繁杂多样,字顺目录的排检也有相应的复杂性;因按文字的字顺集中文献,字顺目录无法从知识体系方面揭示文献;等等。所以,字顺目录还必须不断地克服自身的缺点,并与分类目录有机地结合起来,才能更好地履行目录的职能。

第二节　字顺目录组织的基本内容和方法

一、字顺目录组织的基本内容

字顺目录的组织工作,包括以下内容和步骤:

1. 总体规划

在着手开展目录组织工作之前,要有一个全面系统的规划,以明确目录组织工作的方针、目的、各项措施、具体要求,等等。其规划内容主要包括:①确立目录设置的方式和种类;②明确字顺目录在整个目录体系中的位置和作用;③拟定目录组织规则的框架结构;④提出目录组织工作的具体计划;⑤制定目录组织管理工作的详细方案。各文献工作机构,都应根据本机构的工作特点和客观条件,制定出目录组织工作的总体规划。

2. 制定目录组织规则

目录组织规则(Filing rules)是将款目组成目录时所依据的准则和方法。它是目录组织的直接依据,也是目录组织的质量保障。目录组织规则的编制,要力求便于排检。具体要求:①规则要有较强的通用性,尽量避免或减少例外规则、选择性规则等;②规则要包括一般规则和特殊规则两个部分,以满足一般排列和特殊排列的需求。但是,特殊规则必须是一般规则的延伸,而不是一般规则的例外;③目前编制的规则要兼顾手工排检和计算机排检两个方面的需求,以适应现阶段目录组织工作方式的特点;④规则的条款数量要尽可能的少而精,叙述要言简意赅。一般来说,各个图书情报机构,不论其规模大小,都应根据本机构的实际情况,按上述要求来制定一个具体化的目录组织规则。在目录组织工作中,还要严格遵守其规则,才能保证目录组织的准确性、规律性和一般性。当前,目录组织规则的编制,也要向标准化方向发展。

3. 排列款目

根据目录组织规则规定的原则和方法,将已编制好的各种款目组织成字顺目录,或是将一批新款目按顺序排进目录中去。排列款目的基本步骤是:先按标目的字顺进行比较,以决定款目的先后顺序;如不同款目的标目完全相同时,再以款目的其他内容为依据作进一步的比较,直至每个款目都有一个明确的排列位置。排完款目后,还要反复进行检查,以确保目录组织的质量。

4. 整理装饰目录

这包括在目录中增补一般参照和导卡,在卡片目录抽屉外标明屉号和屉内款目的起讫字顺,编写目录的使用说明等。整理装饰目录的目的,是为了帮助检索者认识目录,了解目录的使用法,使他们能便捷地找到所需文献的款目。整理装饰目录工作的总要求是:简明准确、美观醒目。

5. 维护和更新目录

目录组织完工并投入使用后,还要经常对其进行检查。检查的内容主要包括:①技术性检查,以便不断纠正排片中的错误;②时效性检查,以便及时剔出读者目录中陈旧过时的款目;③载体检查,以便随时补换污损残破的款目。除此以外,如款目在标目上或排检法上有较大幅度的更改,还要对目录进行改编或重组。这可视具体情况,通过不同范围、不同程度和不同方法的改编工作,来满足目录更新的需要。

二、西文文献字顺目录组织的基本方法

在编目事业长期发展的过程中,西文文献字顺目录的组织工作积累了大量的经验,形成了多种多样的目录组织规则。如《字典式目录编目条例》(Rules for a Dictionary Catalogue)、《梵蒂冈规则》(Vatican Code)所包含的目录组织规则,还有《美国国会图书馆字典式目录排列条例》(Filing Rules for the Dictionary Catalogs of the Libary of Congress)、《美国图书馆协会目录组织条例》(ALA Rules for Filing Catalog Cards),我国北京图书馆、中科院图书馆等机构编制的西文文献字顺目录组织规则等。

不同的西文文献字顺目录组织规则有不同的特色,但它们所规定的排列款目的基本方法,不外乎两种:一种是逐字母排列法,一种是逐词排列法。

1. 逐字母排列法(Letter by letter)

这是一种以字母为单位,严格按照拉丁字母顺序排列的西文文字排检法。这种排检法的特点是,不考虑字母是否构成词,也不考虑字母与字母之间是否存在空格,直接将字母与字母进行比较,并按字母先后顺序一排到底。用这种方法排列款目的过程是:将不同款目的标目字字相比,从第一个字母开始,直到比出先后顺序,再将款目按标目字母的先后次序进行排列。

例: Air conditioning

             Aircraft

             Air cushion vehicles

             Airfields

             Air Force

             Air pollution

             Airports

             Air transport

这种方法组织字顺目录的优点是：排列规则简单，排检方便；可以集中具有多种书写形式的同一复合词，如可以将 PRESS MARK 和 PRESSMARK 排在一起。但是，这种方法也有缺点，比如，它不能集中书写形式完全相同的同一个词。如上例中的 Air 这个词，就无法全部集中排在一起。同时，这种排检方法也不大适合人们阅读文字的习惯。

2. 逐词排列法（Word by word）

这是一种以词为单位，按拉丁字母顺序排列的西文文字排检法。这种排检法首先要考虑词汇，将词与词进行比较，并按每一单词的字母先后顺序进行排列。用这种方法排列款目的过程是：将不同款目的标目词词相比，若第一词相同，再比第二个词，⋯⋯以此类推，直到比出先后顺序，再将款目按标目词的字母顺序排列。

例： Air conditioning

Air cushion vehicles

Air Force

Air pollution

Air transport

Aircraft

Airfields

Airports

用这种方法组织字顺目录，其优点是：可以集中书写形式完全相同的同一个词，如上例中的 Air 这个词就集中排在一起；这种排检方法也较适应人们一般的阅读习惯。其缺点是，无法集中具有多种书写形式的同一复合词，如不能把 PRESS MARK 和 PRESS – MARK 排在一起；其排检工作较为繁琐，这是因为该方法需要有较多特别的规则来解决非常规词形的排列问题。

上述两种排列法各有利弊，排检结果也大不一样，各图书情报机构可根据本部门的具体情况，选择其中任何一种方法来组织目录。目前,国内图书情报机构大都采用逐词排检法,我国《西文普通图书著录条例》也明确规定:按逐词排列法组织字顺目录。

第三节　字顺目录的组织法

如前所述,组织字顺目录,要依据一个特定的目录组织规则;而现行目录组织规则,有必要兼顾手工排检和计算机排检两个方面的需求。从这一点来看,美国图书馆协会编制的《美国图书馆协会排片条例》(ALA Filing Rules)处理得比较好。本节就以该条例为主,参考其他有关规则,介绍字顺目录的组织法。

一、字顺目录的基本排列规则

基本排列规则是适用于责任者款目、题名款目、主题款目、各种参照片等混合排列(组成字典式目录)或分别排列(组成分立式目录)的通用规则。

(一)款目的一般排列法

1.字顺排列

所有款目,都按其标目字顺,依英文字母表中字母的顺序排列。不考虑大小写形式,等同排列所有字母。阿拉伯数字、罗马数字等,排在字母之前。

例:　　I o' clock jump

　　　　I. Transfer RNA conformation…

　　　　XX century cyclopaedia and atlas

　　　　26 ways of looking at a black man

　　　　44 Irish short stories

　　　　A－5 rocket

　　　　A priori arguments

Aarhus, Denmark

2. 逐词排列

以款目标目的词为单位,词词相比,第一个词相同,再比较第二个词,……以此类推,直到比出款目的先后排列顺序。

例: I met a man

Im Wandel der Jahre

Image books

Image of America

Images of America

Imaginary conversations

Imagism and the imagists

In an unknown land

In the days of giants

Inca

3. 变音与变形字母的排列

对不同语种的文字中加有发音记号的字母及各种变形字母,均按其明显对应的英文字母排列。对发音符号、变音符号等,在排列中均不予以考虑。

例: Aastrom, Jeppe

Åslander, Alfred

Astrom, Lara

Aström, Margit

Müllen, Lyder von

Mullen, Pat

Slonimska ĺa, Mari ĺa

Stonimski, Antoni

Slonimskiĭ, Ivan

Slow learners

常见的变音、变形字母与英文字母的对应关系如表 15 – 1。

表 15 – 1　变音、变形字母与英文字母的对应关系

变音、变形字母	英文字母	变音、变形字母	英文字母
ȧ	a	ł	i
á	a	ʎ	l
		ñ	n
ä	a	σ	O
a̋	a	ö	o
à	a	ɤ	o
æ	ae	œ	
ć	c	ø	o
ċ	c	œ	oe
đ	d	þ	th
ð	d	u̇	u
ê	e	ü	u
		ÿ	y

4. 符号的排列

除"&"符号及数字中的某些必要的符号外,标目中的标点符号和非字母系统的标记与符号都不参加排列。

例:　　　$ $ $ and sense

B. . . . .　　ch,A.

B * * * de B * * *

Boys' clubs

Boys of '76

Boy's town

C. ,A. J.

C#ballard

Trans – atlantic

Transafrican

Vision research

Vision + value series

366

5. 缩写词的排列

缩写词按其在款目上的书写形式排列。

例: Doktor,Raphael

Dr. Austin's guests

Mister Fish Kelly

Mistress Anne

Mr. Deeds Goes to Town

Mrs. Miniver

Saint – Lambert,Michel de

Sainte – Foi,Charles

St. Louis,Henri

Ste. Genevieve（Mo. ,U. S. ）

6. 首冠词的排列

若首冠词属于个人名称或地名的组成部分,则将其与其他词一样进行排列;但机关团体名称、题名、主题标目等的首冠词,并不属于上述情况者,一律不参加排列。标目中间的冠词和其他词一样,按字母的顺序照排。

例: Club accounts

The Club,London

La Fontaine,Jean de,1621 – 1695

Las Vegas Valley

TREES – THE WEST

TREES – UNITED STATES

THE WEST

West African bounty

THE WEST – ANTIQUITIES

West,William

几种主要西文文种的冠词如表 15 –2。

表 15—2　主要西文文种的冠词

文种	定冠词	不定冠同
英文	The	A,An
法文	Le,La,L',Les	Un,Une
德文	Der,Die,Das	Ein, Eine
意大利文	Il,Lo,L',La,Gli,Gl',I,Le	Un,Uno,Una,Un'
西班牙文	El,La,Lo,Los,Las	Un,Una
荷兰文	De,Net,'t	Een, Eerie,'n
葡萄牙文	O,A,Os,As	Urn,Uma
匈牙利文	A,Az	Egy

7. 首字母和首字母缩略词的排列

若首字母和首字母缩略词中的各个字母由句号、斜线、短横等符号或空格相隔,则将每个首字母都作为单独的排列单元;若各首字母之间无上述符号或空格时,则将它们整体作为一个词来排列。

例：　　I – 90 design team

　　　　I – 95 harbor crossing corridor study

　　　　I. A. M. Symposia on Microbiology

　　　　I am a mathematician

　　　　I built a bridge, and other poems

　　　　I. C. A. Congress

　　　　I. E. E. E.– G. M. M. S. E. R. S. Symposium

　　　　IBM 1130 disc monitor system

　　　　IBM application program

　　　　IBRO bulletin

　　　　IC master

　　　　IEEE MTT – S International Microwave Symposium

(二)标目相同的不同文献款目的排列法

1. 同一多卷书、会议录、连续出版物等不同卷册次等款目的排列。对这类款目,按标目排到一起后,再按卷册号、会议届次、年代等顺序进一步排列。

2.同种文献的不同版次的款目的排列。对这类款目,先按标目排到一起,再按版次的反纪年顺序排列,即新版本的款目排在前面,旧版本的排在后面。

3.标目相同的不同种类款目的排列。在字典式目录中,不同种类的款目,即责任者款目、题名款目、主题款目等,有时会出现标目相同的情况。对这些款目,可依次按个人责任者款目、团体责任者款目、主题款目、题名款目的顺序来排列。

例： Philadelphia. Free Library

PHILADELPHIA. FREE LIBRARY

Shakespeare, William

SHAKESPEARE, WILLIAM

(三)参照的排列法

1.单纯参照按字顺排进目录中的相应位置。

2.相关参照排在相同标目的款目之后。

3.说明参照要考虑具体的说明内容,有些直接按字顺排列,有些则要排在被说明的标目名称之前。

(四)导卡的排列和使用

在卡片式字顺目录中,要使用一般指导卡和特殊指导卡来指引检索。通常可在每30张左右的款目之间,插一张一般指导卡。在读者目录中,还应设置特殊指导卡来推荐和宣传优秀的或重要的文献。导卡排列在一批有关款目之前。

导卡的用法如下:

1.以五分中位导卡标记字母顺序。

2.以五分一、二、四、五位导卡用作区分音节(印刷体小写字母)。

3.以三分中位导卡用作区分姓氏和单词(印刷体,首字母大写)。

4. 以二分位导卡标记一般责任者。

5. 以大中位导卡标记著名著者。

导片的格式如图 15 – 1 所示。

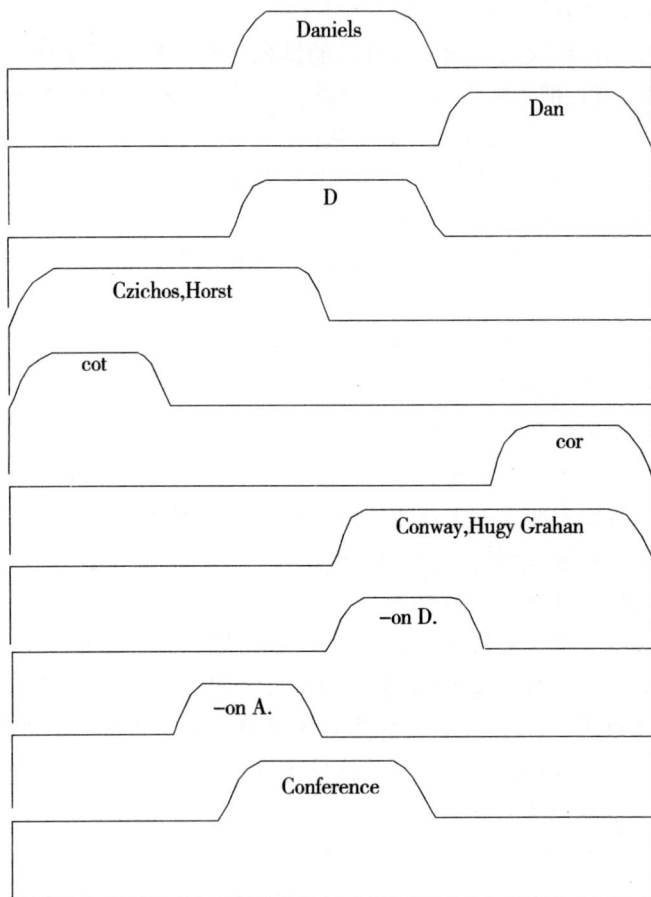

图 15-1　导片格式

二、责任者目录组织规则

西文文献的责任者目录由责任者主要款目、责任者附加款目、责任者分析款目、责任者名称参照和导卡组成,它提供个人责任者名称、机关团体责任者名称和会议名称等检索途径。责任者目录的组织,除需应用字顺目录的基本排列规则外,还要依据下列规则。

(一)个人责任者款目排列法

1. 个人责任者款目的一般排列。对个人责任者款目的个人名称标目逐词比较,依其字母的先后顺序排列。若姓氏相同,再比较第一个名字;第一个名字也相同,再比第二个名字;……以此类推,直到比出款目排列的先后顺序。

2. 名称相同的不同个人责任者款目的排列。不同责任者的姓名都相同时,再根据其生卒年代的先后顺序排;缺生卒年或生卒年也相同者,再按题名字顺进一步排列。但表示生卒年等的缩写字母:,如"b."、"d."、"fl."等,不参加排列。

例：　Brown

　　　Brown,A.

　　　Brown,Alois

　　　Brown,John

　　　Brown, John,1800 ~ 1859

　　　Brown,John,b.　1817

　　　Brown,John,1819 ~ 1840

　　　Brown,John,d. 1826

　　　Brown,John,1847 ~ 1930

　　　Brown,John,fl. 1854

　　　Brwon,John,1914 ~

　　　Brwon,John A

3. 前缀姓氏的排列。著录在个人责任者名称前面的前缀,属于姓氏的组成部分。若前缀部分和姓氏连写,或在二者之间加有一省略号",",时,则将前缀和姓氏作为一个字来排;若前缀部分与姓氏之间有空格时,则将前缀和姓氏都分别作为独立的字来排。

例: D'Arcy, Ella

De Alberti, Amelia

De la Tour, Henrie

De Las Casas, Cristobal

De'Ath, Wilfred

Death, William

McHugh, James

McLaren, Jack

M'Ilvaine, William

Van Stan, Ina

VanDeMark, Robert

4. 复姓的排列。个人责任者名称的复姓,无论其中间是否有短横,均按两个词排列。

例: Campbell, Arthur

Campbell – Bannerman, Sir Henry

Campbell, Charles

Campbell – Copeland, Thomas

Smith Barry, Robert, 1886 ~ 1949

Smith Monzón, Esteban, 1883 ~ 1947

Smith – Vaniz, William F

Smitham, Fanny

(二)机关团体责任者款目排列法

1. 机关团体责任者款目的一般排列。对机关团体责任者款目,按机关团体名称或会议名称标目逐词比较排列。若第一个词相同,再比较第二个词,……以此类推,直到比出不同款目的排列顺序。

2.名称相同的不同团体责任者款目的排列。不同责任者名称完全一样时,在按团体名称排列之后,再依名称后的附加部分排;如无附加部分或附加部分也相同,再按题名字顺排。

例: University of Alaska, Anchorage. Criminal Justice Center

University of Alaska, Anchorage. Library

University of Alaska (College)

University of Alaska (System). Cooperative Extension Service

3.名称相同的会议文献款目的排列。同一会议有不同文献时,按会议届次或年代进一步排列。不同会议有相同的名称时,按会议名称后的附加部分进一步区分排列。

例: Symposium on Oil Shale (10th:1977: Colorado School of Mines)

Symposium on Oil Shale (12th, 1979: Colorado School of Mines)

Symposium on Optimization, Nice, 1969

Symposium on Optimization, Toronto, 1968

(三)责任者款目信息的排比顺序

款目信息是指款目上的所有著录内容。款目的排比,主要依据标目名称,但有时也需要进一步依据款目信息中的其他部分。款目信息的排比顺序,就是指标目及其他部分作为排列依据时,选用它们的先后次序。款目不同,款目信息的排比顺序也有所不同。

1.责任者主要款目,按标目名称、题名、出版发行日期这一顺序,依次进行比较,以明确各个款目的排列位置。

2. 责任者附加款目,无论是以责任者主要款目为基础,还是以题名主要款目为基础,其款目信息的排比顺序都依次为:附加款目标目、题名至出版发行日期。

3. 名称/题名附加款目,无论其基础款目是何种形式,都以名称/题名附加款目标目取代原主要款目标目,除此之外的部分,均按其基本款目信息原来的排比顺序进行款目排比。

例:　　　Hamilton, Alexander, 1739 ~ 1802

　　　　　A treatise on the management cf···

　　　　　Hamilton, Alexander, 1757 ~ 1804

　　　　　Hall, Margaret Esther, 1905 ~ ed.

　　　　　Alexander Hamilton reader; a compilation···

　　　　　Hamilton, Alexander, 1757 ~ 1804

　　　　　Colonel Hamilton's second letter···

　　　　　Hamilton, Alexander, 1757 ~ 1804. Defense of Mr.

　　　　　Jay's Treaty.

　　　　　The American remembrancer; or, An impartial···

　　　　　Hamilton, Alexander, 1757 ~ 1804

　　　　　The fate of Major Andre; ···

三、题名目录组织规则

西文文献的题名目录由题名主要款目、题名附加款目、题名分析款目、题名参照和导卡组成,它提供从题名检索文献的途径。题名目录的组织,除需应用字顺目录的基本排列规则外,还要依据下列规则。

1. 数字的排列。排列题名款目时,对标目中数字的处理有以下规定:

(1)不同数字系统的不同排列法。对阿拉伯数字、罗马数字等,按其大小顺序排;对用拉丁字母拼写的数字,则按其字顺排。

例: II – VI semiconducting compounds

2 phase flows in turbines

6 folk dances from Europe

6800 programming for logic design

Double 0 seven. James Bond

Louis IX en Égypte

Louis XII, père du peuple

Louis XIV et le Masque de fer

Louis 14th furniture

Louis XV et sa cour

Ninety degrees in the shade

One hundred advertising talks

(2)数字中符号的处理。对数字中为便于读写而使用的标点符号,如"2,437,895"中的分节号等略去不排;对其他标点符号,如"1948 / 49"、"1:0"、"4 – 19 – 69"中的斜线符号等,则作空格处理。

例: 3 – 5 – 7 minute talks on Freemasonry

3:10 to Yuma

3 a's:art ,applied art, architecture

5,000 – and 10,000 – year star catalogs

The 5000 and the power tangle

5.000 años de historia

The 5,000 fingers of Dr. T

375

5000 Jahre Bier

(3)小数的排列。带小数从整数到小数,逐位相比,进行排列;纯小数排在整数"1"的前面。

例: .300 Vickers machine gun mechanism

.303 – inch machine guns and small arms

'.45 – 70' rifles

1:0 für Dich

1,2,buckle my shoe

3.1416 and all that

The 3.2 beer law⋯

3,8 kilometer nach Berlin

3 point 2 and what goes with it

3 vo 365

(4)分数的排列。排列分数时,将其分数线视为一个空格。对带分数,则将其整数与分数之间也视为有一空格的情况来排列。如"3½",按"3,空格,1,空格,2"来排列。

例: 2½minute talk treasury

3/4 for 3

3/10 for the ladies

3 and 30 watchbirds

2. 上下角字母和数字的排列。对上下角字母或数字,按其前空一格的情况处理后,把它们与写于中间的字母或数字一样排列。

例: 1, 3 – cyclohexadienes

1^3 is 1

20 humorous stories

XXth century citizen's atlas of the world

^{49}Ca contamination

49th parallel

Na$_8$

Na$_{12}$ and icosahedral

Na means I in Korean

NH$_4$ I – KI solid solution

3. 连接词符号"&"的排列。对题名中的"&"符号,按其所在题名文种的连接词原形来排列。即:在英文题名中,"&"按"and"排,在法文题名中,"&"按"et"排。

例: A & B poetry

A and G motor vehicle

A estrela lobe

A & B Internationale (& 排作 et)

A und O

A & O Österreich (& 排作 und)

Arte & cultura(& 排作 e)

Arte & cultura(& 排作 Y)

几种主要西文中,与"&"相对应的连接词如表 15 – 3。

表 15 – 3　西文中与"&"对应的连接词

文种	与"&"对应的连接词
英文	and
法文	et
德文	und
西班牙文	y
荷兰文	en
意大利文	e
波兰文	i

(二)题名款目信息的排比顺序

1.题名主要款目,按题名标目至出版发行日期的顺序,依次进行款目排比。

2. 题名附加款目,因其款目有不同的格式而有两种排比顺序。以责任者主要款目为基础的题名附加款目,按附加款目标目、主要款目标目至出版发行日期的顺序排比款目,对其中的题名著录单元省略不排。以题名主要款目为基础的题名附加款目,则直接按附加款目标目至出版发行日期的顺序排比款目,其间各著录单元都不省略。

四、主题目录组织规则

西文文献的主题目录由主题主要款目、主题附加款目、主题分析款目、主题参照和导卡组成,它提供从文献论述的主题角度检索的途径。主题目录的组织,要依据字顺目录的基本排列规则和题名目录组织的一些规则,还要依据特定的主题词表的结构特点来排列。排列款目要特别注意以下规则:

(一)同一主标题的不同款目的进一步排列

这可以有两种不同的处理方法。

1. 严格按逐词排列法排列。这种方法遵守字顺目录的基本排列规则,对主题标目从第一个词到最后一个词一排到底,副主题、倒置主题及主题说明语的标点符号一律不参加排列。

例: COOKERY

        COOKERY, AMERICAN

        COOKERY, AMERICAN – ALASKA

        COOKERY (APPLES)

        COOKERY, CHINESE

        COOKERY – DICTIONARIES

        COOKERY (EGGS)

        COOKERY FOR DIABETICS

        COOKERY – HISTORY

        COOKERY – YEARBOOKS

2. 按系统组织法排列。这种方法要考虑主题词表的系统结构,当主标题相同时,再进一步分析其后的主题词性质,并将它们按一定的系统顺序排列。如在主标题后,依次排列副主题、倒置主题和主题说明语。

例: 　COOKERY

　　　COOKERY – DICTIONARIES

　　　COOKERY – HISTORY

　　　COOKERY – YEARBOOKS

　　　COOKERY, AMERICAN

　　　COOKERY, AMERICAN—ALASKA

　　　COOKERY, CHINESE

　　　COOKERY（APPLES）

　　　COOKERY（EGGS）

　　　COOKERY FOR DIABETICS

上述两种排列方式,有不同的排列结果。前者适用于字典式目录中主题款目的排列,后者更适用于分立式目录中主题目录的组织。

（二）主题款目信息的排比顺序

1. 主题主要款目,按主题标目、题名至出版发行日期的顺序,依次进行款目排比。

2. 主题附加款目,无论其基础款目是何种形式,在排比完附加款目标目后,均按其基本款目信息原来的排比顺序进行款目排比。

第四节　分类目录的组织法

西文文献的分类目录由分类主要款目、分类附加款目、分类分析款目、分类参照和导卡组成,它提供从文献内容学科体系角度检索的途径。

一、分类目录的基本排列规则

1. 排检法

分类目录组织规则的制定,要依据特定的文献分类法。分类目录的排检法,也总是某种特定分类表体系结构和类号特点的具体体现。例如,我国图书情报部门依据《中国图书馆图书分类法》(《中图法》)或《中国科学院图书馆图书分类法》(《科图法》)制定的目录组织规则,都明确规定:分类目录主要按照分类表的体系和号码排列。

2. 一般排列法

所有款目均依分类标目的号码顺序排列。字母与数字混合的分类号,先按字母顺序排列,其后数字按小数制顺序排列。单纯数字制的分类号,则按每位数字的大小顺序排列。带有辅助符号的类号,如《中图法》规定的推荐号"a"、总论复分号"—"等,一律按分类法规定的先后顺序排列。

3. 特定排列法

具有特定专类类号的款目,按具体分类法规定的专门排列法来排。如《中图法》要求,按写作年代来组织马、恩、列、斯和毛泽东的单行著作。因此,排列这类款目时,就要依照分类法规定的编号方法和顺序来进行,而不采用一般文献所用的著者号法。

例: A426←(分类号)

5604←(著作专号,指写作日期,即 1956 年 4 月)

A426

5702

4. 分类号相同的不同文献款目的排列

(1)同类款目的进一步排列。当不同款目的类号完全相同时,再按书次号的顺序进一步排比。西文文献分类目录大都采用卡特的著者号码表来取书次号,即按著者号进一步排列同类款目。

例: 52 Barford,N. C.

B249 Mcchanics/……

52 Barger,V.

B251 Classical mechanics / ……

52 Kibble,T. W. B.

K46 Classical mechanics / ……

当不同款目的类号和著者号都相同时,若著者名称不同,按其名称的字母顺序排列;若著者名称也相同,则按题名字顺进一步排列。

(2)同种文献款目的进一步排列。同种文献不同版次的款目,按反纪年顺序排,新版排在前面,旧版排后面。同种文献不同卷、册次的款目,依卷、册次的顺序排。

(3)一文献的索引、注释、书评、目录、补编等款目的排列。当两种文献的类号、著者号、题名等都相同,而一文献为正本,另一文献为其索引或补编本等时,在后一文献款目的类号后加注"Index"等标记,排在正本之后。

例: TQ－61 Kirk－Othmer encyclopedia of

KOE chemical technology.—3rd ed.

1979 New York:Wiley,1979.

……

TQ－61 Kirk－Othmer encyclopedia of

KOE chemical technology.—3rd

1979 ed. Index. — New York:Wiley,

Index 1979.

……

5. 参照的排列

单纯参照按类号排进目录中相应的位置;相关参照排在相同类号的款目之后;说明参照要根据具体的说明内容,有些按类号顺序排,有些则排在被说明的类号之前。

6. 导卡的使用与排列

在卡片式分类目录中,可使用导耳长度不等的各种导片,来分别导引类号类名。例如,可使用全长导耳的指导卡来表示基本大类,使用 1/2 导耳的指导卡来表示第二级类目,使用 1/3 导耳的指导卡来表示第三级、第四级类目,使用 1/5 导耳的指导卡来表示第五级及其以下的类目。在读者目录中,还应使用特殊指导卡来推荐重要的或优秀的文献。导卡在目录中设置多少,要视具体情况而定,一般约 30 张款目排入一张导卡。导卡排列在一批有关的款目之前。

二、卡特著者号码表及其使用法

著者号码表(Author number table)是将一些常见著者(包括个人著者、团体著者及会议)名称的首字按照一定的检字法排列起来,并配以适当的号码系统而编成的表。它是文献分类中按著者取书次号的工具。卡特著者号码表就是这类工具中最有代表性的一种。

卡特著者号码表由美国近代图书馆学家卡特(Charles Ammi Cutter)首创,早期名为《两位数字著者号码表》(Two – Figure Au – thor Table)。该表的每个著者号,都由一个著者姓氏的首字母和两位数字组成。其后,为进一步增强区分同类书的功能,桑波恩(Kate E. Sanborn)修改了卡特的号码表,将其两位数扩充为三位,并改表名为《卡特—桑波恩三位数字著者号码表》(Cutter Sanborn Three Figure Author Table)。接着,卡特本人也亲自修改了自己的原表,编成《三位数字著者号码表》(Three – Figure Author Table)。

现在许多图书情报机构都使用卡特著者号码表,如我国图书馆大多使用《卡特一桑波恩三位数字著者号码表》,美国国会图书馆使用有所变通的卡特表等。下面,就对这两种卡特表作一简介。

(一)《卡特—桑波恩三位数字著者号码表》

1.结构

该表采用逐词排列法,按拉丁字母顺序排列。全表共分为两大部分:第一部分,列出以辅音字母为首字母的词,但其例外是,包括字母"Y",而不包括字母"S",即以字母 B、C、D、F、G、H、J、K、L、M、N、P、Q、R、T、V、W、X、Y、Z 开头的词。在多数情况下,每两列词中间有一列数字,即左右两边的词共用中间的号码。但以字母"Q"和"X"开头的词是例外,它们各自单独使用一列号码。

例一	Ba	111	Ca
	Bab	112	Cab
	Babe	13	Cabas
	Babi	114	Cabe
	Babr	115	Cabi
	Bac	116	Cabo
	⋮		
	⋮		
例二	Qua	1	Xa	1
	Quat	2	Xan	2
	Que	3	Xav	3
	Quer	4	Xe	4
	Ques	5	Xen	5
	Qui	6	Xer	6
	Quin	7	Xi	7
	Quir	8	Xu	8
	Quo	9	Xy	9

⋮
⋮

第二部分列出以字母 A、E、I、O、U、S 为首字母的词。这部分
词都单独使用一组号码,号码排列在词之前。

例: 111   Aa   111   Sa
    112   Aal   112   Saar
    113   Aar   113   Sab
    114   AarS   114   Sabb
    115   Aas   115   Sabe
    116   Aba   116   Sabi
    ⋮   ⋮

2.使用方法

(1)取号依据。选取著者号的依据为文献主要责任者的第一
个词,如主要责任者不明确,则选文献主要题名的首词(首冠词除
外)。

(2)直接取号法。按主要责任者或题名的首词查表,直接选
取与该词相对应的号码,并将其写在该词的首字母之后,就形成了
一个著者号。

例一 责任者: Dean, Howard Edward
      查 表: ⋮
             ⋮
             Deal   279
             Dean   281
             Dean,M.   282
             ⋮
             ⋮
      著者号为:D 281

例二 题名:Bible. English. Revised 1981

384

查表：：

Bib	581
Bibl	582
Bic	583

著者号为：B 582

(3)按上位取号法。由于著者号码表无法穷举所有的词,所以,有些责任者或题名首词在表中将无法直接查到。在直接查不到号码的情况下,可在表中相应的位置上按上位著者号码来取号,这就是所谓"取上不取下"的原则。

例： 责任者：Donne, John

查 表： ：
：

Donk	684
Donn	685
Donner	686

：
：

著者号为：D685（取与首词前部分字母相同的号码）

(4)相同著者号的不同款目区分法。在同类文献款目中,当不同责任者或不同题名查得相同的著者号码时,可对该号码加一符号来进一步区分。区分符号可以采用数字,也可采用字母形式。

例一 责任者： Smith, John

著者号为：S652

责任者： Smith, John, 1563~1616

著者号为：S6521 （用数字作区分号）

例二 责任者： Cook, Robin

Mindbend / ……

著者号为:C 77IM　（用题名首字母作区分号）

责任者：　Cook, Robin

　　　　　Terminal／……

著者号为:C 771T

(二)美国国会图书馆设计的卡特著者号码表

近年来,一些图书情报机构采用加以变通的卡特著者号码表,以使选取著者号的工作更加便捷。美国国会图书馆采用的卡特著者号码表,就是其中较有代表性的一种。

美国国会图书馆设计的卡特著者号码表,最大限度地缩减了列举式表的篇幅。使用该表,只要根据主要责任者或主要题名首词的具体情况,查一简单的字母与数字对应表,就可选取著者号。具体取号规则如下:

1.首词首字母为元音字母时,取与首词第2个字母相应的数字

第2个字母为：　b　d　l, m　n　p　r　s,t　u～y

　　使用号码：　2　3　4　5　6　7　8　9

例:Addison 的著者号为:A3

2.首词首字母为"S"时,取与首词第2个字母相应的数字

第2个字母为：　a　ch　e　h, i　m～p　t　u

　　使用号码：　2　3　4　5　6　7～8　9

例:Schurz 的著者号为:S3。

3.首词的前两位字母为"Qu"时,取与首词第3个字母相应的数字

第3个字母为：　a　e　i　o　r　y

　　使用号码：　3　4　5　6　7　9

例:Quiroga 的著者号为:Q5。

当首词前两位字母为"Qa - Qt"时,则使用数字2～29。

386

例:Qadriri 的著者号为"Q2"。

4.首词首字母为(S 和 Q 除外的)辅音字母时,取与首词第 2 个字母相应的数字

第 2 个字母为: a e i o r u y

使用号码: 3 4 5 6 7 8 9

例:Cutter 的著者号为:C8

5.重号的进一步区分

在同类文献款目中,依据首词的前两个字母所取著者号为重号时,可增加与首词第 3 个字母相应的数字,以便区分不同的款目。

第 3 个字母为:a-d e-h i-1 m n-q r-t u-w x-z

使用号码: 2 3 4 5 6 7 8 9

例: Fraser 的著者号为:F72

French 的著者号为:F73

Frost 的著者号为:F76

从上述可知,美国国会图书馆所用的卡特著者号码表,具有配号规则简单,助记性强,使用方便等优点,但它的重号现象比较多。

思 考 题

1.简述字顺目录的种类和职能。

2.字顺目录的组织工作有哪些基本内容?

3.逐字母排列法和逐词排列法各有何特点?

4.标目相同的不同文献款目如何排列?

5.组织责任者目录有哪些基本规则?

6.组织题名目录要注意哪些问题?

7.简述卡特著者号码表的特点及其使用法。

第十六章 计算机编目

计算机编目(Computerized cataloging)是指利用先进的计算机设备和技术来进行文献编目工作。它是现代化的编目工作方式,是文献工作现代化的重要基础。

第一节 计算机编目概述

计算机编目于 60 年代始创于美国国会图书馆,至今已在世界范围内的文献编目领域广为流行,并取得了丰硕的成果。从 80 年代开始,我国也相继建立了各种中、外文文献编目系统,机读目录在各类型文献工作机构中得到了广泛的应用。

一、计算机编目系统

计算机编目系统(Computerized cataloging system)是指计算机编目设备、软件、技术、流程等构成的一个有机整体。它是由计算机支持的文献编目自动化系统。在文献工作机构(如图书馆、情报研究所等)的文献管理自动化系统中,计算机编目系统只是其中的一个子系统。然而,它也是一个十分重要、必不可少的子系统。它是文献采访、检索、借阅、参考咨询等一系列工作自动化的基础,是文献管理自动化系统中的核心部分。

计算机编目系统从诞生之日起,就一直处于不断改进、不断完善的发展过程中。30 多年来,它经历过脱机批处理式编目和联机编目的发展阶段,现已进入了网络化编目的新阶段。

　　1.计算机编目系统的基本结构

　　不同文献工作机构的计算机编目系统,在基本结构和功能上是大体相似的。

　　计算机编目系统的构成要素主要包括以下四个部分:

　　(1)计算机硬件系统。是指与文献编目工作要求相适应的计算机系统及其外部设备。

　　(2)计算机软件系统。可分为两大类:一类是系统软件,包括操作系统、编程语言、数据库管理软件等;另一类是应用软件,即计算机编目系统专用的软件。

　　(3)目录数据库。是指以一定的组织方式,存放在计算机存贮载体上的相关目录数据的集合。它是计算机编目系统的核心和基础。

　　(4)系统人员。包括系统分析和设计人员、程序编制人员、文献分编人员、计算机操作人员和系统维护人员等。

　　建立合理的计算机编目系统,就必须充分考虑这四要素的各种条件及它们之间的有机联系。

　　计算机编目系统,一般可划分为若干个功能模块。其层次结构如图 16-1 所示。

　　具体建立计算机编目系统时,必须进行系统分析、系统设计、系统运行、系统评价与维护等一系列的工作。

　　2.计算机编目系统的基本功能

　　目前,计算机编目系统一般具有以下功能:

　　(1)编目查询。主要是指编目查重。也可查询系统内的各种规范文档,如责任者名称规范档、题名规范档等,以便正确选用著录标目。

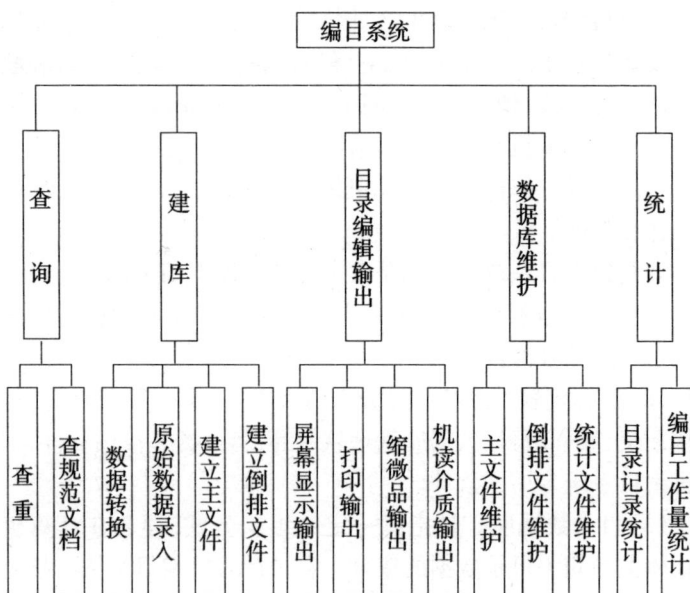

图 16-1　编目系统基本结构

（2）建立目录数据库。包括下列主要内容：

①原始编目数据的录入。如提供打印的目录数据输入工作单或输入格式屏幕，引导编目人员正确录入、校验和修改数据等。

②建立目录记录主文件。由计算机自动装配所有记录后即可形成。

③建立倒排文件。按系统的具体要求，经过抽词、排序、合并等一系列工序，建成题名、责任者名称等倒排文件。

④机读目录数据转换。数据转换是为了接收外来数据或为外界提供数据，如西文编目中可套录或转录 Bibliofile 光盘数据。在程序控制下，系统可自动对外来数据的格式、代码等进行转换。

（3）编辑和输出各种目录及各种形式的目录产品。根据用户的需要，系统可编辑不同类型的多种目录，如题名目录、责任者目录、主题目录、分类目录等,还可编辑专题目录、推荐书目、特种文献目录、个人著述目录和新书通报等。同时,可按用户的要求输出款式不同、载体各异的多种目录产品。其主要输出形式有:

①屏幕显示。即:将目录信息显示在终端机的荧光屏上。这种输出形式一般用于数据校对和修改、联机编目、联机检索等。

②打印输出。即:将目录信息通过打印机打印到纸上。这种形式用于输出书本式目录、卡片式目录、书标和书袋卡等编目产品。

③缩微品输出。即:由计算机系统将目录信息缩摄到缩微胶卷或缩微胶片上,形成缩微目录(COM)产品。

④光电照排输出。即:由计算机系统控制,通过光电照排机照相排版的方式输出目录信息。

⑤机读介质输出。即:通过计算机系统,将目录信息存贮在磁带、磁盘等介质上,输出机读目录产品。

(4)联机检索。即:通过通信设施,用户利用终端设备,采取"人机对话"的方式,直接从编目系统中检索目录信息。

(5)数据库的维护和更新。即:对系统中的主文件、倒排文件、统计文件等的维护与更新。

(6)规范数据处理。即:建立与更新各种规范文档。

(7)编目统计。主要包括两个方面的统计:一是目录数据的各种统计,如分类统计、文种统计等;一是编目工作管理所需的各种统计,如编目工作量的统计等。

二、计算机编目过程

计算机编目过程,包括对目录信息的输入、处理和输出等一系列操作。其简要情况见图16-2。

在计算机编目的整个过程中,编目人员主要应进行的工作及其步骤如下:

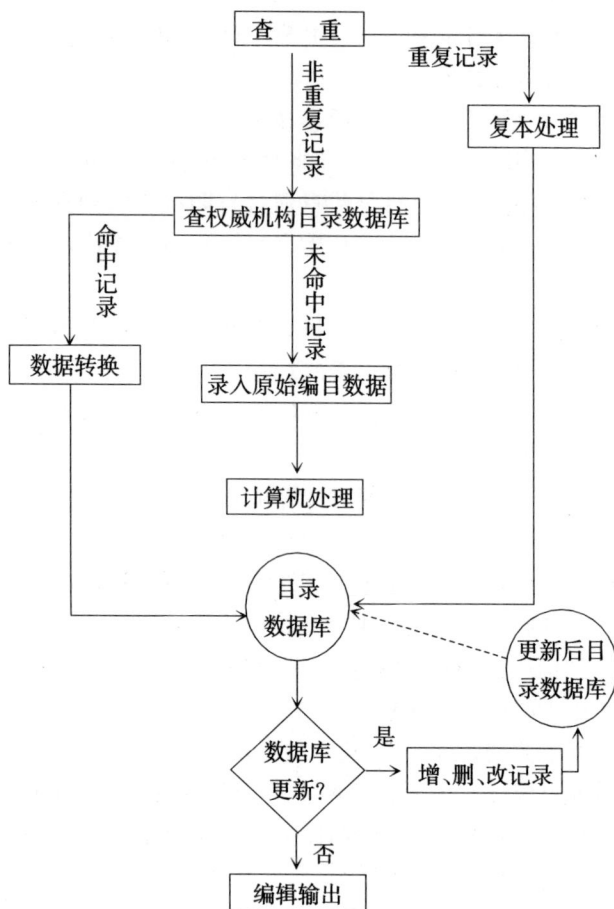

图 16-2 计算机编目基本流程

1. 查重

在已建立的数据库中,从责任者、题名、分类号、ISBN 号等途径入手检索,看是否已有待编文献的记录,避免重复输入。如库中已存有某文献的记录,就将其调出,加上新复本的馆藏号等信息,直接存入目录数据库。如库中无待编文献的记录,则继续下一步的工作。

2. 查权威机构的机读目录数据库

为节省录入数据的人力和时间,应充分利用或参考现有权威机构的编目成果。在条件允许的情况下,可以联机检索权威机构的目录数据库;否则,也可对购买的目录数据光盘、磁盘、磁带等进行检索。如查到某待编文献的记录,就将其调出进行联机修改,如更换记录控制号、添加本系统的索取号和馆藏号、删除本系统不需要的信息,再将其转存入本系统的数据库中。如未查到待编文献的记录,就继续下一步工作——原始编目。

3. 填写目录数据输入工作单(简称工作单)

即:将受编文献的目录信息整理成输入数据清单,一种文献填写一份,以备输入。工作单一般都包括目录记录的详细著录内容,如说明整条记录的信息、记录的代码信息及文献特征信息等。但它也体现着具体编目系统的特色。各系统通常都使用自己设计的工作单,这些工作单是以某种特定的机读目录格式和编目规则为基础、针对特定类型的文献而设计的。例见表 16 - 1 和表 16 - 2 两种工作单。

对于工作单,要严格按照机读格式和编目条例的规定来填写。具体填写内容见本章第三节。

进行这一步工作,也有一些变通方法。例如,可以现有卡片式目录款目为基础,加工成目录输入数据;也有些熟练的编目人员,省去该步骤而直接上机录入数据。

4. 录入目录数据

是指在计算机终端或微机上,将新编目录数据一一输入到系统中。

表 16 - 1　USMARC 图书工作单

Leader		nam a
Control#	001	
Fixed data	008	

Entrd:----Dat tp:-Dates:----,---- Ctry:---Illus:---

Int lvl:-Repr:-Cont:----Govt pub:-Conf pub:-

Festschr:-Index:-M / E:-Fict:-Bio:-Lang:---

Mod rec:-Source: -

ISBN	020	$a
Cat. Source	040	$a
Languages	041	$a
Geog. Area	043	$a
Local Hold	049	$a
Local Call#	090	$a
Main Entry	1—	$a
Ufm Title	240--	$a
Title	245--	$a
Edition	250	$a
Imprint	260	$a
Phys Descrpt	300	$a
Series	4--	$a
Note:General	500	$a
Note:Biblio	504	$a
Note:Content	505	$a
Subject	6--- 0	$a
	6--0	$a
	6--0	$a
Added Entry	7----	$a
	7----	$a
AE:Class	701	$a
SE:Ufm Title	830	$a

Cataloguer ---- Date ---- Verifier ----- Date ---- Typist-----Date----

表 16 – 2　USMARC 连续出版物工作单

Leader　　　　　　　　　　　　nas a

Control　　#　　001

Fixed data　　　008

　Entrd:Status:-Dates:-----,----Cıry:---Freq:-Reg:-

　ISDS:-Ser type:-Medium:-Repr:-Matl:-Cont:---

　Gove pub:-Conf pub:-Indx:-Alpha:-S / L Ent:-Lang :---

　Mod rec:-Source:-

ISSN	022	$a
Cat. Source	040	$a
Languages	041	$a
Geo. Area	043	$a
Local holdng	049	$a
Local Call　#	090	$a
Title	245 0-	$a
Title:Varint	246 1-	$a
Title:Former	247	$a
Edition	250	$a
Imprint	260	$a
Phys Descrpt	300	$a
Current Freq	310	$a
Vol Designat	362 0	$a
Series	4--	$a
Note:	5--	$a
Subject	6---0	$a
	6---0	$a
	6---0	$a
Added Entry	7----	$a
Preceding	780	$a
Succeding	785	$a

Cataloguer ---- Date ---- Verifier ----- Date ---- Typist-----Date----

输入方法一般可分为脱机输入和联机输入两种形式。脱机输入通常是将工作单上的数据经穿孔机穿孔,形成穿孔卡片或穿孔纸带,经校验修改后,再由操作员通过计算机输入装置将其输入计算机系统。联机输入则是通过联机终端设备,直接将目录数据输入到计算机系统中。具体输入时,通过人机对话方式,由事先编好的程序提示录入内容,操作员逐项输入目录数据。在实际工作中,脱机和联机输入的操作,都有各式各样的组合方式,各编目系统都视具体条件设计了本系统的输入方法。

5. 目录数据的校验与修改

录入的数据必须进行严格的校对与修改,以保证其质量。校对数据,可采用程序自动校验和人工校对相结合的方法。自动校验是指计算机根据程序来进行校对处理,如对输入数据的某些文本形式、内容及其格式进行校验和简单的判断,自动打印输出数据校样。人工校对则由编目员将录入的数据与工作单进行校对,并上机修改数据。录入的数据要经过反复校对和修改,直到完全无误时,才能存入目录数据库。

6. 计算机处理

数据录入后,还要由计算机对数据作进一步处理。按规定的程序,计算机可自动地添加某些数据的数值、加著字段和记录的一些标识符号、按机读目录格式结构装配目录数据,等等,直到把录入的目录数据整理成合格的机读目录记录。

处理好的目录记录,还要再次校对并上机修改。然后,将正确的记录存入目录数据主文件,以备目录的编辑和输出之用。

7. 目录数据库更新

建立了目录数据库后,并不能一劳永逸。当新的目录数据加入时,就要及时地更新和维护目录数据库。定期对库中记录进行追加、修改和删除等处理,才能确保目录数据库的时效性和高质量。

三、计算机编目的优点

利用计算机编制文献目录,揭开了文献编目史上崭新的一页。由于计算机系统具有存贮介质多样、存贮信息容量大、处理数据速度快等优点,计算机编目比传统方式的编目具有更多的优越性。其优点主要有以下几点:

1. 提高了文献目录的质量

其主要表现为:揭示文献的特征更为充分;著录格式及内容更加精确;目录组织更易规范一致;文献编目规范化程度迅速提高。

2. 加快了文献编目的速度

其表现为:计算机编目系统处理目录数据的速度快;一次输入,多种形式、多种载体的目录输出;联机编目效率高;合作编目得以真正实现。

3. 方便了目录的检索和利用

这表现为:增加了更多的检索途径;提供了更多的检索方式;联机联网检索效率高;一处编目,其成果多处使用,能得到充分利用;多种形式的目录产品便于在不同条件下使用。

4. 加强了目录的维护和管理

其表现为:目录数据库更新速度快;系统定期维护和管理,数据质量高。

第二节 机读目录格式

机读目录(Machine readable catalog,MARC)也称机器可读目录,是计算机编目的产品。它是指以代码形式和特定结构记录在计算机存贮载体上的、用计算机识别和处理的目录。要使计算机能识别、处理目录信息,机读目录就必须有其特定的数据结构——

机读目录格式。随着机读目录的发展,机读目录格式也在不断地改进和完善。

一、机读目录格式的产生与发展

1. MARC$_I$格式

机读目录格式产生于美国国会图书馆。早在1965年初,该馆就提出了《标准化机读目录记录的推荐格式》(A Proposed Format for a Standardized Machine – Readable Catalog Record)。1966年,通过实验产生了 MARC 格式,即 MARC$_I$ 格式。这是世界上第一个机读目录格式,它初步解决了计算机系统内目录数据的组织问题。当然,它也不可避免地存在着许多问题。例如,因考虑与传统编目格式的联系不够,而不受编目人员的欢迎;因考虑不同编目系统的兼容性不够,而不便于各图书馆之间进行目录数据交换,等等。所以,MARC$_I$ 问世不久,就被重新修改。

1968年,美国国会图书馆成功地推出了 MARC$_{II}$格式(也称LCMARC 或 USMARC 格式)。MARC$_{II}$格式具有明显的灵活性和通用性。它既照顾了传统编目格式的特点,又考虑了拥有不同计算机硬、软件的图书馆编目的需要,很便于目录数据的编制和交换。因而迅速得到了广泛的肯定和应用。到80年代中期,国会图书馆已陆续研制出了适用于图书、连续出版物、乐谱、档案与手稿、计算机文档、地图和视觉资料的 MARC 格式。这些格式属于同一格式体系,但因针对的文献类型不同而又各具特色。随着机读目录的发展,这些各具特色的格式越来越难以适应。诸如各格式数据字段的设置重叠或不一致、新出现的多媒体文献难一划归某一传统文献类型等问题,都给 MARC 格式的使用和维护带来许多不便。因此,从1991年起,美国图书馆界开始了 USMARC 格式一体化的工作。全面修订原来针对不同类型设计的七种机读目录格式,将它们统一为一种格式。

2. ISO 2709

随着机读目录应用范围的扩展,各机构之间目录数据的交流活动日益频繁。因而对于机读目录交换格式及其标准化的要求,越来越迫切。早在 MARC$_1$ 格式的研制过程中,美国国会图书馆和参与了该项工作的英国国家书目公司就认识到了交换格式的重要意义。即:机读目录格式不仅应该有助于实现英美之间的目录数据交换,还应有助于实现更广的范围内的目录数据交换。因此,两个机构共同为交换格式的标准化作出了努力。他们除都将MARC$_1$格式申请为各自国家的标准外,还将该格式提交给国际标准化组织(ISO),建议将其定为国际标准。1971 年,美国国家标准学会批准 MARC$_{II}$ 格式为美国国家标准,即《美国磁带目录信息交换用国家标准》。1973 年,ISO 在审核 MARC$_{II}$ 格式后,也将其定为国际标准,即《文献目录信息交换用磁带格式》(ISO 2709 - 1973)。该标准影响很广,其后出现的许多机读目录系统,如澳大利亚、加拿大、丹麦、法国、德国、荷兰、意大利、挪威、瑞典、日本等国的系统都采用了这一标准格式结构。此外,还有一些国际组织的情报系统也采用了该标准。

3. UNIMARC 格式

采用了 ISO 2709,各国编目系统在机读目录格式结构上基本一致,而在记录数据元素、内容标识符等方面仍有较大差异。例如,英、法和加拿大等国的机读目录所使用的内容标识符都多于USMARC 格式。这些差异是因为照顾了各编目系统的具体需要,但在同时,它们也给系统之间的目录数据交流带来了麻烦。

为解决这些问题,1972 年 8 月,国际图联(IFLA)编目委员会和机械化委员会共同组建了一个"内容标识符工作组"(Working Group on Content Designators)。该小组在充分分析各类型文献特征的基础上,制定了一整套书目记录内容标识符。1977 年 3 月,IFLA 正式出版了《国际机读目录格式》(Universal MARC Format,

UNIMARC)第1版,并要求各国图书馆以此作为机读目录的国际交换格式。1980年,在随其所采用的《国际标准书目著录》(IS-BD)的修改而修改后,UNIMARC格式又出了第2版。UNIMARC格式规定了机读书目记录的字段、子字段及其标识符、指示符和子字段代码等。目前,它主要用于专著、连续出版物、地图和天体图资料、电影、乐谱等类型的文献,而它计划将包括一切类型的文献。

UNIMARC格式的主要用途,是为各国书目机构进行机读目录数据交换提供一种国际通用格式,以便国际间书目数据的交流。它在目录记录内容标识符标准化方面所做的努力,推进了机读目录格式标准化的发展,为实现世界书目控制的目标作出了重大的贡献。80年代中期以来,澳大利亚、加拿大、匈牙利、英、美等国的国家图书馆,都将UNIMARC格式用于编制国际交换的书目记录。日本和中国的机读目录格式,都是直接以UNIMARC格式为基础而制定的。

4. UNISIST格式

在图书馆界广泛使用MARC格式的同时,许多文摘、索引机构则使用着UNISIST格式。该格式出自世界科技信息系统(UNI – SIST)的《机读书目著录参考手册》(Reference Mannual for Ma – chine Readable Bibliographic Description),1974年首次问世。1981年,联合国教科文组织(UNESCO)出版了该手册的第2版。该版包括了连续出版物、专著等文献的书目记录著录内容。编制该手册的主要目的,是为机读书目信息的交换提供标准化的通信格式。UNISIST设想在将它用于编制文摘、索引的同时,还能将它用于更广阔的信息处理和交换领域。为此,它的编制与MARC格式一样,也采用了ISO 2709的格式结构,也使用了字段标识符、指示符和子字段代码等。除此之外,它还包括了编目必备的全部著录单元,涉及了书目著录规则。然而,由于所包含的数据内容及其标识符与UNIMARC格式的大不相同,UNISIST格式的使用,造成了图书馆与文摘、索引机构之间书目数据交流的障碍。因此,人们继续着对适用面更广的机读目录交换格式的探求。

5. CCF

早在1978年4月,UNESCO综合信息规划处就提出,开发一种能在图书馆、书目机构、文摘索引机构等各种类型的信息服务机构通用的机读目录交换格式,并将这项工作交由UNESCO的一个专门小组负责。经过6年的调研与编制工作,1984年,《公共交换格式》(Common Communications Format, CCF)正式发表。1988年发行了第2版。UNESCO将它推荐给各国,以求实现图书馆、情报机构等部门之间交换机读书目记录的目标。CCF的设计,除充分考虑了各种不同服务目标和数据处理的要求外,还基于人们不会轻易舍弃那些已经得到广泛应用的格式的事实,充分考虑了与UNIMARC等格式互换的问题。因此,CCF不仅是一种更为先进的目录记录格式,也是一种更加适用的中介格式,它能与UNI-MARC、UNISIST及其他任何一种符合ISO 2709的机读目录格式进行相互转换。CCF的推出,为不同类型的文献机构之间互换与共享目录数据带来了极大的方便。

除了上述由有关国际组织推荐的重要格式之外,各国的各种图书情报自动化系统也制定了不少机读目录格式。如我国北京图书馆制定的《中国机读目录通讯格式》、全国情报文献工作标准化技术委员会制定的《中国公共交换格式》(CCFC),等等。这些格式适用于特定的系统或特定的领域与范围,也同样在实践中不断发展。

二、机读目录格式

机读目录格式(MARC format)是指文献目录信息在目录数据库中的组织形式,也即目录记录的格式。机读目录记录(Record)是以机读形式存贮的目录数据,一条记录就相当于手工编目中的一条款目。

不同的机读目录,其格式也有所不同。但它们一般都包括有三方面的内容,即:①字段;②标识符号;③总体结构。从目前情况来看,因所有的机读目录几乎都是在 ISO 2709 的基础上制定的,它们的基本结构差异并不大。下面,以 USMARC 格式为例,介绍机读目录格式的基本情况。

(一)机读目录磁带的物理结构

1. 磁带的基本特性

目前计算机所使用的典型的磁带尺寸为:厚×宽×长 = 0.002 英寸 ×0.5 英寸 ×2400 英尺。一卷磁带的存贮容量为 35 兆字节。磁带的磁道分为 7 道和 9 道两种。记录密度为:

  7 道 200bpi,556bpi

  9 道 800bpi,1600bpi,6250bpi。

USMARC 使用的磁带有 7 道和 9 道两种形式。

磁带文件在操作系统中是以卷(Volume)的概念单位进行管理的。USMARC 每周发行一卷磁带,每卷上仅有一个文件。每卷磁带首先以卷头标记(VOL)开头,其后是文件头标(HDR),头标后开始记载文件内容,文件结束处还有文件尾标(EOF)。这些标记的长度均为 80 个字符,其内容符合 ISO 的有关规定。

2. 字符和字符集

在计算机系统中,用于组织、控制或表示数据的字母、数字或其他符号称作字符(Character)。字符是用由"0"与"1"组成的一组二进制数(代码)来表示的。其中,一位二进制数称作一位或一比特(Bit),而作为一个单位来处理的一组二进制数称为一个字节(Byte)。不同的计算机系统,其字节的位数(长度)也可能不同。字节可由 8 位、16 位、32 位……二进制数组成。

字符集(Character set)是指为了某一目的而设定的一组各不相同的字符。USMARC 磁带上的信息使用 MARC 字符集(采用 8 位的扩充 ASCⅡ码)。

3. 存贮形式

在计算机编目系统中,一组逻辑相关的数据叫逻辑记录(Logical record),如磁带上存贮的一条目录记录,就是一个逻辑记录。将信息记录在机读介质上的物理区域(字块)称为物理记录(Physical record),如把磁带上一个信息区的内容,叫做一个物理记录。逻辑记录存放在物理记录内。

在 USMARC 磁带上,逻辑记录的一般长度在 800 字符左右,最大长度为 8192 个字符;物理记录定义为 2048 个字符的定长块。这样,一个物理记录中可包含若干个逻辑记录,同时,一个逻辑记录也可以跨几个物理记录。

为便于机器处理,物理记录内又分为若干区。区的长度不定,最大长度为 2048 个字符,每个物理记录所含的区数不定。为识别每个区,各区之前均有一个区控制字(SCW),该字由 5 个字符组成。其中,第一个为指示符,指示该区的内容特征;后面 4 个字符标识该区的长度。区的内容有 4 种类型,即:

0——本区数据为一个完整的逻辑记录

1——本区数据为一个逻辑记录的开始部分

2——本区数据为一个逻辑记录的中间部分

3——本区数据为一个逻辑记录的结束部分

区的长度包括区控制字所占用的 5 位字符。一个逻辑记录可以由若干个独立的完整区构成,但是这些区必须是连续地、顺序地存放在磁带的各块中。例见图 16 - 3。

BLOCK$_1$	00223	RECORD$_1$	00413	RECORD$_2$	10238	RECORD$_3$
BLOCK$_2$	22041	RECORD$_3$				
BLOCK$_3$	30203	RECORD$_3$	00942	RECORD	4	⊔⊔⊔⊔

图 16 - 3　记录的存贮形式

403

（二）机读目录记录的逻辑结构

1.字段

（1）字段的基本原理

字段（Field）是目录记录中定义的数据单元，如题名字段、责任者字段等，它们相当于手工编目款目中的著录项目。字段可分为若干个子字段（Subfield）。子字段是字段内所定义的数据元素，如"物理描述项"字段下分有"页数"和"插图"两个子字段。按其内容的检索价值，字段又可分为可检字段和不可检字段两种。可检字段是用作存取点的字段，如主要著者名称等字段；不可检字段是不作为存取点的字段。

字段中的具体著录内容称"字段值"（Field value），如题名字段著录的文献题名就是题名字段值。字段值所占字符的位数，一般称作"字段长度"，是字段所能表示值的范围。字段一般有两种形态，即固定长和可变长。固定长字段（Fixed length field）是指预先规定了其字符个数的字段，可变长字段（Variabale length field）是指其所含字符个数未作预先规定，可随字段值大小变化的字段。

（2）USMARC 格式字段设置的特点

USMARC 格式中设置了数十个字段及更多的子字段，除充分反映了传统目录的著录项目外，还增加了不少传统目录所没有的字段。另外，其字段还有扩充和修改的功能，可以适应不同类型的编目机构对目录记录的特定要求，也能满足当前和进一步发展中揭示文献特征的需要。

USMARC 格式设置了固定长和可变长两种字段。其固定长字段主要反映系统控制号与文献的一些基本特征，可变长字段主要反映手工编目款目中各著录项目的内容。设置这两种形态的字段，即便于发挥计算机快速处理的长处，又照顾到了目录信息长短不均的特点，使格式具有更强的伸缩性、适应性和灵活性。

USMARC 格式中还尽可能多地设置了可检字段，一条记录中一般都有 20 余个可检字段。这可充分发挥计算机快速处理的特长,使机读目录有了比传统目录更多的检索途径,也便于输出多种标目性质不同的目录。

2. 标识符号

机读目录记录的标识符号,是指为了识别目的而附加在特定数据之前的字符。它是计算机识别、处理目录信息的依据。在不同的机读目录格式中,标识符号也不尽相同。在 USMARC 格式中,主要使用了下列几种标识符号。

(1)字段标识符

字段标识符(Tag)是用于识别字段的字符代码,可使用数字、字母等形式的符号。USMARC 格式的字段标识符采用三位数字组成的代码,即:001～999。其中,第一位数字表示字段的功能,第二、三位数字表示字段的种类。例:

> 1×× 主要款目
> 100 主要款目——个人名称
> 110 主要款目——团体名称
> 111 主要款目——会议
> 7×× 其他附加款目
> 700 附加款目——个人名称
> 710 附加款目——团体名称
> 711 附加款目——会议

(2)子字段标识符

子字段标识符(Subfield Code)是用以识别可变长字段中不同子字段的代码。USMARC 格式中的子字段标识符由两个字符表示。其中,第一个字符为 ISO 2709 中规定的专用符号 IS1(MARC 字符集 $1F_{16}$),格式文本中用"≠"或"$"来表示,标识子字段;第二个字符用一位拉丁字母来区别不同的子字段。例:"$a"或"≠a"。

(3)字段指示符

字段指示符(Indicator)是与变长字段相关的字符,它提供有关可变长字段内容、记录中不同字段的关系及某些数据处理过程中所需操作的附加信息。USMARC 格式的字段指示符用两个符号表示,即:用 0~9 共十位数字和空格符号"ʋ"来指示可变长字段的有关信息。每一位指示符在特定的字段中,均有其特定的含义。

例:245　　14≠a The Works of Jonathan
　　　　　　Edwards / ……

上例中指示符"14"的含义为:可以为该题名做一附加款目,该题名开始处有 4 个字符不参加排序。

(4)终止符

终止符(Terminator)是分隔字段或记录的控制符号,也称分隔符。一般有字段终止符和记录终止符两种。

①字段终止符(Field terminator)是指位于目录数据字段的结尾,用以表示字段结束的控制符号。USMARC 格式中使用的字段终止符为 ISO 2709 中规定的专用字符 IS2(MARC 字符集 $1E_{16}$)。它也被用于目次区的结尾。

②记录终止符(Record terminator)是指位于每个记录结尾,用来表示记录结束的控制字符。USMARC 格式的记录终止符使用 ISO 2709 中规定的专用字符 IS3(MARC 字符集 1D16)

USMARC 格式中使用的控制字符均出自 MARC 字符集,也符合国际标准 ISO 646 的规定。

3.记录格式结构

USMARC 的记录格式可分为三个组成部分,即:记录头标区、地址目次区和可变长字段区。其结构形式如图 16-4 所示:

头标区	目次区			可变长字段区	
	①	②	③	控制字段	数据字段
	标识 | 长度 | 起始位置				
←固定长→	←固定长→			←固定长→	←可变长→
	←—————————可变长—————————→				

图 16 - 4　USMARC 记录格式结构

该格式结构符合 ISO 2709 的规定,其组成部分分述如下:

(1)头标区(Leader)

头标区位于每个记录开始处,是提供计算机处理书目记录的有关参数的定长区。整个头标区固定为 24 个字符长,由固定长数据元素组成。这些元素通过字符位置来标识。图 16 - 5 为 US-MARC 记录头标区的结构,包括数据元素的固定值。

Logical Record Length	Record Status	------------------Legend------------------			Indicator Count "2"
		Type of Record	Bibliographic Level	Unde-fined	
00 - 04	05	06	07	08 - 09	10

Subfield Code Count "2"	Base Address of Data	Encoding Level	Descriptive Cataloging Form	Linked-Record Code
11	12 - 16	17	18	19

--Entry Map--			
Length of the length - of - field portion "4"	Length of the starting - character position portion "5"	Length of the Implementation - defined portion "0"	Unde-fined pos. "0"
20	21	22	23

图 16 - 5　USMARC 记录头标区结构

①记录长度(Logical record length)。用五位十进制数字表示

一个目录记录字符的总数。例:00745,表示该记录总长为 745 个字符。

②记录状态(Record status)。用一位小写拉丁字母描述该记录的状况。如用代码"n",说明该记录为新记录。

③记录类型(Type of record)。用一位小写拉丁字母标识记录所描述的文献的类型。如用"a",说明文献类型为印刷品。

④目录级别(Bibliographic level)。用一位小写的拉丁字母标识记录的编目级别。如用"m",说明目录记录为专著级。

⑤第 8、9 两位字符未定义,填作"ЬЬ"。

⑥字段指示符长度(Indicator count)。用一位十进制数值表示字段指示符的个数。USMARC 记录的数据字段指示符设为两位,故在此填作"2"。

⑦子字段标识符长度(Subfield code count)。用一位十进制数字表示子字段标识符的个数。USMARC 记录的子字段标识符设为两位代码,故在此处一律填作"2"。

⑧数据基地址(Base address of data)。用五位十进制数字表示记录中第一个控制字段的起始字符位置。其值等于头标区和目次区的字符总数。例:00181,说明该记录的第一个控制字段的第一个字符在第 181 位。

⑨编码级别(Encoding level)。用一个字符代码描述记录内容的完整程度。例:Ь,说明该记录为完全级,它在建立时依据了原文献。

⑩著录格式(Descriptive cataloging form)。用一个符号来说明记录采用的著录格式。如"a"说明采用了 AACR$_2$ 的著录格式。

⑪记录连接代码(Linked – Record code)。用一位字符代码标识记录连接情况。如:"r",表明该记录要求与相关记录连接。

⑫"数据字段长度"的长度(Length of the length – of – field portion)。用一位十进制数字指明每个目次项"数据字段长度"部

分的字符数。USMARC 格式取值为"4",故此处填作"4"。

⑬"起始字符位置"的长度(Length of the starting – character – position portion)。用一位十进制数字指明每个目次项"起始字符位置"部分的字符数。USMARC 格式取值为"5",故此处填作"5"。

⑭ 最后两位是未定义字符,有待扩充使用,一般填作"0"。

(2)目次区(Directory)

目次区是一条记录内所有数据字段的索引,它由若干个固定长的目次项组成。每个目次项固定为 12 个字符长,包括字段标识符、字段长度和字段起始字符位置三个部分。其中,字段标识符占三个字符位,用以标识 0××—9×× 中的某一特定字段;字段长度占四个字符位,用十进制数字表示相应数据字段的长度;字段起始字符位置占五个字符位,用十进制数字表示相应的数据字段起始位置。例:100002000035,该目次项的含义为:个人名称字段长20 位字符,起始字符位置为第 35 个字符。

每一个目次项对应于一个数据字段。记录内有多少个数据字段,目次区内就相应地有多少个目次项。因不同记录的数据字段多寡不一,其目次的个数也不同。所以,每个记录的目次区长度是不定的。目次区的总长为:12n + 1。其中,"n"为一个目录记录中数据字段的个数。

目次区的数值一律由计算机自动计算生成。

(3)可变长字段区(Variable fields)

可变长字段区是若干个数据字段的集合,它包括记录中的所有目录数据字段。该区的每个字段都以一个字段终止符结束。该区之后,用一记录终止符表示该记录的结束。

USMARC 格式中的可变长字段区分为下列两大部分:

①控制字段

控制字段(Control fields)是指提供系统的控制号和表示文献特征的各种代码化数据的字段。所有控制字段均不设指示符和子字段,其标识符的前两位都为"0",即:001~009。在控制字段中,001 和 008 是很重要的字段。

001 字段为记录识别字段,存放系统控制号。控制号是识别和区别记录的根据,在系统中具有唯一性。USMARC 系统中的控制号,也是美国国会图书馆目录的卡片号(LC 号),用户据此可方便准确地查找 MARC 记录。

008 字段为固定长数据单元字段。它存放一些代码化数据,提供揭示文献特征及编目所需的必要参数,以便计算机进行编目处理。USMARC 格式中的 008 字段包括了 19 种代码,加上字段终止符,共有 40 个字符。

②数据字段

数据字段(Data fields)是记录文献目录信息的字段。这一部分基本上是可变长字段,每个字段前都有指示符,字段下还可有子字段。数据字段紧跟在控制字段之后,详细描述文献特征。US-MARC 格式中的数据字段,包括 01×~9×× 的所有字段。它们的设置与组织,也符合 AACR$_2$ 的有关规定。

将上述记录头标区、目次区和可变长字段区填入具体的代码和数据,并按顺序连接起来,就形成 USMARC 格式的完整记录。例见图 16-6。

Leader:00745namƀƀ2200181bab4500

Direct:001001400000 005001700014 008004100031 020001500072
040001100087 100003000098 245011400128 260005500241
300002600296 500016700322 6500016004189 700002800505
710003000533 ◇

Tag I Text

001 　　CRLG82 – B33509 ◇

005 　　19821119081042. 0 ◇

008 　　821119s1982ƀƀƀƀmnuƀƀƀƀƀƀƀƀƀ00010ƀengƀd ◇

020 ƀƀ ≠ a0936996137 ◇

040 ƀƀ ≠ aCU ≠ cCU ◇

100 10 ≠ aBlixrud,Julia C. , ≠ d1954 – ◇

245 12 ≠ aA manual of AACR$_2$ examples tagged and coded using the MARC
format/ ≠ cby Julia C. Blixrud and Edward Swanson. ◇

260 0ƀ ≠ aLake Crystal,Minn. : ≠ bSoldier Creek Press, ≠ C1982.

300 ƀƀ ≠ aiii, 116 p. ; = 28 cm. ◇

500 ƀƀ ≠ a" An adjunct to the series of manuals illustrating cataloging
using the Anglo – American cataloging rules. second edition,
prepared by the Minnesota AACR$_2$ Trainers. " ◇

650 ƀ0 ≠ aCataloging. ◇

700 10 ≠ aSwanson,Edward, ≠ d1941 – ◇

710 20 ≠ aMinnesota AACR$_2$ Trainers. ◇ ‖

图 16 - 6　USMARC 格式记录

（注："◇"表示字段终止符，"‖"表示记录终止符）

（三）USMARC 格式的特点

USMARC 格式是自动化编目的产物,是在编目实践中不断改进、不断发展的。尽管它受传统编目习惯的局限,仍有许多不足之处。但无论从哪个角度来说,它的设计都是一个划时代的创举。在电子时代,它将文献编目的理论和方法提高到了一个新的发展阶段。其主要特点表现在以下几个方面：

1. 在保留传统目录著录内容的基础上，更加全面、深入地揭示了文献的各种特征。利用现代技术和设备的优势，大大提高了目录的质量及其检索功能。

2. 在遵循已有的国际通行的文献编目规则的基础上，填补了计算机编目规则方面的空白。以文献编目理论和实践方面的新成果，推动了文献编目向自动化、标准化方向的发展。

3. 在满足一馆和数馆编目要求的基础上，充分考虑了机读目录格式在更广的领域里的适应性。竭尽其能地扩展机读目录的应用范围，为最终实现网络化编目、目录资源全球共享奠定了良好的基础。

第三节　计算机编目系统录入的目录信息

编目系统录入的目录信息，是指按照有关编目要求，对文献分析、选择后记录下来的目录信息。这些信息基本包括了手工编目的全部著录内容，还包括了手编款目所无的更为丰富的内容。其中一些信息，采用了计算机易于处理的形式。目前，目录信息尚由人工来收集和整理，通过填写目录数据输入工作单后，上机输入到计算机系统中。

计算机编目，必须以录入的目录信息为基础。利用权威机构的机读目录数据，也必须对其内容准确地理解。因此，了解编目系统录入的目录信息，对编目工作者来说，是十分重要的。

录入信息，因编目系统的不同而不尽相同，也因文献类型不同而有所不同。但其所具有的基本内容，是各种编目系统和各类型文献编目都必备的。本文以 USMARC 系统录入的目录信息为例，介绍西文普通图书机读目录的录入信息。

USMARC 系统揭示的文献面很广。它除反映美国国会图书馆、美国国家农业图书馆和美国国家医学图书馆的馆藏文献外,还反映了美国国内列入在版编目计划的数据。它以每周编制4000~10000个新记录的速度不断增长,其记录反映各种类型、一百多种语言的文献。USMARC 已成为世界上数量最多、流行最广、权威性最强的机读目录。它被广泛地应用于一些大型的联机检索系统、图书馆网络系统中,也是许多编目系统的重要编目数据源。目前,我国也有不少图书情报系统购买了 USMARC 的磁带数据库或光盘数据库 Bibliofile。利用它们编制西文文献目录,可大幅度提高编目速度和质量;利用它们进行选书、订购、检索等工作,也有很高的参考价值。因此,有必要全面、系统地认识 USMARC 系统录入的目录信息。

USMARC 系统的录入信息,参考利用了《美国国会图书馆标题表》(LCSH)、美国《国会图书馆分类法》(LCC)、《英美编目条例》($AACR_2$)等有关工具书。其具体的录入信息分述如下。

一、记录头标区的录入目录信息

头标区中的部分信息可由计算机自动生成,而表 16 – 3 中的数据元素则需由人工录入。

表 16 – 3　记录头标区的部分数据元素

数据元素 (字符位置)	主要赋值	含　义
记录状态 (05)	n	新记录
	a	提高了编码级别的记录
	c	修改过的记录
	d	删除的记录
	P	以前是在版编目记录

（续表）

数据元素 （字符位置）	主要赋值	含　义
记录类型 （06）	a	语言资料（印刷品，手稿）
	b	档案/手稿
	c ~ d	乐谱（印刷品，手稿）
	e ~ f	地图（印刷品，手稿）
	g	放映媒体
	h	缩微资料
	i ~ j	录音资料（非音乐，音乐）
	k	图片资料
	m	计算机文档
	o	配套直感教材
	r	手工制品
目录级别 （07）	m	专著级（专著）
	s	连续级（连续出版物）
	a	分析级（专著）
	b	分析级（连续出版物）
	c	集合级（文献集）
	d	分集级（文献集之分集）
编码级别 （17）	ƀ	完全级
	1	次级
	5	不完全级
	8	在版编目级
著录格式 （18）	ƀ	非 ISBD 格式
	a	AACR$_2$ 格式
	i	ISBD 格式
	P	部分采用 ISBD 格式
记录连接代码 （19）	ƀ	相关记录不要求连接
	r	相关记录要求连接

414

对表 16－3 中的数据元素，可根据被著录文献的具体情况选择使用。需注意的是，记录状态（5 位字符）必须与编码级别（17 位字符）配合起来使用，如著录一个新的在版编目数据时，5 位记作"n"，17 位记作"8"。

二、可变长字段区的录入目录信息

该区的绝大多数目录信息都由人工录入。录入的信息包括以下内容。

1. 控制字段

该部分主要录入 008 固定长数据单元字段。表 16－4 为 008 字段的内容。

表 16－4　008 字段

序号	数据单元名称	字符数目	在字段中的字符位置
1	入档日期	6	0～5
2	出版日期类型代码	1	6
3	日期 1	4	7～10
4	日期 2	4	11～14
5	出版国家代码	3	15～17
6	图表代码	4	18～21
7	不同年龄读物代码	1	22
8	复制形式代码	1	23
9	内容特征代码	4	24～27
10	政府出版物代码	1	28
11	会议出版物指示符	1	29
12	纪念文集指示符	1	30
13	索引指示符	1	31
14	款目内主要标目指示符（现已废止）	1	32
15	小说指示符	1	33

序号	数据单元名称	字符数目	在字段中的字符位置
16	传记代码	1	34
17	文种代码	3	35～37
18	修改记录代码	1	38
19	编目来源代码	1	39

具体录入方法为：

①入档日期（File date）。该日期是美国国会图书馆将目录信息录入 MARC 系统的日期。录入年、月、日，各占 2 个字符。如：960226，表示该记录于 1996 年 2 月 26 日入档。

②出版日期。包括出版日期类型代码（DType）和两个日期（Date 1，Date 2）。其中，代码录入一位小写拉丁字母；两个日期录入出版年，各占 4 个字符位。它们之间的关系及录入方法如下：

　　s——出版日期明确

　　　　日期 1 为具体出版日期

　　　　日期 2 记为：ЬЬЬЬ

　　　　例：s1995ЬЬЬЬ

　　c——出版日期和版权日期并存

　　　　日期 1 为出版日期

　　　　日期 2 为版权日期

　　　　例：c1995 1994

　　n——出版日期不明

　　　　日期 1 和日期 2 都记为 ЬЬЬЬ

　　　　例：nЬЬЬЬ　ЬЬЬЬb

　　r——重印日期与原出版日期并存

　　　　日期 1 为重印日期

　　　　日期 2 为原出版日期

　　m——初版和末版日期并存

日期 1 为初版日期

日期 2 为末版日期,末版日期不明时,录为 9999

例:m 1965 9999

q——推测的出版年

日期 1 为出版日期的上限

日期 2 为出版日期的下限

当出版日期部分不明确时,以"0"代替其上限,以 9
代替其下限。

例:q 1960 1969

③出版国代码(Country)。该代码占 3 个字符位,当代码不足 3 位时,第 3 位录为空白字符。具体使用的代码,要从美国国会图书馆的"出版国代码表"中选取。例:

cc——中国

cn——加拿大

us——美国

④图表代码(Illus.)。用来说明文献所附图表和附件的情况。可选用的图表代码如下:

ƀ——无插图及附录资料

a——有插图

b——有地图

c——有人物肖像

d——有航海图、地形图、测量图等

e——有设计图、平面图

f——有版图

g——有乐谱

h——有复制件,如拓片等

i——有军队的徽章

j——有世系表

k——有表格

1——有样品

m——有唱片

o——有照片

P——用金、银装饰的章、节名首字

在文献所附图表类型较多时,该项最多允许选用4个代码来说明。不足4个代码时,左边对齐,右边填空格。例:一文献有插图和乐谱,并有唱片时,录作 agmḅ。

⑤阅读对象代码(Intell.)。用一位字符代码,其代码形式为:

j——少儿读物

ḅ——非少儿读物

⑥复制形式代码(Repro.)。用一位字符的代码,说明文献除图书形式外,是否还有其他形式的复制品。其代码如下:

ḅ——无复制品

a——有缩微胶卷复制品

b——有缩微平片复制品

c——有不透明缩微复制品

d——有大型印刷复制品

f——有盲文形式复制品

g——有穿孔纸带复制品

h——有磁带复制品

i——有多种介质的复制品

z——有上述类型之外的复制品

⑦内容特征代码(Contents)。适用于参考文献和工具书,说明文献内容特征。其代码主要有以下几种:

ḅ——无特殊特征(非参考资料、非工具书)

a——文摘

b——书目

c——目录

d——词典

e——百科全书

f——手册

g——法律条文

h——手册

i——索引

o——书评

p——教科书

r——指南

s——统计资料

y——年鉴

⑧专门出版物代码。用一位代码说明是否某种专门出版物。

这类代码包括：

政府出版物代码（Govt.）（28 位）：

    ᵇ——不是政府出版物

会议出版物指示符（Confer）（29 位）：

    0——非会议文献

    1——会议文献

纪念文集指示符（Fest）（30 位）：

    0——非纪念文集

    1——纪念文集

索引指示符（Index）（31 位）：

    0——没有正文索引

    1——有正文索引

小说指示符（Fiction）（33 位）：

    0——不是小说

    1——小说

传记代码（Biography）（34 位）：

    ƀ——非传记资料

    a——自传

    b——个人传记

    c——集体传记

    d——文献含有传记资料

⑨文种代码（Language）。反映单一文献的文种和多语文文献的第一文种。其他文种可在 041 字段反映。文种代码用 3 位字符，从美国国会图书馆的"文种代码表"中选取。例：

    chi——汉语

    eng——英语

    fre——法语

⑩修改记录代码（Mod.）。用一位字符的代码来说明记录的修改情况。其代码为：

    ƀ——未修改

    d——补充了信息

    s——压缩了信息

    x——改换了一些字符

⑪编目来源代码（Cat. Src.）。用一位字符的代码指明著录信息来源。当国会图书馆从其他馆取得记录的全部或部分信息时，使用此代码。其代码为：

    ƀ——国会图书馆

    a——国家农业图书馆

    b——国家医学图书馆

    c——联合编目

2. 数据字段

所有的数据字段值都要由人工录入。其中，01 × ~09 × 字段录入各种编号和代码，1 × × ~9 × × 字段录入文献目录信息和馆藏信息等。要求录入的数据字段及子字段,详见表 16 – 5。

表 16 – 5　图书 USMARC 记录字段简表

字段标识符	字段名称	子字段名称及含义
001	控制号	
008	固定长数据单元	
010	国会图书馆卡片号	
020	国际标准书号	$a 国际标准书号、$b 装订信息、$c 价格
040	编目来源	
041	文种代码	
043	地理代码	
050	国会馆索书号	$a 国会馆分类号、$b 书号、$d 补充分类号
060	国家医学图书馆索书号	
070	国家农业图书馆索书号	
080	国际十进分类法分类号	
081	英国全国总书目分类号	
082	杜威十进分类法分类号	
	主要款目标目	
100	个人姓名	
110	团体名称	$a 团体名称、$c 地址、$d 时间
111	会议名称	$a 会议名称、$b 届次、$c 地点
130	统一题名标目	$a 统一题名标目、$f 著作日期
	拟加题名标目	
240	统一题名	$a 统一题名、$d 日期、$h 介质
242	翻译题名	

（续表）

字段标识符	字段名称	子字段名称及含义
	题名等项	
245	题名项	$a 正题名、$b 题名其余部分、$c 责任说明
246	上述题名之外的其他题名	
247	前题名	
250	版本项	$a 版本说明、$b 版本项的其他数据
260	出版发行项	$a 出版地、$b 出版者、$c 出版日期
300	物理描述项	$a 页数、$b 插图
	丛编项	
400	个人姓名/题名	
410	团体作者/题名	
411	会议名称/题名	
440	丛编题名	
490	不作根查或根查不同的丛编题名	
	附注项	
500	一般性说明	
501	"合订"说明	
502	学位论文说明	
504	参考书目说明	
505	目次内容说明	
510	引文说明	
520	提要、文摘、注释说明	
	主题附加款目标目	
600	个人姓名	

字段标识符	字段名称	子字段名称及含义
610	团体名称	
611	会议	
630	统一题名标目	
650	课题性主题	
651	地理名称	
652	行政管辖区	
	其他附加款目标目	
700	个人姓名	
710	团体作者	
711	会议	
730	统一题名标目	
740	相关著作题名和分析题名	
	丛书附加款目标目	
800	个人姓名/题名	
810	团体名称/题名	
811	会议/题名	
830	统一题名标目	
840	题名	
900—999	国会馆暂不使用	

在录入工作中,对目录款目上的大项分隔符". —"的一部分、丛书项的括弧不必人工录入,可由系统自动生成。其余标记符号,都要按著录条例的规定人工录入。

三、实例

把以下卡片式目录款目的内容(见图 16 - 7)转换成计算机编

目系统录入的目录信息(见图 16 - 8)。

Blixrud,Julia C. ,1954 -

A manual of AACR$_2$ examples tagged and
coded using the MARC format/by Julia C.
Blixrud and Ddward Swanson. — Lake
Crystal,Minn. : Soldier Creek Press,
1982
    iii. 116p. ; 28 cm.

"An adjunct to the series of manuals
illustrating cataloging using the Anglo -
Anerican cataloging rules,second edition,
prepared by the Minnesota AACR$_2$ Trainers. "
    ISBN 0 - 936996 - 13 - 7

    1. Cataloging. Ⅰ. Swanson,Edward,1941 -
Ⅱ. Minnesota AACR$_2$ Trainers. Ⅲ. Title.

图 16 - 7　美国国会图书馆卡片目录款目

```
Rec Status:n    Legend:amƀƀ    Encoding:ƀ    Descript : a Link: ƀ
File Date: 821119              DType: s       Date1:1982 Date 2:ƀƀƀƀ
Country: mnu Illus: ƀƀƀƀ       Intell:ƀ       Repro:ƀ    Contents:ƀƀƀƀ
Govt:ƀ      Confer: 0          Fest: 0        Index: 0   ME/Body: 1
Fiction: 0       Biography: ƀ  Language:eng   Mod:ƀ   Cat Src: d
Record ID: CRLG82 - B33509                    Transac:19821119 -081042.0
020 ƀƀ ≠ a0936996137
040 ƀƀ ≠ aCU ≠ cCu
100 10 ≠ aBlixrud, Julia C. , ≠ d1954 -
245 12 ≠ aA manual of AACR₂ examples tagged and coded using the MARC
    format/ ≠ cbv Julia C. Blixrud and Edward Swanson.
260 0ƀ ≠ aLake Crystal, Minn. : ≠ bSoldier Creek Press, ≠ c1982.
300 ƀƀ ≠ aiii,116 p. ; ≠ 28 cm.
500 ƀƀ ≠ a " An adjunct to the series of manuals illustrating cataloging
    using the Anglo - American cataloging rules,second edition,
    prepared by the Minnesota AACR₂ Trainers. ”
650 ƀ0 ≠ aCataloging.
700 10 ≠ aSwanson, Edward, ≠ d1941 -
710 20 ≠ aMinnesota AACR₂ Trainers.
```

图 16 -8   USMARC 记录的录入形式

思 考 题

1.简述计算机编目系统的基本结构及功能。

2.计算机编目工作有哪些步骤?

3.谈谈机读目录格式的基本结构和内容信息。

4. USMARC 格式有哪些特点?

5.如何录入机读目录信息?

6.计算机编目与手工编目有哪些联系和区别?

第十七章　规范工作

文献著录的标准化,是指整个款目(或记录)的著录信息标准化。这除了包括著录正文(描述项目的著录)部分外,还包括著录标目部分。与前者相比,著录标目的标准化工作难度更大。目前,国际和各国的编目界,正努力进行着著录标目的规范工作。

第一节　规范工作概述

一、规范工作的意义

著录标目的"规范工作"一般简称为规范工作。规范工作(Authority work)是指为使文献目录中的著录标目达到唯一性和一致性而开展的一系列工作。其目的是要对著录标目实行规范控制(Authority control),提高目录的质量,提高目录编制和检索的效率。

(一)规范工作的内容

各编目机构的规范工作,主要是围绕着规范档而进行的。

规范档(Authority file)又称为权威档、标准档、规范文档等,它是将一批规范记录按照一定的次序编排而成的一种统一管理目录标目形式的工具。根据不同的划分标准来分,规范档有多种类型。

如按不同的标目特征分,有题名规范档、责任者规范档、主题规范档和分类规范档等;按不同的载体形式分,有书本式规范档、卡片式规范档、缩微型规范档和机读型规范档等。

规范工作就是对规范档的建立、维护和使用的全过程。具体而言,规范工作,可概括为下面五个方面的内容及步骤:

1. 编制规范记录

这是规范工作的基础工作,也是建立规范档的第一步工作。规范记录(Authority record)全面记录了目录中的标目形式和与其有关的检索点,并反映了它们之间的各种关系。在卡片式规范档中,规范记录包括规范款目、参照款目和说明款目。

规范款目(Authority entry)记录规范标目、参照根查和必要的编目业务信息,它是规范档最主要的成分。参照款目(Reference entry)记录相关标目和非标目形式,指引查找相应的规范标目。说明款目(General explanatory entry)记录标目的概略形式,指引查找一批有关的规范标目。规范记录是组成规范档的最小单位,它们编制的质量如何,将直接影响到规范档的质量及使用效果。

2. 组织规范档

组织规范档的基本方法为:将各种款目,包括规范款目、参照款目和说明款目集中起来,统一按特定的排序方法排列成档。组织规范档,一定要严格遵循本系统制定的组织规则,既注意一般排列方法,也重视特殊排列方法,使其成为一个次序分明、结构严谨的体系。

3. 建立规范系统

规范系统(Authority system)是由规范档与文献目录相互联系而形成的有机整体。在计算机编目的条件下,规范档与目录文档可实现直接的电子连接。例见图 17－1。

规范系统的建立,是实现对目录标目进行规范控制的保障。

4. 维护规范系统

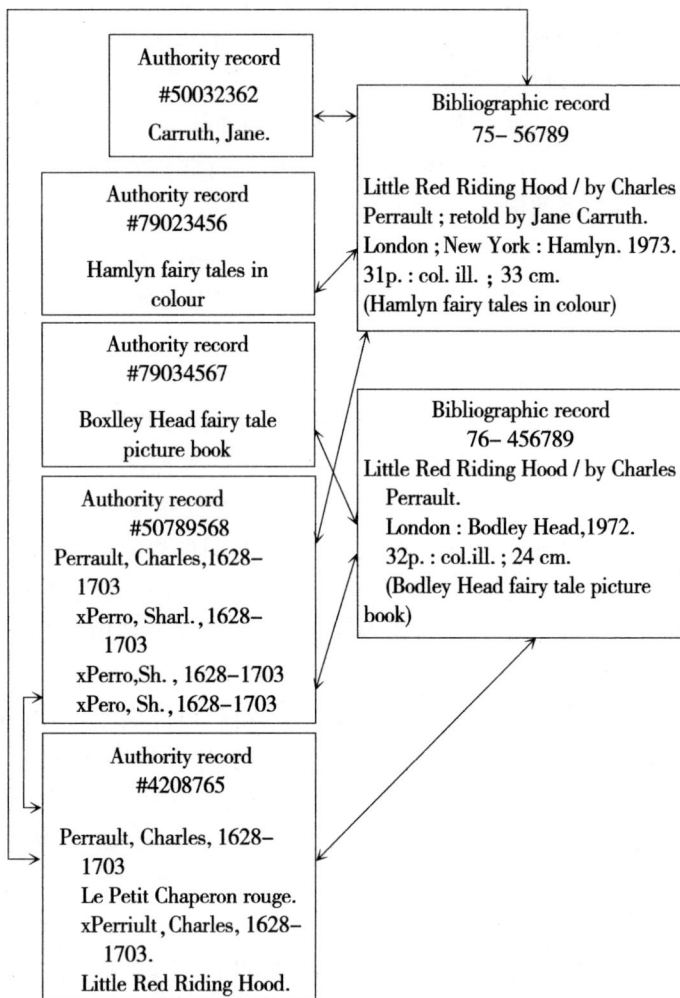

图 17-1　规范记录与目录款目之间的连接

维护规范系统,主要是指对系统的更新和管理。规范系统是
一个动态系统,随着文献编目日常工作的开展,新的规范记录不断

地出现,已有的规范记录及其关系也常发生各种变化。因此,对规范档和规范系统的更新和管理,是一项长期而又艰巨的工作。维护工作主要包括:追加新的规范记录,追加新的参照关系,补充有关项目的信息,修改原有的规范记录及参照关系,追加或调整规范档与目录文档之间的联接关系,等等。只有坚持经常性的、良好的维护工作,才能保证系统的质量,实现其功能。

5. 评估规范系统

对规范系统的运转情况进行检测和评估,目的是为了避免和减少系统的故障,提高系统的整体功能。

评估工作可采用分析和比较等方法。其评估的具体内容包括:

(1)有关准备规范数据方面的评估,如对数据的合法性、准确性、完备性的评估,对格式的合法性、准确性的评估,等等。

(2)有关规范记录制作方面的评估,如对编目员制作工作的评估,对制作工作细则的评估等。

(3)有关规范系统运转方面的评估,如对系统在不同条件下发挥作用状况的评估,对系统整体功能的评估,对系统故障和经济效益的评估等。

以上为规范工作的基本内容。在着手开展这些工作之前,必须在国际或国家有关标准的基础上,拟定一份本部门建立规范系统的详细规则。在具体的工作中,还要督促编目员严格遵循各项规则。这样,才能确保所建规范档或规范系统的质量。

(二)规范工作的作用

著录标目的规范工作,是文献统一编目工作的重要组成部分,也是实现文献著录规范化、标准化的一项重要措施。

我们已知,在文献编目过程中,尤其是在西文文献著录中,标目的选择及其形式的确立常常会遇到一些十分棘手的问题。这主要是因为标目著录的主要信息源——文献本身特征复杂。有些文

429

献,同一文献的同一特征具有多种不同的表现形式,如同一责任者拥有多种名称、同一名称有各种变异形式、同一责任者的名称发生过多次变化;有些文献,不同的文献具有相同的特征形式,如不同的责任者有相同的名称形式,不同的著作有相同的题名,等等。这些情况都给标目的著录带来了麻烦。处理这些问题的主要依据,是文献编目条例。

具体的编目条例,一般都非常重视标目的选择及其形式的确定。如 $AACR_{2R}$,它在第二部分用了相当多的篇幅,对各种标目的著录作明确而详细的规定。编目条例为标目的选择及其形式的确立提供了基本的原则和具体的细则,是编目员著录标目时必不可少的工具。但在实际工作中,仅仅使用编目条例,并不能确保标目著录的一致性和唯一性。其主要原因是:

(1)各编目机构有可能使用不同的编目条例,不同的条例对标目著录的规定常有所不同。

(2)不同的编目机构使用的编目条例相同,但对标目著录制定了不同的细则。

(3)编目条例或细则都在不断修订,因而标目著录规则也处于不断更改的变化中。

(4)编目条例中有关标目著录的规则繁杂,不同的编目员对其会有不同的理解;同一人在不同时期也会有不同的理解。

(5)编目条例中有关标目著录的规则,还存在着一些主观性因素,这也导致编目员的判断出现误差。

(6)编目条例不可能详尽地列举所有标目著录中的特殊情况,尤其是编目发展中出现的新问题。

因此,要对著录标目实行有效的规范控制,防止因编目工作的变化而造成目录的混乱,还必须开展规范工作。

规范工作的作用主要表现在以下几个方面:

1.对标目的著录实行规范控制

规范工作全面记录了文献编目中选定的规范标目,系统地揭示了规范标目之间、规范标目与相关检索点之间的各种关系。使规范档中的每一个规范标目都唯一地标识着一个名称或主题,区别于其他名称或主题;每一个统一标目都汇集了各种相关的检索点;每一个非标目形式都指向规范标目。这种将标目集中作规范化处理的方式,可有效地避免标目著录的差异,达到标目选择及其形式确立的唯一性和一致性。

2. 对目录标目实施有效的管理

规范工作将规范档与目录文档相互连接,形成了有机的规范系统。利用这个系统,编目员能全面掌握目录中的标目情况,掌握已编参照的品种和数量。当规范标目有所改变时,就可依据规范记录的记载,对目录标目及其所有的参照款目作全面的增删和修改。规范工作提高了目录标目的更新和维护水平,保持了目录的系统性、科学性和实用性。

3. 为编目员提供得力的参考工具

规范工作编制出各种规范档。规范档明确了规范标目的形式,将非标目形式也聚集在规范标目下。这使文献同一特征的不同表现形式中用作标目与非标目的检索点一目了然,可为编目员的标目著录工作提供重要的参考信息。借助于规范档,编目员可全面了解具体文献的标目情况,并按其指引的途径准确地选择已有的标目,以确保不同人员或同一人在不同时间所选标目的一致性,提高编目工作的效率。借助于规范档,编目员也可了解标目著录工作一贯的处理原则和方法,并循其惯例正确地著录新的标目,以确保目录标目的规范一致,提高编目工作的质量。除了为编目员提供标目的著录规范外,规范档还为编目员提供目录标目更新与维护的依据。在编目工作中,规范档能起到编目规则和其他参考工具书所起不到的作用。

4. 为读者提供便捷的检索途径

规范工作对标目与非标目做明确的说明与限定,加强了它们之间的区别和联系。这也有助于目录实现集中文献和揭示文献的功能,有利于读者检索和利用文献。由于规范档中的标目具有唯一性与一致性,就使得特定责任者、特定丛编、特定主题、特定题名的文献都集中到了统一标目之下,实现了目录集中反映文献的功能。由于规范档中穷举了编目中使用的标目及其有关的多种检索点,并且将非标目指向规范标目,相关标目互相联系,就使得文献各种具有检索意义的特征都得到了充分的揭示,实现了目录充分揭示文献的功能。目录功能的强化,给读者检索利用文献带来了更多的方便。读者通过一个规范标目,就能检索到特定责任者、特定题名或特定主题的全部文献。即使读者不明确规范标目,也能通过任何一个检索点查到规范标目,进而顺利地查获所需的文献。

5. 为文献著录标准化创造了条件

标目著录的规范化,对于文献著录标准化具有十分重要的意义。只有当标目著录与描述项目的著录一样,也实现了标准化,文献著录的标准化才能真正实现。规范工作对目录标目实行规范控制,有利于实现标目著录的标准化,也为文献著录的标准化创造了条件。

二、规范工作发展简况

最早探讨著录标目规范工作的,是美国图书馆学家卡特(C. A. Cutter)。他提出对作者名称标目形式实行控制,以避免采购文献时的重复购入等有关规范控制的观点。此后,规范工作在编目领域日益受到重视,从理论到实践上都不断发展。从美国国会图书馆的规范工作和国际规范工作的发展过程,我们可以清楚地看到这一点。

美国国会图书馆在1901年发行印刷目录卡片的同时,就开始了规范控制工作。1940年起,该馆通过合作编目计划,来实施标目规范控制。它要求参加合作编目计划的各馆都利用和补充国会图书馆的名称规范记录。1974 年，国会图书馆开始发行书本式《美国国会图书馆名称标目及参照》(Library of Congress Name Headings with Reference)。同年，还建立了名称规范档(Name Authority File，NA)系统。1976 年，国会图书馆发布了《规范记录：MARC 格式》(Authorities：MARC Format)预印本，1977 年开始提供机读型的名称规范记录。自 1977 年以来，国会图书馆还实行了一项"名称规范合作计划"(Name Authority Cooperative Project)。参加该项计划的几十个图书馆，都要按要求向机读目录规范档补充规范记录。1979 年，国会图书馆出版了《名称规范累积本》(缩微版)(Name Authorities，Cumulative Microform Edition)。1981 年，又正式出版了《规范记录：MARC 格式》第 1 版。NA 系统已经在该馆编制的《(美国)全国联合目录》和图书在版编目数据上付诸应用，并成为不少编目机构的规范记录信息源。引进光盘技术后，美国国会图书馆又推出了以光盘为载体的名称规范档(CD MARC Names)和主题规范档(CD MARC Subject)。前者有三片光盘，包括责任者名称、丛编题名、统一题名等约 300 万条记录，后者用一张光盘，收录了 20 万条主题规范记录。

国际上的规范工作，在 70 年代后发展迅速。

1974 年，联合国教科文组织就"国际书目控制计划"(UBC)提出有关规范控制的建议，即：国家书目机构应负责确定本国的个人或团体责任者名称的规范形式，编制本国责任者的名称规范表(Authority List)。1977 年，国际图联(IFLA)的下属机构——世界书目控制国际办事处(UBC International Office)提出一项新计划。该计划打算制定若干有关规范工作的要求和任务，以便于规范信息在国际范围内进行交换。次年，IFLA 就组建了一个国际规范系统工作组。该组织的任务主要包括：讨论和制定国际规范系统的技术要求，制定规范数据交换用 UNIMARC 格式，研究规范数据交换的有效方法。该小组编写了《规范款目和参照款目指南》

（Guidelines for Authority and Reference Entries，GARE），1984 年由 IFLA 批准出版。IFLA 还成立了一个制定 UNIMARC 规范格式的专门小组。该小组以 GARE 为基础，1984 年研制出规范记录格式的草案。经过三次修订后，于 1990 年 11 月推出最新版本的《UNIMARC/规范：通用规范格式》（UNIMARC/Authority：Universal Format for Authorities）。该格式与 GARE 的制定，促进了国际规范工作向标准化的方向发展。

与国际上规范工作相比，我国的规范工作起步较晚。目前，已初见成效。北京图书馆主持制定了《规范数据款目著录规则（草案）》和相应的《中国机读规范格式（试用本）》。1982 年，北京图书馆开始着手建立西文文献的名称规范档。北京大学图书馆、台湾大学图书馆等也相继开展了规范工作，所建规范档已有相当的规模。90 年代以来，海峡两岸的编目界都开始了机读规范档的建设，大大加快了规范工作的发展速度。

第二节　规范记录的编制

编制规范记录是建立规范档的核心工作。西方编目界常常设置名称规范档（包括个人名称规范记录、团体名称规范记录、统一题名规范记录等）、丛编规范档和主题规范档。相应地，可设立名称规范记录、丛书规范记录和主题规范记录。因我国目前还没有对规范记录的内容和卡片格式作明确统一的规定，本文就以美国国会图书馆和北京大学图书馆编制的规范记录为例，说明卡片式规范记录的内容及其编制方法。

一、名称规范记录

名称规范记录包括个人、团体和标目中使用的行政管理区域及统一书名名称款目。

1. 美国国会图书馆的名称规范记录

美国国会图书馆编制的每一名称规范款目中,一般含有下列信息:

标目;

有关"见"片根查,前添以词头"×";

用于"参见"根查,添以词头"××";

标目来源的核实;

日期;

编目员首字。

例如:个人名称规范款目例片

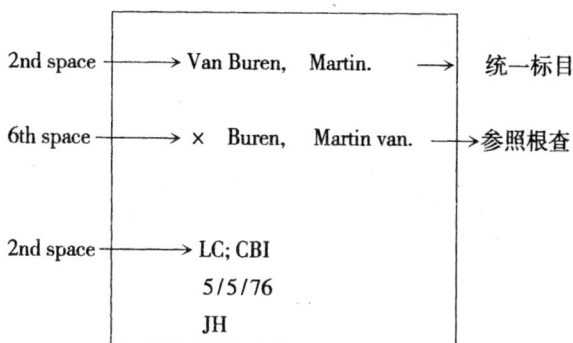

2nd space →	→ Van Buren,　Martin. →	统一标目
6th space →	×　Buren,　Martin van. →	参照根查
2nd space →	LC; CBI	
	5/5/76	
	JH	

Dickens, Charles

　X　Boy

　X　Dickens, Charles John Huffam

　X　Sparks, Timothy

LC 1968

26/7/75

HH

个人名称参照款目例片

Boy
  see
Dickens, Charles

Sparks, Timothy
  see
Dickens, Charles

Dickens, Charles John Huffam
  See
Dickens, Charles

团体名称规范款目例片

New York University. Center for the Study
  Financial Institutions.

  × × New York University. Institute
      Finance.

LC 75 – 76
Its Bulletin, 1975
2/2/76
HH

行政管理区域规范款目例片

```
Australia
    × Commnonwealth of Australia.


Lippincott
2/14/79
CS
```

一法律出版物的统一题名规范款目例片

```
Australa.
    [Acts. Interpretation Act]


    × Interpretation Act.


Hansard
2/11/79
CS
```

2. 北京大学图书馆的名称规范记录

北京大学图书馆在设立规范档的工作上先行一步。他们的名称规范款目包括下列信息:

规范名称:用作目录标目的规范化的名称。

建立依据:记录要建立标目时待编的文献,以及提供标目信息的各种参考资料或参考信息源。

概要:记录个人的国籍、身份和标目上未著录的生卒年等。

编目备要:记录传记号、文学家和哲学家的专用索书号,还可记录文学家传记的双主题标目等内容。

规范档内的参照根查:说明为哪些相关名称作了参照、参见。

其他目录中的参照根查：

建档日期：记录建档日期和建档人姓名。

入档标识：记录规范档的缩写形式。

该馆使用的名称规范款目格式如下：

Authorized Name.（规范名称）

   Found：…………………………………………………………
………………………………………………（建立依据）

   Epitome：…………………………………………………………
………………………………………………（概要）

   Note：………………………………………（编目备要）

     x…………………………
     x…………………………}（规范内容的参照根查）

   AC. ATC,SHC ,OMC：

   x…………………………
     sa…………………}（其他目录中的参照根查）
     xx…………………

   19xx - xx - xx

     （建立日期）   NAF（入档标记）

                   xxx（建立人代码）

依据上述格式，个人名称规范款目的样片如下：

Twain, Mark, 1835 ~ 1910.

　　Found: Author's The prince and the pauper.

　　　　1976.

　　LC Name authority no. 79 ~ 21164

　　Epitome: Famous American novelist. *

　　Call no. : 811. 4/C591/ ~

　　x Clemens, Samuel Langhorne, 1835 ~ 1910.

　　　　(old catalog heading; do notm ake)

　　x Make Tuwen(马克·吐温)

　　x Tuwen M. (吐温·马克)

　　　　　　　　　　　　　　　　　　P. T. O

AC, SHC, OMC.

　　sa Clemens, Samuel Langhorne, 1835 ~ 1910.

　　xx Clemens, Samuel Langhorne, 1835 ~ 1910.

1986 – 8 – 20　　　　　　　　　　　　NAF

团体名称规范款目例片

International Workingmen's Association.

　　Found: Proces de L'Association internationale

　　　　　des Travailleurs…

　　　　NUC record 1982.

　　Epitome: 1846 – 1864. (第一国际)

　　x Association internationale des

　　　Travailleurs. (NAF, OMC, AC, SHC)

　　x First International. (NAF, OMC, AC, SHC)

　　x International, First (NAF, OMC, AC, SHC)

1986 – 9 – 1　　　　　　　NAF

统一题名规范款目例片

Lazarillo de Tormes.
　Found：Lazarillo de Tormes. 1978.
　Epitome：16、17 世纪在西班牙流行的流浪汉小说：(la novela
　　　　picaresca)的代表作(1554,中译名：《小癞子》)—《中国
　　　　大百科全书》：《外国文学》,p. 618 - 9。
This uniform title is used as main entry heading
　　(as well as SH and A. E. heading)
Call no. ：861. 3/L457/ ~
　　x Xiao Lai Zi(小癞子)
1987 - 5 - 8

纵观上述名称规范记录的内容,美国国会图书馆同北京大学图书馆的详略有别。但是,下面五个方面的内容是规范记录中的基本要素：

　　规范标目　(用作标目的规范化名称)
　　标目来源
　　说明　(如说明为哪些相关的名称作了参照。)
　　记录进档日期
　　编目员姓名

二、丛书规范记录

丛书规范记录除与名称规范记录相同的信息外,还包括各卷到馆后的一些编目信息,如：是否编制丛书的附加款目,是否编制该丛书的分类和分析款目,等等。

1. 美国国会图书馆丛书规范记录
丛书规范款目例片：

```
Yale publications in religion.
   Use series
   Classify separetely
   Part analyticals
      x Yale University. School of Divinity
            Publications in religion.
      x Publications in religion.
LC66
23/7/77
AS
```

2. 北大图书馆丛书规范记录

北大图书馆对西文图书的各种丛编处理的基本原则如下：

（1）对具有较高学术价值，可以成为学校读者采用的检索途径或值得推荐作为检索途径的丛编，都制作丛编附加款目。

（2）根据各套丛编具体情况考虑一套丛编是按丛编集中分类还是依丛编中各部文献分类。若丛编所含文献的论题关系密切，则采用集中分类、集中排架方式；丛编中各文献的论题关系不很密切时，则按各部文献所属类别分别分类。

（3）检索意义不大的丛编，如：以出版商命名而未标明学科内容的丛编，则不制作丛编附加款目。

丛编规范记录的内容如下：

（1）丛编题名：记录规范化的丛编题名，一般只取正题名，有
　　　　　识别必要时才记录其他题名信息。

（2）丛编处理的规定：

a. 是否制作附加款目。在规范记录卡片上的形式为：Series added entry：Yes（or No.）。

b. 关于分类的规定。若按单部文献分别分类，则用"Classified separately by title"，或用中文说明"按单本分类"；若按丛编集中分

类,则用"Classified collectively by series, under call number"或用中文说明"按丛编集中分类,索书号为:"。

(3)已编馆藏记录:凡有编号的丛编,用"Library has:"作为导语,编目时记下已编号次。

(4)参照与根查:若附加款目标目的丛编题名与书目记录上的丛编题名不同,或有全称、简称不同形式的丛编题名,或有不同语种的并列丛编题名,则记下参照根查,在参照根查后还应记录参照排入的各种目录名称的代码,并制作丛编题名参照卡片。

丛编规范记录例片
①不做附加款目的丛编

De Gruyter studies in organization.

1. Series added entry:NO.

1987 – 1 – 17　　　　　　　　　SAF

---

②做附加款目,按单本分类的丛编

Library and information scicnce.

1. Series added entry:Yes. √
　　　　　　　　NO.
2. Classified separately by title.
3. Library has:no. , ,3, 4,5,6,,,,
　　,,12,13,14,　,16,　,18, 19,,
　　21,,　,24,　,26,,28, 29, 30,,32,,
　　34,,36, 37, 38,39, 40, 41,42, 43,,45,

1987 – –　　　　　　　　　SAF

---

③做附加款目,按丛编集中分类的丛编

African historical dictionaries.
1. Series added entry:Yes.
2. Classified collectively by series,
   under call number:G/K4—61/Af83/no.
3. Library has:no.1,2,,4,
   22,,, ,25,26, ,28.
   33, ,35,

1987- -   SAF

各种目录名称代码:

SAF 表示丛编规范档

TC 表示题名目录

OMC 表示公务用主要款目(查重)目录

NAF 表示名称规范档

SHC 表示主题目录

三、主题规范记录

作为规范记录的重要类型,主题规范款目含有主要目录中规范的主题标目。图书馆工作人员在进行记录时,一般是将目录中确定了的原有标目加上,同时,规范记录款目包括了随同某一特定标目细分的目录,以及属于主要标目或者个别细分形式的"见"和"参见"的根查。

主题规范款目例片:

```
LIBRARIES
    X LIBRARIES – ORGANIZATION
    XX BIBLIOGRAPHY
    XX BOOKS
    XX BOOKS AND READING
    XX EDUCATION
    XX INFORMATION SERVICES
    XX PUBLIC INSTITUTIONS
    XX RECORDS
                                    [ See next card ]
```

```
LIBRARIES
    —ANECDOTES, FACETIAE, SATIRE, ETC.
        X LIBRARY HUMOUR

    —AUTOMATION
        X MECHANIZATION OF LIBRARY
            PROCESSES
        XX INFORMATION STORAGE AND
            RETRIEVAL SYSTEMS
```

第三节　规范记录的机读格式

　　建立规范系统是一项复杂的工作,采用手工方式工效不高。只有引进先进的现代设备和技术,才能提高工作的效率和质量。因此,建立自动化的规范系统,已成为当今规范工作的发展趋势。

　　建立自动化的规范系统,首先就要有一个相应的规范记录机读格式。目前,这种格式在国内外已有多种。如国际图联推荐的《UNIMARC/规范:通用规范格式》、美国国会图书馆使用的《规范记录:MARC 格式》、我国北京图书馆制定的《中国机读规范格式(试用本)》、台湾使用的《中国机读编目权威格式初稿》等。在西文文献编目中,许多图书馆都直接使用美国国会图书馆的规范系统。本文就以美国国会图书馆的《规范记录:MARC 格式》为例,概略地介绍一下规范记录的机读格式。

机读规范记录的格式结构与机读目录的格式结构基本一致,它可分为三大部分,即:头标区、目次区和可变长字段区。下面,就分别介绍这三个区的信息及结构。

一、头标区

机读规范记录格式的头标区位于每个记录的开端处,它是提供处理规范记录有关参数的定长区。该区长度为 24 个字符位,字符位编号为 0 ~ 23。这些字符共分为 9 个数据单元,详见表 17 - 1。

表 17 - 1 头标区数据元素

序号	头标数据元素	字符数	头标内之字符位
1	逻辑记录长度	5	0 ~ 4
2	记录状态	1	5
3	记录说明		
	记录类型	1	6
4	空	3	7 ~ 9
5	指示符长度	1	10
	子字段代码长度	1	11
6	数据基地址	5	12 ~ 16
7	编码级次	1	17
8	空	2	18 ~ 19

（续表）

序号	头标数据元素	字符数	头标内之字符位
9	记录款目布局（记录目次的款目布局）		
	字段长度部分的长度	1	20
	起始字符部分的长度	1	21
	已定义执行部分的长度	1	22
	未定义的字符	1	23

在规范记录中,头标区的结构如图 17-2 所示。

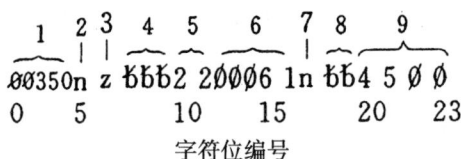

图 17-2　头标区例子

在上图中,需说明的情况如下:

ʙ—空

ø—零

1—逻辑记录长度（这里是 350 个字节）

2—记录状态（代码 n 代表新记录）

3—记录类型（代码 z 代表规范数据）

4—这些字节总是空

5—指示符和子字段代码长度;在机读目录格式内,两者总是 2

6—数据基地址;第一个控制字段的起始字符位

7—编码级次（代码 n 表示完全的规范数据）

8—这些字节总是空

9—款目布局;在机读目录格式内,这些值总是 4500

头标区内的信息主要供程序员处理机读规范数据用。但编目员也应详细了解其内容,才能正确地录入其中要求输入的信息。

446

二、目次区

目次区为机读规范记录格式中的第二个区,它是一条记录中所有数据字段的索引。与机读目录格式一样,该目次区由若干个固定长目次项组成,每个目次项固定为 12 个字符长。目次项包括字段标识符、字段长度和字段起始字符位置三个部分。详见表 17 - 2。

表 17 - 2   目次区数据元素

序号	数据元素	字符数	目次内的字符位
1	字段标识	3	0 ~ 2
2	字段长度	4	3 ~ 6
3	起始字符位	5	7 ~ 11

在规范记录中,目次区的结构如图 17 - 3 所示。

```
 1   2   3    1   2   3    1   2   3
⌒⌒ ⌒⌒ ⌒⌒⌒  ⌒⌒ ⌒⌒ ⌒⌒⌒  ⌒⌒ ⌒⌒ ⌒⌒⌒
ØØ1ØØ1ØØØØØØ  ØØ8ØØ4ØØØØ1Ø  1ØØØØ26ØØØ5Ø
0      6   11 0      6   11 0      6   11
            字符位
```

图 17 - 3   目次区例子

图中第一行数字代表:

    1—字段标识

    2—字段长度

    3—起始字符位

一条记录内目次项的数目,随所处理的记录情况而定。不过,它至少包括着 001、008 和 1 × × 三个字段的目次项。

目次区的数值由计算机自动计算生成。

三、可变长字段区

机读规范记录格式的可变长字段区包括若干个数据字段,每一个字段都以一个字段终止符(MARC 字符集 1 E16)结束。该区最后,用一个记录终止符(MARC 字符集 1D16)表示该记录的结束。可变长字段区中的绝大多数信息,都要由人工录入。因此,详细了解该区的结构和信息内容,是十分重要的。

可变长字段区又可分为以下两大部分。

(一)控制字段

控制字段包括说明记录或标目特征的数字、日期和代码,为计算机处理规范档提供必要的信息。控制字段的标识符使用 00×。在控制字段中,001 和 008 是很重要的字段。

1. 001 字段——规范记录控制号

该字段存放系统指定的记录控制号。国会图书馆将该字段设置为可变长字段。见表 17-3。

表 17-3 001 字段

序号	数据元素名称	字符数	字段中的字符位
1	字母前缀	3	0~2
2	年	2	3~4
3	顺序号	6	5~10
4	补编号	1	11
5	字母标识符或修订日期	可变长	12~

①字母前缀。用 1~3 位小写字母来表示规范记录的类型。名称规范记录使用前缀符号 n,主题规范记录使用前缀符号 sh。

②制作年。用 2 位阿拉伯数字表示记录的制作年份。如 83,表示 1983 年制作。但是,如果记录不是国会图书馆所编,而是由别处转换而来的,此处录作 50(名称规范记录)或 42(丛编规范记录)。

③顺序号。用 1~6 位阿拉伯数字表示记录入档的顺序流水号。

④补编号。目前还未使用,可填作一个空格符号"Ⴆ"。

⑤字符标识符和修订日期。设置为可变长,但目前也还没有

448

使用。

按上述规定,目前国会图书馆的规范控制号有 11 位字符长。例如:nʁʁ8316762ʁ。

2. 008 字段——固定长数据单元

该字段是最重要的控制字段,它存放代码化数据信息,提供编制记录所必须的参数。008 字段固定为 40 个字符长。详见表17-4。

表 17-4　008 字段

数据元素	字符数	字段中的字符位
输入规范文档日期(入档日期)	6	0~5
直接/间接地理复分代码	1	6
罗马化表	1	7
空	1	8
规范/参照款目代码	1	9
编目条例代码	1	10
主题标目体系代码	1	11
丛编类型代码	1	12
编号/未编号丛编代码	1	13
标目用法代码—主款目或附加款目	1	14
标目用法代码—主题附加款目	1	15
标目用法代码—丛编附加款目	1	16
空	1	17~27
政府机构类型代码	1	28
参照评估代码	1	29
空	1	30
记录在更新中的代码	1	31
未加区分的个人名称代码	1	32
规范标目状态代码	1	33
空	1	34
标目文种代码	3	35~37
修正过的记录代码	1	38
编目来源代码	1	39

对该字段中部分数据元素的说明如下：

①入档日期。这个代码表示记录输入国会图书馆规范档的日期。如果记录改动过，原日期仍然保留。

②规范/参照款目代码。用一个字母代码来表示：本记录是规范款目，还是参照款目。其代码如下：

a——规范款目

b——参照款目（不作根查的参照）

c——参照款目（作根查的参照）

③编目条例代码。这是整个记录中最重要的代码之一。它用一位字母标识确立名称标目形式时所使用的编目条例。可选用的代码为：

a——早先的条例（例如，《美国图书馆协会关于作者和题名款目的编目条例》）

b——《英美编目条例》第 1 版

c——《英美编目条例》第 2 版

d——非《英美编目条例》第 2 版的形式，但是可与之兼容的标目

e～m, o～z——按需要分配给其他编目条例

n——不适用（即标目不是名称）

对本格式来说，新的名称标目是代码 c 和 d；主题标目是代码 n。

④主题标目体系代码。用一位字母代码标识特定的主题标目体系。其代码为：

a——国会图书馆主题标目

b——国会图书馆的儿童文学主题标目

c——国家医学图书馆主题标目

d——国家农业图书馆主题标目

k——加拿大国家图书馆的英文主题标目

v——加拿大国家图书馆的法文主题标目

z——其他

n——不适用

⑤丛编类型代码。用一个字母标识标目所代表的丛编类型。其代码如下：

a——专著丛编

b——多卷资料

c——不被认为是丛编的类丛编式短语

z——其他

n——不适用

⑥尚未加以区分的个人名称代码。这是为处理不同作者具有相同名称标目的特殊情况而设置的一位字母代码。当不同作者具有相同的名称形式时，一般都要用加生卒年、说明性短语及其他限定语的方法来进一步区别它们。但是，有时也无法进一步加以区分。当相同名称不能加以区别时，两个名称共用同一规范标目。可选用如下代码：

a——已加以区分的个人名称

b——尚未加以区分的个人名称

n——不适用（即：不是个人名称标目）

⑦规范标目状态代码。用一位字母代码来表明标目确立与否。其代码如下：

a——完全确立的标目，已用在目录记录中。

b——备忘的标目，尚未用在目录记录上。（这种标目是在选出后又发现不适用，而留作备忘的，以免以后重复做这个标目的规范记录。）

c——暂时选定的标目。（由于信息不充分，不能完全肯定该标目的选择正确与否，留待进一步考证）。

d——预备用的标目。（该标目是在未得到相应的编目文献时就建立了的,需在获得文献后进一步审核)。

　　n——不适用。(该记录是参照款目,不是规范款目。)

　　该代码的选用,要与头标区的第 17 位字符的代码联系起来。

　　⑧编目来源代码。用 1 个字母的代码来标识规范数据的来源,并要与 040 字段结合起来使用。其代码为:

　　　　ｂ——国会图书馆

　　　　d——其他来源

　　　　u——来源不明

　　(二)数据字段

　　数据字段记录规范标目、参照与根查、丛编处理及有关附注信息,反映规范记录上的各个著录项目的内容,提供编制规范款目、参照款目和说明款目的全部数据。数据字段基本上都是可变长字段。除了具有固定长字段的一些特征外,它们还具有指示符、子字段和子字段代码等。其符号形式和代码的使用,都与机读目录记录格式中的大体相同。

　　规范记录格式中的数据字段分为五组,即:

　　　　010—090——书目控制号和代码

　　　　100—151——标目

　　　　260—551——参照与根查

　　　　640—646——丛编处理信息

　　　　663—682——附注

　　有关字段及其子字段的具体设置情况,详见表 17 - 5。

表 17 - 5　规范记录字段简表

字段标识符	字段名称	子字段名称及含义
001	控制号	
002	子记录连接字段	
005	最近一次作业的日期、时间	
008	固定长数据单元	
010	国会图书馆规范记录控制号	$a 国会馆控制号、$z 已取消或无效的控制号
014	连续出版物或多卷资料与目录记录的连接	
020	国际标准书号(丛编)	$a 国际标准书号、$c 获得方式、$z 已取消的/无效的国际标准书号
022	国际标准连续出版物号(丛编)	$aISSN、$y 不正确的 ISSN、$z 取消了的 ISSN
035	当地系统控制号	$a 当地系统控制号
040	编目来源	$a 原编目机构、$b 编目所用语种、$c 转录中心、$d 修改机构
042	审核中心	
043	地理区域代码	
045	纪年代码或者日期/时间	
050	国会图书馆索书号(丛编)	
052	地理分类代码	$a 地理区域代码、$b 下属地理区域代码
053	国会图书馆分类号	
083	杜威十进分类号	$z 杜威分类法的版次
090	本单位的索书号(丛编)	
规范标目		
100	个人名称	$a 个人名称、$d 著者生、卒年、$k 形式副标目, $9 名称限定语、

（续表）

字段 标识符	字段名称	子字段名称及含义
110	团体名称	$a 团体著者名称及其限定 语、……
111	会议名称	$a 会议名称、$c 会议地点、……
130	统一题名	$a 统一题名及其限定语……
150	论述性主题	$a 论述性主题、……
151	地理名称	$a 地理名称、……
	参照与根查	
260	一般说明性"见自"参照（主 题）	$i 参照说明、……
360	一般说明性"参见自"参照（主 题）	$i 参照说明、……
	单纯参照根查	
400	个人名称根查	$a 个人名称、$d 著者生卒年、……
410	团体名称根查	$a 团体著者名称、……
411	会议名称根查	$a 会议名称、……
430	统一题名根查	$a 统一题名、……
450	论题性主题根查	$a 论题性主题、……
451	地理名称根查	$a 地理名称、……
	相关参照根查	
500	个人名称根查	$a 个人名称、$d 著者生卒年、……
510	团体名称根查	$a 团体著者名称、……
511	会议名称根查	$a 会议名称、……
530	统一题名根查	$a 统一题名、……
550	论题性主题根查	$a 论题性主题、……
551	地理名称根查	$a 地理名称、……

字段 标识符	字段名称	子字段名称及含义
	丛编处理信息	
640	出版日期和卷期标识	
641	编号特征	
642	丛编编号的例子	
643	出版地和出版或发行机构	
644	分析的处理方法	
645	根查的处理方法	
646	分类的处理方法	
	附 注	
663	编目员拟出的相关参照（名称）	$a 说明参照原因、关系、$b"参见自"名称
664	编目员拟出的单纯参照（名称）	$a 说明参照原因、关系、$b"见自"名称
665	信息或历史参照（名称）	
666	一般说明参照（名称）	$a 说明文字
667	用法或使用范围（名称）	
668	非罗马字母字符	
670	已找到源数据	
675	没有找到源数据	
678	概要	
680	范围附注（主题）	
681	见某条之例/见某条之附注（主题）	
682	已删除的标目的信息	

　　从上表中,可知国会图书馆规范记录格式中字段的设置简况。需要说明的是,在大多数情况下,机读规范记录里没有明确记载有

关规范标目的参照,而是在规范记录的 4×× 或 5×× 字段录入有关参照的根查。根据这两个字段的信息及一个控制子字段($w)所提供的代码,就可以把与根查相应的参照反映出来。

控制子字段 $w 只用于 4××5×× 字段,且是任何单个字段的第一个子字段。该子字段规定有 4 位字符长,其详情见表 17 - 6。

表 17 - 6　控制子字段

序号	数据元素	字符数	字符位
1	特定关系代码	1	0
2	根查用法限定代码	1	1
3	早期编目条例代码	1	2
4	参照显示/打印限定代码	1	3

①特定关系代码。用一位字母代码说明参照根查和规范标目之间的相互关系,如说明为先后使用的标目、主题的广义词和狭义词等关系。

②根查用法限定代码。用一位字母代码说明规范参照的结构,如单纯名称规范参照结构、单纯主题参照结构等。

③早期编目条例代码。用一位字母代码来说明 4×× 字段的根查是否早期编目条例规定的规范标目形式。

④参照显示/打印限定代码。用一位字母代码指出参照是否根据 4×× 或 5×× 字段的参照根查显示的。代码值说明是完全不作参照,还是因在别的地方作了参照而不再作参照。

以上是美国国会图书馆的《规范记录:MARC 格式》。了解了该格式,一方面,便于我们直接参考利用美国国会图书馆的规范系统;另一方面,也便于我们在评价其结构与内容的基础上,设计出符合我国西编工作特点的规范记录格式。

思　考　题

1. 规范工作包括哪几个方面的内容？
2. 规范工作的作用主要表现在哪几个方面？
3. 卡片式规范记录款目有哪些著录内容？
4. 简述机读规范记录格式的结构和内容。
5. 谈谈我国开展规范工作的必要性和方法。

主要参考文献

1　中国图书馆学会《西文文献著录条例》编辑组. 西文文献著录条例. 北京：
　　中国图书馆学会, 1985.

2　全国第一中心图书馆委员会西文图书卡片联合编辑组. 西文普通图书著
　　录条例. 北京：中国科学院图书馆, 1965.

3　全国文献工作标准化技术委员会. 文献工作国家标准汇编. 2, 北京：中国
　　标准出版社, 1986.

4　中国科学院图书馆编目部. 目录组织规则：图书部分. 北京：书目文献出版
　　社, 1980.

5　北京图书馆编目部. 北京图书馆目录组织规则：图书部分. 北京：书目文献
　　出版社, 1984.

6　梁津南, 中西目录排检法与作者号码表. 台北：梁津南, 1985.

7　（美）西利. 美国图书馆协会排片条例. 佟富, 郝生源合译. 2 版, 北京：书目
　　文献出版社, 1985.

8　（美）高曼. 英美编目条例第二版简明本. 叶奋生, 吴龙涛译. 北京：中央国
　　家机关和科学研究系统图书馆学会, 1986.

9　全国第一中心图书馆委员会西文图书卡片联合编辑组. 1961 年国际编目
　　原则会议译文选. 北京：中国科学院图书馆, 1962.

10　北京大学图书馆. 西文图书编目标准化与自动化研讨会会议录. 北京：北
　　京大学图书馆, 1983.

11　王作梅, 严一桥. 西文图书编目. 武汉：武汉大学图书情报学院, 1985.

12　陶涵彧, 王建民. 西文编目. 上海：上海大学文学院, 1986.

13　（英）亨特, 贝克韦尔. 西文编目入门. 张蕴珊译. 北京：书目文献出版

社,1989.

14 夏勇,周子荣.西文编目实用教程.杭州:浙江大学出版社,1989.

15 谢宗昭.文献编目概论.南京:南京大学出版社,1990.

16 段明莲,关懿娴.西文文献编目.北京:北京大学出版社,1991.

17 韩平.西文文献编目.北京:中国科学院文献情报中心,1993.

18 傅椿徽.图书馆文献编目.武汉:武汉大学出版社,1989.

19 刘苏雅.中文文献编目.北京:书目文献出版社,1994.

20 刁维汉.现代文献编目教程.上海:华东师范大学出版社,1994.

21 金敏甫.图书编目学.上海:正中书局,1946.

22 黄万新.图书馆现代化技术.北京:书目文献出版社,1988.

23 刘荣.图书情报管理自动化基础(下).武汉:武汉大学出版社,1992.

24 陈光祚.计算机情报检索系统导论.北京:书目文献出版社,1993.

25 陈源蒸.宏观图书馆学.北京:北京大学出版社,1989.

26 (日)坂本徹朗.图书馆和计算机.金凤吉,孙蓓欣译.北京:书目文献出版社,1986.

27 安树兰等.计算机书目文献管理数据库.北京:清华大学出版社,1988.

28 (英)亨特.计算机编目.严建援等译.北京:中国物价出版社,1993.

29 (美)伯格.图书编目规范工作.熊光莹译.北京:商务印书馆,1993.

30 周文骏.图书馆学情报学词典.北京:书目文献出版社,1991.

31 熊光莹.图书馆编目工作中的一项核心工作.大学图书馆学报,1989(2,3,4)

32 谢琴芳.基于 Biblio File 光盘编目系统的西文原始编目.大学图书馆学报,1991(4)

33 熊光莹编译.USMARC 书目格式一体化.现代图书情报技术,1992(3)

34 卢荷生,陈昭珍.台湾地区权威档之建立与问题探讨.图书馆论坛,1994(2)

35 萧新.文献著录方式体系的比较研究.图书情报知识,1991(4)

36　American Library Assciation ··· [et al.]. Anglo – American cataloguing rules. North – American text. Chicago:ALA,1967.

37　American Library Association ··· [et al.]. Anglo – American cataloguing rules. 2nd ed. Chicago:ALA,1978.

38 American Library Association ⋯ [et al.]. Anglo – American cataloguing rules. 2nd ed. ,1988 revision. Chicago:ALA,1988.

39 American Library Association. Division of Cataloging and Classification. A. L. A. cataloging rules for author and titleentries. 2nd. ed. Chicago: ALA,1949.

40 American Library Association. Filing Committee. ALA filingrules. Chicago: ALA,1980.

41 American Library Association, the (British) Library Association. Cataloging rules:author and title entries. American ed. Chicago:ALA,1908.

42 Burger R.   H. Authority work:the creation, use, maintenance, and evaluation of authority records and files. Littleton,Co. :Libraries Unlimited,1985.

43 Chapman L. How to catalogue:a practical handbook using AACR$_2$ and Library of Congress. 2nd ed. London:Clive Bingley,1990.

44 Clack D. H. Authority:principles, applications, and instructions. Chicago: ALA,1990.

45 Crawford W. MARC for Library use:understanding the USMARC Formats. White Plains,NY:Knowledge Industry Publications,c1984.

46 Freediman M. J. Malinconico S M,ed. The nature and future of the catalog: proceedings of the ALA's Information Science and Autoniatinn Division's 1975 and 1977 Institutes on the Catalog. Phoenix:Oryx Press,1979.

47 Gorman M. The concise AACR$_2$. 1988 revision. Chicago:ALA. 1989.

48 Hunter E. J. An introduction to AACR$_2$:a programmed guide to the second edited of AACR 1988 revision. London:Clive Bingley,1989.

49 Hunter E. J.   Examples illustrating AACR$_2$ 1988 revision. London: LA,1989.

50 Hunter E. J. Bakewell KGB. Cataloguing. 2nd rev. and expanded ed. London:Clive Bingley, 1983.

51 IFLA. ISBD (CM). rev. ed. London:IFLA UBC and IMP,c1987.

52 IFLA. ISBD (CP). London:IFLA International Office for UBC,1984.

53 IFLA. ISBD (M). rev. ed. London:IFLA UBC and IMP,c1987.

54 IFLA. ISBD (NBM). rev. ed. London:IFLA UBC and IMP,c1987

55 IFLA. ISBD (S). rev. ed. London: IFLA and IMP, 1988.

56 IFLA. International Conference on Cataloguing Principles, 1961, Paris: report. London: IFLA, 1963.

57 IFLA. UNIMARC: universal MARC format. 2nd rev. ed. London: IFLA International Office for UBC, 1980.

58 Library Association, American Library Association. Cataloguing rules: author and title entries. English ed. London: LA, 1908.

59 Lubetzky S. Cataloging rules and principles. Washington: LC Processing Dept. , 1953

60 Maxwell M. F. Handbook for AACR$_2$ 1988 revision. Chicago: ALA, 1989.

61 Osborn A. D. The crisis in cataloging. Library Quarterly, 1941, 11 (4): 393 ~411.

62 Piggott M. The cataloguer's way through AACR$_2$ from document receipt to document retrieval. London: LA, 1990.

63 Rowland A. R. The catalog and cataloging. The Shoe String Press, Inc. , 1969.

64 Svenonius E, ed. The conceptual foundations of descriptive cataloging. San Diego: Academic Press, Inc. , 1989.